古代歷史文化 研究輯刊

十九編

王明蓀 主編

第 37 冊

撕裂的兩極：祝允明的人生與書法

閆繼翔 著

國家圖書館出版品預行編目資料

撕裂的兩極：祝允明的人生與書法／閆繼翔 著 — 初版 — 新
北市：花木蘭文化事業有限公司，2018〔民107〕
目 2+266 面；19×26 公分
（古代歷史文化研究輯刊 十九編；第 37 冊）
ISBN 978-986-485-433-2（精裝）
1.（明）祝允明 2. 學術思想 3. 書法
618   107002328

古代歷史文化研究輯刊
十九編　第三七冊　　　　　　ISBN：978-986-485-433-2

撕裂的兩極：祝允明的人生與書法

作　　者　閆繼翔
主　　編　王明蓀
總 編 輯　杜潔祥
副總編輯　楊嘉樂
編　　輯　許郁翎、王筑　美術編輯　陳逸婷
出　　版　花木蘭文化事業有限公司
發 行 人　高小娟
聯絡地址　235 新北市中和區中安街七二號十三樓
　　　　　電話：02-2923-1455／傳眞：02-2923-1452
網　　址　http://www.huamulan.tw 信箱 hml810518@gmail.com
印　　刷　普羅文化出版廣告事業
初　　版　2018 年 3 月
全書字數　136022 字
定　　價　十九編 39 冊（精裝）台幣 100,000 元

撕裂的兩極：祝允明的人生與書法

閆繼翔　著

作者簡介

閆繼翔，男，1986 年生，河南平輿人。2009 年畢業於江南大學漢語言文學專業，師從央視百家講壇名師姚淦銘先生，獲文學學士學位；2009 至 2016 年就讀於首都師範大學中國書法文化研究院，師從歐陽中石先生、解小青教授，獲書法碩士、博士學位。現為清華大學藝術史論博士後，合作導師為陳池瑜教授。2015 年獲批中國書法家協會會員，書法作品被北京市政府、中國傳媒大學等機構收藏。先後在《中國書法》、《光明日報》、《美術觀察》等期刊發表書學理論文章十餘篇，論文《再議上博本〈游包山集〉》入選「首屆陸維釗書學研討會」。

提　要

　　祝允明生活在明代行草書風轉折時期，他明確意識到明初以來行草書發展的誤區，遂以極大的功力廣泛深入古人，最終創出自己的書法風格，把元末明初的行草發展推上嶄新高度，鑄就了明代書法史上的第一個高峰。

　　祝允明出身高貴，其祖父祝顥、外祖父徐有貞皆是當世名公。祝允明十三歲時，外祖父去世，徐氏對其科考應試、書學道路等各方面的指導中斷，祝氏的生活命運、人生遭際也就此開始發生改變。

　　屢試不第及漫長的科考道路，使祝允明性格發生徹底變化，他從一個開朗、陽光的官宦子弟蛻變成失落、鬱悶的窮酸文人，其人格被無情地撕裂為兩極，一面是眾人的殷切期盼，另一面則是冰冷的現實。在這個蛻變過程中，祝允明只得尋求各種各樣的排遣方式，所有這些無不自然而然地投射到其書法中來，與其書法風格發展脈絡相表裏。

　　受家學影響，「入古」一直是祝允明謹守的法則。從書體上看，祝允明涉獵廣泛，尤擅楷書、行書、草書；從風格上看，他遍臨晉唐宋元諸家，對鍾繇、二王、歐陽詢、褚遂良、虞世南、顏真卿、張旭、懷素、李懷琳、米芾、蘇軾、黃庭堅、蔡襄、趙孟頫等人皆有臨仿之作；從幅式上看，其作品以長卷為主，立軸、扇面作品也不少。值得一提的是，祝允明還書寫了相當數量的雜書卷。

　　祝允明第一次從根本上打破元末明初被趙孟頫籠罩的行草書風，這也是王澍等人為何屢屢強調祝允明書法是趙孟頫以後書學又一次發生改變的原因。祝允明以其「入古出新」的書法實踐證明了「奴書說」之謬，他對前人的學習「拿得起」又「放得下」，總能較準地把握其神髓，並蓄於筆端，運用到自己的具體實踐當中。

　　然而，祝允明對待書法的態度卻是平淡的，他無意於以此成就自己的人生，也無意於與同時期及書史上的書家「較名」，更無意於安排自己的「身後」之名。從其流傳下來的作品可以看出：大量的作品為酒宴之後應朋友索書而作，這些作品多是順手寫出，一氣呵成，根本無暇計較工拙。祝允明的書作雖然數量多，但總體比較蕪雜，再加上一些贗品的存在，確實拉低了他的實際書寫水準。但即使從那些為數不多的精品之作來看，祝允明仍不失為書史上的一流書家。

緒　論

一、選題緣由

明初書法承元遺緒，尤以趙孟頫（1254～1322）影響爲主。元代第一代書家在趙氏帶領下，倡導返求魏晉的復古氣象；第二代書家多爲第一代之生徒，以虞集（1272～1348）、張雨（1283～1350）、康里巎巎（1295～1345）等爲代表，與趙孟頫書風漸漸拉開距離，張雨《登南峰絕頂詩軸》等書作已透露出明初行草立軸幅式端倪；第三代書家承襲第二代而來，以康里學生饒介（？～1367）、危素（1303～1372）等爲代表，其學書主張及書風影響直接帶入明初。宋克（1327～1387）、宋廣（生卒年不詳）皆出自饒介門下，宋濂（1310～1381）之子宋璲（1344～1380）師從危素。宋克、宋廣、宋璲「三宋」作爲明初書壇領軍人物，承襲元人而下，通過明初臺閣體的進一步催化，一直傳到祝允明外祖父徐有貞（1407～1472）、岳父李應禎（1431～1493）那裡。

徐有貞、李應禎二人，已經認識到明初以來行草取法及發展危機，並針對當時低迷書風提出自己的主張和實踐方法。徐有貞曾極力反對祝允明書學近人，令其所習皆晉唐帖也。李應禎主張「翻出己性」〔註1〕。同時期沈周（1427～1509）、吳寬（1435～1504）等書家轉而向宋人汲取營養，沈氏專學黃庭堅、吳氏專攻蘇軾，爲當時書壇吹入一股清風。

祝允明便是生活在上述行草書風轉折時期，他與徐有貞、李應禎、沈周、吳寬等長輩皆明確意識到明初以來行草書發展的誤區，遂以極大的功力廣泛

〔註1〕見其「奴書之説」。

深入古人，最終創出自己的書法風格，把元末明初的行草發展推上嶄新高度，鑄就了明代書法史上的第一個高峰。祝允明入古出新的學書方法，也爲其後董其昌（1555～1636）、王鐸（1592～1652）等書家提供了參考範式。

在元末明初這一歷史時段下，重新審視祝允明在其中承上啓下的扭轉作用，是本文的寫作立意。此外，祝允明其人，也引起筆者好奇。祝允明書法與其特殊人生經歷有著怎樣的聯繫？在兩極撕裂的生存狀態下，若說在大草的揮灑中情緒得到宣洩還相對容易理解的話，但同時其小楷又極爲精絕，而且作品極夥，不乏傳世經典。二者之間巨大差異引起筆者的探究欲望，這是本文的寫作緣起。

祝允明出身高貴，其祖父祝顥、外祖父徐有貞皆是當世名公。尤其徐有貞曾輔助英宗皇帝復位，後來身居要職，其詩文、書法在宣德至成化年間頗有影響，是當時書壇的領軍人物，對明初以來書法發展趨向及弊端有著深刻見解。徐氏又極疼愛這個稟賦異常的外孫，爲其指明童學正途，並且將其帶入自己活動的蘇州文人群體，使祝允明從小就得到史鑒（1434～1496）、吳寬（1435～1504）等人的指點。但是，祝允明十三歲時，外祖父去世，徐氏對其科考應試、書學道路等各方面的指導中斷，祝氏的生活命運、人生遭際也就此開始發生改變。

屢試不第及漫長的科考道路，使祝允明性格發生徹底變化，他從一個開朗、陽光的官宦子弟蛻變成失落、鬱悶的窮酸文人，其人格被無情地撕裂爲兩極，一面是眾人的殷切期盼，另一面則是冰冷的現實。在這個蛻變過程中，祝允明只得尋求各種各樣的排遣方式，有時縱情山水，希望在美景之中忘卻煩惱；有時避暑寺院，與僧人談禪論書；更常態的則是每每飲酒至醉，發出對「愁」和「窮」的戲謔……，所有這些無不自然而然地投射到其書法中來，與其書法風格發展脈絡相表裏。以往的研究往往集中在祝允明書法本身，但是筆者更願意從其人生與理想展開，從本裏出發，作爲探究其書法的突破口。

受其家學影響，「入古」一直是祝允明謹守的法則。筆者認爲，在看到祝允明書法之「新」的同時，需要徇其學書途徑，從他對「古」的臨仿入手。從書體上看，祝允明涉獵廣泛，尤擅楷書（特別小楷）、行書、草書（包括章草）；從風格上看，他遍臨晉唐宋元諸家，對鍾繇、二王、歐陽詢、褚遂良、虞世南、顏真卿、張旭、懷素、李懷琳、米芾、蘇軾、黃庭堅、蔡襄、趙孟頫等人皆有臨仿之作；從幅式上看，其作品以長卷爲主，立軸、扇面作品也

不少。值得一提的是，祝允明還書寫了相當數量的雜書卷，所謂「雜書」，是指集多種書體於一卷之中，有些甚至在一體之中呈現出不同風格，這對明末清初傅山（1607～1684）等書家有直接影響。

從「古」的角度衡量，祝允明臨仿古人風格作品不勝枚舉；從「新」的角度探究，又有很多個性書寫，一望即知出自其手。這些作品雖然水平參差，但其中不乏精品，是其書法精華所在。幾乎每個習書者，都是從臨摹古人入手，因此研究祝允明從「古」到「新」的創變，對今天的學書者有其現實意義。

二、研究難點與重點

難點在於兩方面，一是偽作多，其中只有少數可以確定偽作，但很大一部分難於甄別，為研究祝允明真實書貌帶來困難。

祝允明中、晚年生活窘迫，然他並非「鬻書」之人，頗不屑於「賣字」。這使得很多真正的購買者無法得到其作品，因此有些作偽者便開始炮製。祝允明離世後，作品價格飛漲，作偽者為了射利而造假的行為更加猖獗，產生了不少偽跡，明末安世鳳曾說「希哲翁書遍天下，而贗書亦遍天下。」〔註2〕除了作偽者外，毛天民、吳應卯也常常是其代筆者。關於祝允明書法偽作，劉九庵、傅申、蕭燕翼、葛鴻楨等先生均有過研究，然而有時互相之間觀點頗不同。要把祝允明書法偽作情況研究清楚，還有很多工作要做。

難點之二，祝允明書寫水平不穩定，而一些酒後應酬之作，甚至不及那些高仿偽跡，有些偽跡可以說「比祝允明還祝允明」。因此，從風格上判斷其作品真偽雖然是主要依據，但往往也會發生謬誤。判定祝氏書跡真偽，雖然困難重重，但對祝氏書法研究很有必要，故本文附錄兩項，一是其主要作品表，二是其偽託作品列表。

有一個現象值得關注，即雖然祝允明書法在書史上的地位毋庸置疑，但是由於一些特殊原因，在其去世以後，學習其書法的人並不多。而這一現象關乎祝允明書史地位的重新審視，因此本文研究重點分為兩大塊，一是祝允明作品分析，二是祝允明書法影響及其地位，這也是通過第一點研究的落腳所在。

一般文、祝並稱，但實際上二人對後世的影響卻不一樣。祝允明性格較

〔註2〕　明·安世鳳，《墨林快事》。

爲隨意，不似文徵明敦厚，且其書以狂草見長，而文長於小楷，更適合取法。祝允明的小楷雖古雅，但蘊藉更多，不如面貌秀媚純一的文徵明更適於學習。且文徵明之後松江又出現另一位書法「巨星」——董其昌（1555～1636）。董氏誕生之時，文徵明八十六歲。祝允明去世後，文之書名更得以騰飛，且直到董其昌的書名起來之後，文氏的影響才逐漸下去。隨著董其昌、王鐸影響的擴大，再次壓縮了祝允明書法傳播的空間。基於上述因素，祝允明書法顯然不可能被廣泛傳習，這是造成其書法影響有限的原因。

筆者認爲祝允明在古代書法史上的意義，歸根結底在於他對明初以來書學發展方向的扭轉，他以自身實踐使元末明初以來持續一百多年的書學道路重返正途。

三、研究基礎

（一）祝允明史料

1. 傳記、墓誌、行狀

《明史》文苑傳並無祝允明的單獨傳記，而是在徐禎卿傳記後附有一段簡短的文字，大致敘述了祝允明的生平概況。祝允明的詳細信息主要集中在王寵爲他作的行狀（王寵《明故承直郎應天府通判祝公行狀》）和陸粲爲他作的墓誌銘（陸粲《祝先生墓誌銘》）中。另外王世貞爲祝允明作的像贊（王世貞《弇州山人四部續稿·祝允明像贊》）及顧璘爲他作的傳贊（顧璘《國寶新編·祝允明傳贊》）也敘述評價了他的生平成就。墓誌、行狀、像贊、傳贊離祝允明去世未遠，是研究他人生的直接材料。

2. 書作圖錄、著錄

（1）中國古代書畫鑒定組編《中國古代書畫圖目》（文物出版社，以下簡稱《圖目》）第1、2、6、7、8、9、11、12、13、14、15、16、17、18、20冊，收錄大陸各文博機構所收藏祝允明書作一百多件（小部分未見圖片）。

（2）《毫端萬象——祝允明書法特展圖錄》（以下簡稱《圖錄》，中華民國102年）。這本《圖錄》是配合「祝允明書法特展」編寫。何炎泉編，臺北故宮博物院出版。除收入所展覽的作品二十四組件以外，另外收入參考圖版三十五組件〔註3〕，多爲祝允明書法精品之作。

〔註3〕 26件作品，9件刻帖。

　　（3）臺北故宮博物院編輯委員會《故宮歷代書法全集》（中華民國67年）第5、6、17、18、22、23、27、28、30冊，收錄臺北故宮所藏祝允明書作二十多件，可與《圖錄》互相參考。

　　（4）《中國書法全集・祝允明卷》，本卷主編葛鴻楨，全集主編劉正成，榮寶齋1993年出版。共收錄祝允明書法作品五十七組件。

　　（5）《祝允明墨蹟大觀》，陳先行、陳麥青編寫，上海人民美術出版社1996年發行。共收錄祝允明書法作品四十六組件，所收錄的作品有一部分與《中國書法全集・祝允明卷》相重複。

　　此外，散見於啓功主編《中國書法大成》明（上），沈鵬主編《中國草書名帖精華》第2冊，蕭燕翼主編《故宮博物院藏文物珍品大系》之「明代書法」，袁傑主編《故宮書畫館》（四），孫寶文主編《古詩墨翰》1、2冊，臺灣楊美莉主編《中華五千年文物集刊》法書篇第10冊等。日本渡邊隆男主編《書跡名品叢刊》第22卷明1，也收有一部分祝允明書法作品。

　　明清書畫論著記錄有不少祝允明書作。這些著錄大多記有作品名稱、尺寸、內容、印章和題跋等信息，有些還給予了評論。所記述的作品有一部分在相關的圖錄裏還能見到，但不少已經失傳，只留下文字資料。關於這部分未見作品的著錄，可參看朱家縉先生主編《歷代著錄法書目》（紫禁城出版社1997）。

　　3. 詩文、書論、題跋

　　祝允明的著作主要收在《懷星堂集》〔註4〕裏，該書分三十卷，依文體編排，基本涵蓋了祝氏一生所作騷賦、樂府、歌行、古近體詩、箴銘、論議、書牘、碑版、傳誌、題跋和序文等，是研究祝允明人生及書法的一手資料。《懷星堂集》有孫寶點校本（西泠印社2012），爲學人提供了便利。祝允明尚有其他一些詩文收在《枝山詩文集》〔註5〕裏，可補《懷星堂集》之缺漏。

　　（二）主要論著

　　1. 祝允明年譜

　　（1）《祝允明年譜》，陳麥青編著（復旦大學出版社1996）。對祝允明的人生軌跡、詩詞文章以及書法作品做了詳細的編年說明，是筆者研究祝允明

〔註4〕　《四庫全書》集部第1260冊，上海古籍出版社，2003年。
〔註5〕　王心湛點校，廣益書局，1936年。

人生、交遊及書法的關鍵參考材料。但該書限於體例，有些條目有遺漏。

（2）戴立強《〈祝允明年譜〉增補》，見《書法研究》2005 年第 4 期。補充並訂正陳麥青《年譜》，增添了《年譜》所涉及墨蹟藏處、款識等信息，並對相關的活動也多有原文錄入，爲研究者提供更多線索。

2. 人格心態及文學思想

（1）徐楠《張揚激憤：對中庸理想人格的背離——明代蘇州文人祝允明的典型心態及相關問題》一文，發表於《河北學刊》2009 年第 7 期。文章從祝允明大量詩文、論議總結出「張揚憤激」是其典型心態特徵，並對這種心態的表現以及產生根源做出深入分析。文章認爲祝允明一生扮演著兩個差別甚大的角色：一個是風流自在，率性緣情，不願忍受專制束縛的才子；一個是七試春闈不售，但又屢敗屢戰的仕途奔競者。

（2）北京語言大學徐慧博士論文《祝允明文學思想研究》，對祝允明生平、思想及文章、詩歌、雜學觀做出全面研究，其第一章「祝允明的生平與思想」將祝允明思想的變動分爲四個階段，並對每個階段的思想變動進行剖析。該作在寫作的過程中，參考了大量研究祝允明文學、史學以及思想論著，如八十年代出版的《吳中四才子——祝允明之思想與史學》（楊永安著，香港先鋒出版社）、李振松論文《祝允明人格精神論略》（《理論界》2006 年第 3 期）等。這些論著涉及祝允明生平、交遊、著作、文學思想、史學思想等等，皆有一定的參考價值。

3. 書法藝術及書學觀點

（1）何炎泉先生《祝允明的書法、書論與鑒賞》，結合《毫端萬象——祝允明書法特展圖錄》所收作品，重點論述祝氏的「多變書風」。

（2）葛鴻楨先生《祝允明書法評傳》（載《中國書法全集·祝允明卷》）。該文分爲「啓蒙時期、求名時期、彷徨時期、入仕時期和退隱時期」五個時期論述祝允明書法發展，然而作者並沒有給出較爲明確的分期界限，且「求名」和「彷徨」時期似有重疊處。該文對祝允明不同階段的書法評述對本文具有一定的參考價值。

（3）楚默《風骨爛漫神縱逸——祝允明草書〈唐宋詞卷〉》（載《中國書法》2012 年第 3 期）。文章探討祝允明草書狂放來源問題，並對無錫博物館藏祝允明草書《唐宋詞卷》進行分析。作者指出此卷有些地方使轉過快、線條浮華，草法和結體不無野狐之處。文中有些論斷，筆者認爲仍可以商榷。

　　論祝允明書學觀點的相關文章有，朱圭銘《祝允明〈奴書訂〉的書學辯證精神》（《中國書法》，2014 年第 3 期）、張飛《兼二父之美——論徐有貞、李應禎對祝允明書學思想的影響》（《藝術品》，2014 年第 7 期）以及首都師範大學楊坤衡碩士論文《祝允明書法思想與實踐研究》等。

　　此外，曹建《祝允明的心性修爲與書法風格》（《中國書法》2014 年第 3 期）、方建勳《盡合古法　盡見情性——論祝允明狂草中的「滿紙點點」》（《蘇州教育學院學報》，2013 年第 4 期）、傅汝明《祝允明小楷書法略論》（《西北大學學報》哲社版，2010 年第 6 期）、薛龍春《亂而能整——祝允明書法摭論》（《中國書畫》，2009 年第 2 期）、孔令深先生《祝允明草書〈白泖曲卷〉》（《中國書法》，2014 年第 3 期）、李小坪《祝允明小楷的多樣性與創新精神》（《中國書法》，2014 年第 3 期）等文章亦皆以祝允明書法立論。還有臺灣地區的碩士學位論文，如高雄師範大學黃仁德《祝允明書法藝術研究》、明道大學古員齊《祝允明草書造型研究》以及臺灣藝術大學黃義和《祝允明狂草風格研究》等文。

　　祝允明在書史負有盛名，但是通過查閱資料，筆者發現對其書法研究的專題學術文章並不多，這也鼓勵了筆者試圖穿越時空與祝允明「剖心交流」，刪除訛傳枝蔓及陳陳相因之說，剔發其書法藝術眞正有價值和意義的啓示。

4. 書法作品真偽考證

　　（1）傅申《祝允明問題》，見傅申著、葛鴻楨譯《海外書跡研究》，故宮出版社，2013 年。

　　（2）劉九庵《祝允明〈草書自詩〉與僞書辨析》，見《收藏家》，1999 年第 6 期。

　　（3）蕭燕翼《祝允明贗書的再發現》，見《故宮博物院院刊》，1997 年第 1 期。

　　判斷作品眞僞需要多方面輔助支撐，比如書寫風格、文字內容、印章題款、後人題跋、書寫材料、文獻記錄等等，因此鑒定時需要愼之又愼，即使如此，都難免會出現判斷錯誤。以上三位都是書畫鑒定界前輩，他們通過分析，指出眞贗之別。其中劉九庵先生總結出文葆光僞作的五個特點，還分析了吳應卯僞作並羅列出他認爲是吳應卯僞作的作品。葛鴻楨《祝允明〈草書杜甫秋興八首〉及僞作再探討》（《中國書法》，2014 第 3 期）一文分析了劉九庵先生觀點，提出了不同看法，觀點更爲審愼，但文中並未對所提出疑問給

予進一步解答，爲後來的研究者留下了不少困難。

此外還有，戴立強《祝允明書法作品辨僞九例》（《書法研究》，2006 年第 4 期）、林霄《祝允明書法眞僞標準討論》（見范景中等編《美術史與觀念史》第 13 輯，南京師範大學出版社，2011）、《韓世能疑是僞祝允明書法的作者》（同上，第 14 輯，2014）等文。

四、研究思路和方法

（一）通過文獻資料分析比較，在特定歷史文化語境中解讀祝允明

在分析祝允明人生、作品、書學觀點的過程中，筆者廣泛查閱文獻資料，並將相關內容進行梳理與比對。通過對《懷星堂集》《祝氏集略》等所收錄祝允明詩詞信箚、墓誌題跋等資料的綜合研究，從中勾勒出祝允明的眞實形象及性格衍變過程，同時兼顧同時期相關著述記載，比如文徵明、吳寬等人的文集與題跋等，在動態中考察一個「活著的」祝允明的形象。

（二）結合圖錄作品與文獻著錄，分析其書法風格的呈現及要素

本文在分析祝允明書法作品時，主要採用要素分析法。所謂要素，即是指作品單字的結體、用筆和整篇的幅式章法，這些具體要素共同構成作品的神采。研究古代書法作品，一要還原作者，二要觀者參與。還原作者即是復現作者的人生情狀，這對那些古代的作品而言，顯得極爲重要。觀者作爲主體，有著不可替代的作用。有不少學人在分析書法作品時，習慣摘引一大堆書論和常見的形容詞語，讓人讀得雲裏霧裏，繞了一大圈也並沒有針對作品的具體要素說出個長短。本文力求能切中作品要素，從字法、結體、章法的關係入手展開分析，特別希望能用文字傳達出祝允明用筆的細膩程度及對線條的把控能力，然後綜合概括祝允明書寫的規律和特點。

（三）文獻實證與作品鑒定相結合，廓清其書法流變

文中對關乎祝允明的基本事件，採用文獻考證方法予以釐清，對於明顯訛誤者皆不錄，力爭以史實爲據，眞正瞭解祝允明的生存狀態及書寫實況。在對祝允明作品進行分析時，已經確定爲僞作者皆不取，對於存疑者加以說明。對於那些僞託作品，首先從文獻記載中耙梳理清相關作品佐證材料，其次切入作品本身的書寫內容、書寫風格、印章題款、遞藏跋誌等，全面分析作品的書寫要素，盡量給出自己的判斷。

第一章 祝允明的人生

在歷史典籍所構造的人物形象中，祝允明多是以狂士的姿態出現，他懷疑經典、嗜酒好色，時時顯露出一個富家子弟放蕩不羈的性格特點。然而，在書法方面，卻又被奉爲有明書法第一人，遠遠高於對其詩文、思想方面的評價。

祝允明究竟是一個什麼樣的人？他的思想性格、詩詞文章是怎樣的？「尙奇」和「異端」是他的追求嗎？他的人生理想是什麼？書法在他的人生當中處於怎樣一個地位，扮演了什麼樣的角色？本章通過梳理有關祝允明詩文筆記、墓誌行狀、歷史傳記，以及友人相關著述、書畫題跋等，力爭還原其人生眞實情狀。

第一節 家世生平

一、家族世系

關於祝允明生平記載，有兩篇材料可信度較高：一是王寵（1494～1533）的《明故承直郎應天府通判祝公行狀》（以下簡稱《行狀》）〔註1〕，二是陸粲（1494～1551）的《祝先生墓誌銘》（以下簡稱《墓誌》）〔註2〕。綜合這兩個材料可知，祝允明，字希哲，蘇州長洲人，生於天順四年（1460）臘月初六，卒於嘉靖五年（1526）臘月二十七，卒年六十七歲，嘉靖六年（1527）年冬

〔註1〕 孫寶點校，《懷星堂集》，書後附祝允明材料。西泠印社出版社，2012 年。
〔註2〕 明·陸粲，《陸子餘集》。

閏十月十六日葬於橫山丹霞塢。

《行狀》和《墓誌》歷述祝允明家族的姓氏淵源，但模糊不可考，至碧山府君，祝氏家族脈絡才稍清晰。王寵《行狀》云：

> 自元大德元祐間有碧山府君者，由松江來爲漕府經歷，昇平江路總管，有五丈夫子，季九鼎，因家焉。生子潛，潛生景彰，景彰生煥文，煥文生顯。顯生瓛，娶兵部尚書、華蓋殿大學士武功伯徐公有貞女，生公。太僕少卿李公應禎，時以中書舍人奉使過吳，妻之子焉。子男二人，曰續，由進士官給事中，累升山西按察使副使；次側出，幼未名。女一人，嫁潮州府經歷王穀禎。孫女三人。

另據吳寬（1435～1504）《明故大中大夫資治少尹山西等處承宣布政使司右參政致仕祝公神道碑銘》（以下簡稱《祝公神道碑》）載：

> 逮元有曰碧山者，自松江來，爲海道，都漕運萬戶府，經歷昇平江路總管，英邁有文。卒葬吳中。子九鼎，遂著籍長洲，九鼎生子潛，子潛生景彰，皆不仕，景彰生煥文。〔註3〕

元代時碧山從松江來蘇州，官平江路總管，死後葬於吳地。其子九鼎留蘇，九鼎生潛，潛生景章，景章生煥文，煥文生顯，顯即允明祖父。陸粲《墓誌》所載與前引材料基本一致，但記祝續「累遷陝西按察副使」，而非「山西」。祝允明去世時，有兩個兒子、一個女兒，三個孫女，由於二兒子年幼還未名，三個孫女應爲祝續所生。

李應禎《大明山西等處承宣布政使司右參政祝君墓誌銘》（以下簡稱《右參政祝君墓誌銘》）亦載：

> 公之先，雲間人，有秀岩者，元海道，都漕運萬戶府，經歷昇平江路總管，占籍長洲。總管以下，四世皆不仕，曰九鼎曰潛曰景彰曰煥文。……母王氏。配錢氏，蘇學教授孟書之弟之子。初，孟書奇公，妻之。錢氏無後，卒，主其祀子。男一人曰瓛，先五月而卒。女三人，長適劉溱，次鴻臚寺班湯瑄，次趙淳。孫曰允明，女二。曾孫男、女各一。〔註4〕

李應禎記載與吳寬並無出入，但提供了幾點重要信息：一是碧山名秀岩；

〔註3〕 《家藏集》卷77。

〔註4〕 明‧李應禎，《大明山西等處承宣布政使司右參政祝君墓誌銘》。《吳都文粹續集》卷42。

二是祝瓛之母並非錢氏；三是允明有三個姑姑，分別嫁給劉溱、湯瑄和趙淳。

另據祝允明《先母陳夫人墓誌銘》載：

> 嘉靖三年歲甲申春，先母陳夫人病蓐食，至夏六月十一日甲辰
> 酉時沒，不肖孤允明以其年冬十一月三十日庚寅，葬於橫山丹霞塢，
> 先塋之右。陳氏，吳縣人，諱玉清，考諱紳，字用章，母王氏以正
> 統乙巳歲五月十日未時生夫人，成化乙未先考喪。先姚徐夫人，先
> 大父參政府君爲先君圖繼室，時夫人已逾笄，猶在室，請而得，乙
> 亥嬪於祝，庚子生一女。癸卯先君下世，蓋夫人嬪時年已三十，與
> 先君同室才四年。先考別號仁齋，女弟嫁史臣而寡，孫男一人曰續，
> 今爲臨江府同知，孫女一，嫁監生王穀禎，曾孫女三。〔註5〕

知祝瓛於成化十五年（1479）納繼室陳玉清，陳氏生於正統十四年（1449）五月十日，時年已三十歲，成化十六年（1480）生一女，後嫁於史臣（早卒），成化十九年（1483）祝瓛去世，陳氏與其共同生活僅四年。嘉靖三年（1524）六月十一日陳氏離世，享年七十六歲。又祝允明《示續》云「自吾以上二世單傳，若汝終鮮兄弟，則三世矣。枝葉單薄，殊爲可戚。」〔註6〕知祝瓛、允明皆爲獨子，並無兄弟，祝瓛去世前的第四年雖納陳氏，但僅生一女既亡，允明去世前亦納有側室，雖出幼子，但由於年幼，其時尚未名。

祝允明家族世系簡圖（圖1-1）：

〔註5〕　《懷星堂集》卷15。
〔註6〕　祝允明，《示續》。孫寶點校，《懷星堂集》，卷12。

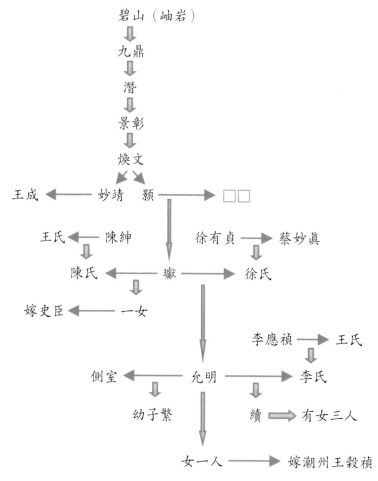

圖 1-1　祝允明家族世系簡圖

注：橫向箭頭表示配偶關係，豎向箭頭表示父子（女）關係

　　材料顯示祝顥的正室錢氏〔註7〕並無所出，祝瓛當爲庶出，然瓛之生母尚無從得知名姓；外祖母有蔡妙眞〔註8〕、蘇夫人〔註9〕。此外，祝允明的詩文特別是一些爲親友所撰墓誌，透露了其家族錯綜複雜的親戚關係。

〔註 7〕　吳寬，《明故大中大夫資治少尹山西等處承宣布政使司右參政致仕祝公神道碑銘》：「配錢氏，靖安州同知鑒之女，鄞縣儒學教諭紳之姪女，封恭人，子男一人曰瓛。」另據前引李應禎《右參政祝君墓誌銘》知錢氏無所出。

〔註 8〕　祝允明代母舅作《顯妣武功伯夫人蔡氏祔葬誌》：「夫人姓蔡氏，諱妙眞，宛平人。永樂丁亥（1407）十二月六日生，成化丙午（1487）九月朔終，享年八十。」

〔註 9〕　徐有貞繼室，徐世良生母。祝允明《昭武將軍上輕車都尉、錦衣衛指揮使徐公碑》：「奉顯妣蔡夫人、生母蘇夫人歸守家祀。」

二、顯赫家世

祝允明出身名門，其內、外祖父皆爲當朝官員，尤其是外祖徐有貞，因擁立英宗皇帝復辟有功，官爵甚爲顯赫。因此允明青少年時期生活優渥，這種家庭環境塑造薰陶了其性格，也爲後來的坎坷人生埋下伏筆。由於祝允明祖父祝顥、外祖徐有貞以及岳丈李應禎對其性格、文風、書風的形成影響直接，此處特予說明。

1. 祖父祝顥

祝允明幼年（約六歲以前）在山西度過，其祖父祝顥時爲山西參政，父祝瓛〔註10〕隨伺左右。允明後來一直都有很深的太原情結，在其大量書作中，有不少落款爲「太原祝允明」。

祝顥（1405～1483），字維清（一作惟清〔註11〕），長洲（今蘇州）人。英宗正統四年（1439）以明經及進士第〔註12〕，時年三十四歲。景泰初年由刑科給事中〔註13〕轉任山西布政司參議，後進階右參政，專督糧儲。由於祝顥在山西任職的時間與祝允明童年生活直接相關，這裡特作進一步考證。

《明文衡》載：

> 景泰初，予以侍近，出官山右。〔註14〕

《山西通志》載：

> 景泰中任山西布政司參議，專督糧儲。……居參政七年，上疏請歸，歸二十年卒。〔註15〕

〔註10〕 祝瓛，生年不詳，卒於 1483 年。豐坊《書訣》「允明條」云「先考諱熙，字原學，官至翰林學士，贈禮部侍郎，諡文毅。」似不可信，此處錄之，聊備參考。見《中國書畫全書》第三冊，頁 853。祝瓛先於其父祝顥五個月去世，據吳寬《明故大中大夫資治少尹山西等處承宣布政使司右參政致仕祝公神道碑銘》知祝顥卒於十二月，則祝瓛當卒於七月左右。

〔註11〕 《山西通志》、《抑庵文集》作維清，《明詩綜》、《姑蘇志》作惟清。

〔註12〕 《抑庵文集》，後集卷 20，《贈祝給事中序》：「以明經取正統己未進士。」同科施宗銘進士第一，入爲翰林修撰一年而卒於官，年二十三。參看徐有貞《武功集》之《施宗銘挽詩序》。祝顥有《哭施宗銘狀元》詩，見明錢毅，《吳都文粹續集》卷 51。

〔註13〕 按，轉任山西前，祝顥當在京師爲官。《明詩綜》記「授南京刑科給事中，升山西左參議」，不確。《明文衡》卷 36，祝顥《重修虞士祠記》自云「景泰初，予以侍近，出官山右」，更可信，祝顥是由皇帝近侍出任山西的。《抑庵文集》云：「今之給事中，日侍上左右，國家之政本繫焉」，亦可證。

〔註14〕 明・程敏正，《明文衡》卷 36。

〔註15〕 清・儲大文，《山西通志》卷 85。

《姑蘇志》載：

> 成化初罷歸，……卒年七十九。〔註16〕

《明文衡》為祝顥自述，理應可信。代宗景泰帝在位僅七年（1450～1456），則祝顥最遲四十七歲（景泰三年，1452）入晉。又據祝允明《太行歌》「六歲從先公，騎馬出晉陽」等句可知，成化元年（1465）祝顥尚在山西任上。祝允明在《登仕郎鴻臚寺序班湯府君墓誌銘》中記載「姑父湯瑄不遠千里來太原迎接姑姑回蘇州」〔註17〕一事，這一年湯瑄二十五歲。瑄生於正統辛酉（1441），二十五歲時恰為1465年，也可證明直到1465年祝顥仍攜家眷在山西任上。如此，則祝顥在山西任職的時間遠超七年。吳寬《祝公神道碑》載：「居大參又七年，年甫六十，遂疏請歸田」，一個「又」字，已經隱約點明祝顥僅任職右參政的時間就有七年。李應禎《右參政祝君墓誌銘》云：「公再一報政而且逾六十矣！遂謝其事以歸。」亦可佐證。

祝顥在晉為官足跡幾乎踏遍山西境內（圖 1-2），北過雁門〔註18〕，南至聞喜，嘗在洪洞、聞喜、澤州等地復修古賢祠堂〔註19〕。顥為人正直，吳寬《祝公神道碑》記載他中進士後，「不願與豎閹為伍」；又頗具吏材，「時北敵擾邊」，他「規畫久之，倉廩皆滿」〔註20〕，天順中（1457）還曾破獲「汾州妖人作亂」〔註21〕；喜獎掖後進，曾親自教授生徒，「嘗按行陽曲、臨汾視學」〔註22〕。吳寬評價他「吏學精甚，律令條例通練如指掌，疑情滯獄立能剖決，而又明慎矜恤，每多平反」，文中還不厭其煩地舉例歷述其為官為政的決斷能力。文章才華亦佳，吳寬說他「封部多名山大川及古聖賢宅里祠墓，遇輒登臨謁眺，賞弔吟賦，風流粲然。」祝顥現存詩稿尚有一些散見於各種文集，

〔註16〕明・王鏊，《姑蘇志》卷52。

〔註17〕祝允明，《登仕郎鴻臚寺序班湯府君墓誌銘》：「時先大父維清府君參山西藩政，府君數千里來逆女，無何，與姑氏同歸於蘇。」「逆」與「送」相對，有迎接之意，《左傳・成公十四年》：「宣公如齊逆女。」

〔註18〕《山西通志》卷223，祝顥《次陽明堡》詩云：「晚次陽明堡，登樓望雁門。牛羊歸遠堠，燈火映孤村。塞近風偏勁，山高日易昏。羈懷何以遣，公館自開尊。」

〔註19〕《山西通志》卷85。

〔註20〕王鏊，《姑蘇志》卷52。

〔註21〕據《山西通志》卷85：「天順中，汾州妖賊作亂，就擒首謀止十六人，顥以罪坐首事，不欲多傷善類，又以改年僭號，不可僅以盜聞，乃以十六人為謀反上奏，得旨如議。」另據吳寬《明故大中大夫資治少尹山西等處承宣布政使司右參政致仕祝公神道碑銘》：「天順丁丑汾州妖人作亂……」

〔註22〕王鏊，《姑蘇志》卷52。

出語多不凡。晚年歸蘇州後居丘園，己亥年（1479）七月三日得重孫〔註 23〕（允明子，即祝續），時年七十五歲，成化十七年（1481）九月十六日，應監察御史戴仁（字以德，句容人）之請爲文正書院作記文〔註 24〕，時年已七十七歲。又二年卒，享年七十九歲。著有《侗軒集》，不傳。李應禎《右參政祝君墓誌銘》所載祝顥在山西爲官經歷與吳寬所記大體相類。

　　自元代碧山府君之後，祝氏家族連續四代並無功名，曾祖煥文是當地一個有能力德行的君子，但是身體有殘疾，雖「材敏行修」，然「有瞶疾不在察舉」，故爾「惟務樹德」〔註 25〕，至祝顥祝氏整個家族始在明王朝取得功名。

圖 1-2　明中期山西省疆域圖

〔註 23〕明・錢穀，《吳都文粹續集》卷 51，「祝顥詩」其一：「喜允明生兒二首，就以曾孫名孩，己亥七月三日。生平百拙無堪紀，獨賴君親覆育恩，七十五齡三品秩，眼前尤喜見曾孫。」
〔註 24〕《范文正集》補編卷四，《文正書院記》：「成化十七年歲次辛丑九月既望，大中大夫山西等處承宣布政使司右參政太原祝顥著，奉訓大夫南京兵部武選清吏司員外郎長洲李應禎書篆，邑人陳俊刻。」
〔註 25〕吳寬，《明故大中大夫資治少尹山西等處承宣布政使司右參政致仕祝公神道碑銘》。

2. 外祖父徐有貞

徐有貞（1407～1472），初名珵，字符玉（一作元玉），蘇州吳縣人。授翰林院編修。《宣德八年進士登科錄》載，徐有貞應試研習的是《易經》〔註26〕，這使其精於星曆、象術，並好以預測爲能事。正統十四年（1449）七月，徐有貞因夜觀天象，準確預測大禍將至〔註27〕而爲自己贏得時名〔註28〕。

但是「土木之變」〔註29〕後，他力議南遷〔註30〕，遭于謙（1398～1457）、金英（太監）等人斥責，爲朝廷內外所側目〔註31〕，名譽掃地，落了個「內廷訕笑，久不得遷」〔註32〕的尷尬局面。代宗即位後，他屢受排擠，頗不得志，僅於景泰二年（1451）升右諭德兼侍講，途勢渺茫。景泰四年（1453）在內閣陳循建議下改名「有貞」，試圖蒙混過關以冀升遷。

明英宗正統十三年（1448）黃河決口，具體位置在張秋、沙灣一帶，致使「會通河遂淤，漕運艱阻」〔註33〕。朝廷先後派遣工部尚書石璞、侍郎王永和、都御史王文相繼治理河患，「凡七年，皆績弗成」〔註34〕，景泰帝召集廷臣朝議，陳循等人「共薦有貞，上亦忘其爲珵也」〔註35〕。景泰四年（1453）升有貞爲左僉都御史，往張秋治理黃河決堤。經過勘察，徐有貞草擬《言沙灣治河三策疏》上書朝廷，提出著名的「治河三策」〔註36〕，疏、塞、濬並舉，取得了顯著效果，保證了運河航道的通暢，還朝後升左副都御使。

〔註26〕《宣德八年進士登科錄》，國家圖書館藏明刻本。

〔註27〕清·查繼佐，《罪惟錄》卷六《帝紀·明英宗》：「侍講徐珵見熒惑入南斗，私語其友劉溥，『禍不遠矣！』」

〔註28〕同僚葉盛語：「己巳之變，徐元玉最有時名，亦銳意功業。」明葉盛，《水東日記》卷一，《徐元玉王通進策》。

〔註29〕正統十四年（1449）八月十五日，明英宗朱祁鎮親征蒙古瓦喇，卻意外身陷虜庭，隨征軍士和文武大臣大部分戰死，史稱「土木之變」。

〔註30〕明·尹直，《瑣綴錄》：「時錦衣劉揮使素善徐珵，薦於金太監，召至左順門問計，徐甚言，『城不可守，必須南遷。』」

〔註31〕《明英宗實錄》卷181，正統十四年八月癸亥：「皇太后以問太監李永昌，對曰：『陵廟宮網在茲，倉廩府庫在茲，百官萬姓在茲，一或播遷，大事去矣，獨不監南宋乎？』因指陳靖康事，辭甚切，太后悟，由是中外始有固志。」

〔註32〕《明史》卷171，「徐有貞」。

〔註33〕清·谷應泰，《明史紀事本末》卷34，《河決之患》。

〔註34〕清·谷應泰，《明史紀事本末》卷34，《河決之患》。

〔註35〕清·夏燮，《明通鑒》卷26，「景泰元年十月甲午」。

〔註36〕「一爲造水門，二爲開分河，三爲挑深運河」，具體就是引黃入河、堵塞沙灣決口和疏濬運河內部所積淤泥。明徐有貞，《言沙灣治河二策疏》。見明陳子龍，《明經世文編》卷37。

　　不久代宗病危，圍繞繼任問題廷臣之間分爲幾個派別，鬥爭激烈，徐有貞與石亨、曹吉祥等人力助英宗南宮復位，在「奪門之變」關鍵時刻他表現冷靜、鎮定，運用策略得當，發揮了重要核心作用。英宗復位後加兵部尚書，以文臣封武功伯，兼華蓋殿大學士，掌文淵閣事，賜「奉天翊衛推誠宣力守正文臣」，祿一千一百石，世襲錦衣衛指揮使，賜誥券〔註37〕，備受恩寵。

　　後因與曹吉祥（？～1461）、石亨（？～1460）政見不合，屢遭二人陷害，先是降爲廣東參政，旋被詔令流戍雲南金齒爲民，天順四年（1460）十二月赦歸故里，逐漸放棄仕途幻想，築天全堂以自居，自號「天全居士」。此後十餘年以優游山林爲樂，飲酒賦詩，品茗書畫，以他爲中心形成了一個鬆散的文人集團，爲以後吳中地區文化的鼎盛發展奠定基礎，史鑒（1434～1496）、吳寬等後學皆受其舉薦。成化八年（1472）去世，年六十五。

　　徐有貞一生毀譽參半。《明史》在肯定其才能的同時，評價他「多智數，喜功名」，屬於傾險躁進之徒，並且把冤殺于謙的主要責任歸罪到他身上。客觀來看，徐有貞參與復辟的動機，不排除有渴望功名的因素在內，但他還是有別於一味借「奪門之變」擴張自己權力的石亨、曹吉祥等人，在他身上仍體現出傳統文人士大夫的政治理想和抱負。

　　徐有貞一生兩娶，正室蔡氏，後娶側室蘇氏。與妻蔡妙眞育有五女，長嫁祝瓛〔註38〕；子徐世良，儒學生，側室蘇氏所生，以父功十二歲（天順元年，1457）時就被封爲錦衣衛指揮使，屬紈綺之徒，祝允明《徐公碑》委婉地說他：「未半年而府君同事閹武不能包承，方懷狂狡，貝錦斐然，兩致詞獄。賴天王聖明，但置南交而公亦落職。」〔註39〕除允明外，外孫中另有蔣廷貴之子蔣熹，九歲能究經史百家言，十一歲就補郡學生，但十七歲早逝。四庫館臣評論其文：「大抵才氣溢發，有蘇氏父子遺意」，著有《東壁遺稿》等。

〔註37〕《懷星堂集》卷15。祝允明《昭武將軍上輕車都尉、錦衣衛指揮使徐公碑》（文中簡稱《徐公碑》）：「天全府君諱曰有貞，起進士，累官兵部尚書兼華蓋殿大學士，封爵如上。當景皇帝疾，大漸，府君密與武文臣數人定策，合力迎英宗皇帝復辟。上以府君功第一，襃先延世，賞典穠越。府君茅土既胙，並授公錦衣衛指揮使，以爲世官。侈祿貴死，昭錫券譽。時天順元年三月，公年始十有二，遂能紆袍綰符，立位莅衆。」

〔註38〕祝允明27歲代母舅所作的《顯妣武功伯夫人蔡氏祔葬誌》：「府君諱徐氏，諱有貞，字符玉，爵至武功伯。女五，長嫁祝某，次樂亭縣知縣蔣廷貴，次朱繡，次王璟，次灤州知州潘齡，皆顯宦家。」

〔註39〕《懷星堂集》，卷15。

徐有貞工書畫，善山水，楷書學歐陽詢，草學張旭、懷素。王世貞評云：「（天全）眞書法歐陽率更，而加以飄動，微失之弱。狂草出入旭、素，奇逸遒勁，間有失之怪醜者」〔註40〕。徐有貞行草，大抵是時人學習旭、素的一般面貌，趣味與稍前的沈粲（1357～1434）、稍後的張弼（1425～1487）相仿。項穆《書法雅言》云：「明興以來，書跡雜糅，景濂、有貞、仲珩、伯虎，僅接元蹤。」〔註41〕徐有貞書法並未能擺脫元末以來行草時風的影響。

徐有貞對祝允明學書影響，主要體現在他對當時書法發展誤區的深刻理解上，從而引導祝允明在書學開蒙時就能走上正途。徐有貞認爲時風通過學習元人及明初諸家筆下的旭、素面貌已經走入死胡同，因此必須重新上溯到晉唐，方能在書學上有所成就。這個觀點觸及「書法傳統」根本，無疑是正確的。但此時的他已入晚年，因此他極力把這種學書道路貫徹到其外孫祝允明身上，令其「絕去時人書，目所接皆晉唐帖也」〔註42〕。這種學書觀念影響了祝允明一生。

3. 岳父李應禎

祝允明十九歲時娶李應禎之女爲妻。李應禎，生於宣德辛亥年（1431），卒於弘治癸丑（1493），名甡，字應禎，後更字貞伯。世醫家，蘇州府長洲縣人，歷兵部郎中、南京太僕少卿等職。

李應禎性情耿直敢爲，不懼權貴，這一點與徐有貞有霄壤之別。初在太學時，他不願與閹豎爲伍，曾嚴辭拒絕內宮牛玉（活動於1455年前後）等人的聘請；值文華殿時，目睹同僚爲了仕進不擇手段，他對此頗爲不屑，曾要求去職，然未果；又曾抗疏拒寫佛經，慘遭杖責。李應禎一生爲官清廉，死時無以爲殮，好友文林、史鑒等人爲他料理了後事。

文徵明《跋李少卿帖》云：「蓋公雖潛心古法，而所自得爲多，當爲國朝第一。」〔註43〕文氏爲李應禎入室弟子，如此評價其師，不免溢美之辭，他委婉地指出李應禎書法以「自得爲多」，與李氏堅決反對「奴書」的觀點吻合。王世貞也曾評價李應禎書法「腕法甚勁，結體甚密，而不取師古，往往誚趙

〔註40〕王世貞，《藝苑卮言·附錄三》。見《弇州山人四部稿》卷154。
〔註41〕《明清書論集》上，上海辭書出版社，2011年，頁275。
〔註42〕祝允明，《寫各體書與顧司勳後》。《懷星堂集》，卷26。
〔註43〕文徵明，《跋李少卿帖》。周道振輯，《文徵明集》，卷21，上海古籍出版社，2014年，頁514。

孟頫以爲『奴書』。」〔註 44〕文震孟（1574～1636）亦評云：「書法自成家，蓋軼唐宋而上之。」〔註 45〕然吳門書派的兩位重要書家（祝允明、文徵明）都曾受到過李應禎指點。王世貞《題李貞伯遊滁陽山水記》云其「書開吳中墨池」〔註 46〕，並非虛語。李氏三十五歲入太學成爲中書舍人，其早年書法有臺閣體的影子〔註 47〕。朱謀垔曾對其「清潤」頗加讚賞，云李應禎書「眞、行、草、隸，皆清潤而端方，如其爲人」〔註 48〕。

李應禎後來爲了脫離臺閣體及時風覊絆，提出反對「奴書」的觀點，並親力踐行，然而他走這條路所創造的作品並不成功，弟子文徵明在當時就已看出來了，孫鑛跋《文氏停雲館帖十卷》中更是直言：「李太僕未能去邪去俗，亦是詹、宋、二沈派，何緣高自許？」〔註 49〕批評一針見血。

李應禎卒時，允明已經三十四歲，也即進入壯年時期。從十九歲到三十四歲之間，祝允明書法主要是受到其岳父李應禎薰陶與指點，在其致李應禎箚中，表達了自己的敬仰與感恩之情：「小婿祝允明百拜上覆，……座下允明乍違，左右仰慕。先生恩顧提誨之深，戀戀不能暫矣！……」〔註 50〕在外祖父、父親、祖父相繼去世之後，岳父李應禎在多方面對允明照顧有加，這中間當然包括書法。祝允明晚年回憶說：「余幼日從遊（李應禎），每得指南之論。」〔註 51〕李氏對其書法的影響可見一斑。

祝允明優越的出身使得他從小在一片鼓勵聲中長大，他早年尚未感受到科舉的壓力，又不用爲生計擔憂，能盡情在詩文書法方面發揮天賦，培養了性格自信的一面。同時也爲他在書法方面取得成就預設了方向。但也正因爲此，他缺乏「治生」的能力，把個人價值實現及外部客觀環境看的過於簡單，爲日後遭際埋下了伏筆。

〔註 44〕王世貞，《弇州山人題跋》上，卷五。浙江人民美術出版社，2012 年，頁 198。

〔註 45〕文震孟，《太僕少卿李公》。《姑蘇名賢小記》卷上。

〔註 46〕王世貞，《弇州山人題跋》上，卷五。浙江人民美術出版社，2012 年，頁 198。

〔註 47〕孫鑛曾明確指出李應禎的楷書「大約從二沈來」。《書畫跋跋》。見崔爾平，《歷代書法論文選續編》，上海書畫出版社，1993 年，頁 269。

〔註 48〕朱謀垔，《續書史會要》。浙江人民美術出版社，2012 年，頁 341。

〔註 49〕孫鑛，《書畫跋跋》。見崔爾平，《歷代書法論文選續編》，上海書畫出版社，1993 年，頁 311。

〔註 50〕祝允明，《致李應禎箚》。

〔註 51〕祝允明跋，《李應禎雜錄冊頁》。

第二節 科考經歷與官宦生涯

一、卅年不第，性格撕裂

　　成化十五年（1479），祝允明入學爲生員。允明初在郡學時，因擅長古文辭寫作，得到御史司馬垔〔註52〕及侍郎徐貫〔註53〕的賞識，並因此名聲大噪，「延譽兩都，知與不知，莫不曰『允明天下士也』」〔註54〕，當時南直隸、蘇州本地的官員、文士對其抱有很高期望。

　　然而，幸運並沒有延續下去，祝允明從成化十六年（1480）開始參加鄉試，除弘治二年（1489）因病未能參加考試之外，一直到弘治五年（1492）第五次赴試才中舉，而這次的主考官正是恩師王鏊（1450～1524）。這一年祝允明已經三十三歲，在2300多人中取135人，他以《易經》應考〔註55〕，列第115名。

　　鄉試中舉以後，祝允明本應於弘治六年（1493）赴京參加會試，但他聽信算命先生的迷信說法而放棄了本次應考。卜者說他過了三十四歲，方才通達〔註56〕。然從弘治九年（1496）祝允明開始赴京參加會試，接連四次皆不第。約作於四十歲左右的《和陶淵明飲酒二十首》〔註57〕組詩中，他反覆地說道：「身世無一補，何物期自傳（其二）。局促百年內，安足稱達生？（其七）冬半多北風，疲馬不奈驅（其十）。勞辛救寒饑，容體易枯老（其十一）。三歲凡五出，別離復在茲。行止豈有津？誰爲我稽疑？不若巢中禽，乃免霜霰欺。天運實爲爾，通塞任所之（其十二）。所乏百畝田，亦須五畝宅。居食少給躬，何復世上跡？（其十五）」等等。接連的會試不第，使祝允明的心態受到重創。

　　正德三年（1508）春，祝允明第五次赴京參加會試又不第，適朝廷編纂

〔註52〕司馬垔，山陰人，字通伯，成化辛卯（1471）省試第一，第二年登進士第，以御史視學南畿。《山陰縣志》卷28，《人物志》。

〔註53〕徐貫，浙江淳安人，天順元年（1457）進士，歷官至工部左侍郎，善治水。

〔註54〕閻起山，《吳郡二科志》。

〔註55〕與其外祖徐有貞應試所業內容相同。

〔註56〕《枝山文集》卷一《感記》：「說日者曰余年三十四更有造運，則達矣。以是多望新焉。……癸丑則入新矣，援漆雕氏旨，不北試。」

〔註57〕詩中有句：「學道三十年，今辰聊寡疑（其一）。吾生四十年，強半居欹傾（其七）。四十不擬老，老狀日已至（其十四）。」可知其時允明約四十歲，這組詩或作於允明弘治十二年（1499）赴京應考返吳舟中。《懷星堂集》卷三。

《孝宗皇帝實錄》，元相欲薦其入中書執事筆箚，這一年祝允明已經四十九歲，卻仍力辭不就〔註58〕。此時的他仍汲汲於功名，始終相信自己還能獲得機會。這或許與其書學主張也不無關係，正德年間中書機構盛行臺閣體書風，祝允明反對這種書風，更不屑於規矩的文字抄寫工作。祝氏對待這件事情的態度，與文徵明五十四歲時經工部尚書李充嗣推薦欣然擔任翰林苑待詔一職的態度截然相反，二人性格差別及由此所導致書風差異於此可窺一斑。

　　然而，造化弄人，祝允明的堅持並沒有得到回報。正德六年（1511）第六次赴京參加會試不第，但其子續卻登進士第。祝允明悲喜交加，連作《兒子續入對大廷感激因賦》《兒子召試館職》《兒子召試，後乔竊收錄，遂蒙欽改庶吉士，留學翰林》《舟中憶續》等詩，中有「功名爾已誇雛鳳」之句，為兒子登第感到欣喜的同時，不免發出「老夫迂遲失馬中」的愧疚。這次會試不第後，祝允明內心受到強烈刺激，對待科考的心態產生了巨大變化，由先前的積極轉向消極自憐。內心的淒苦難耐和焦慮之感，從其致徐生箚中可以明確的感受到：

　　　　遠辱專使導諭勤渠，領感領感。北上之期，固自未決，亦自有
　　說話。其行其止，未能語生。嗟乎！人生相知，貴相知心，心非可
　　數百里傳遞者，是故竟未能細細答述，如來教所云也。其他所示，
　　尤是難說。嗟乎生！奈何哉！奈何哉！陰寒自愛。〔註59〕

　　在另一封回覆某官員箚中，祝允明也委婉表達了不想再參加會試的願望：

　　　　輿從下賁，不獲攀侍。愧罪愧罪！寵喻賤子，北上之計，深領
　　長者委曲愛厚之意，何以為酬？一味銘鏤而已。蓋此事在賤子固不
　　肖，不足為鄭重。然亦係人之出處，似亦是一大事。幸容其人，少
　　行己志可也。若稍以恬退為辭，便係迂誕不情，所以不敢僭妄云云。
　　深望公以德愛人，矜恕之草。略陳覆，統在度內。〔註60〕

　　北上會試，不僅是前輩的寄託，更是自己仕途的敲門磚，祝允明不敢以「恬退」為藉口不去參加，其實他內心極其矛盾，希冀得到這位官員的幫助。

〔註58〕祝允明：「戊辰年會試下第，朝廷纂修《孝宗皇帝實錄》。伏蒙當時元相欲薦允明入中書，執事筆箚……」見祝允明，《上巡按陳公辭召修廣省通志》，《懷星堂集》卷13。何炎泉論文《祝允明的書法、書論與鑒賞》云此處元相指李東陽（1447～1516）。

〔註59〕《覆徐生》。《懷星堂集》卷20。

〔註60〕《覆某達官勸會試事》。孫寶點校，《懷星堂集》，頁303。

正德九年（1514），在第七次參加會試不第後，祝允明決定參加銓選，後經人推薦〔註61〕，得惠州府興寧縣令一職，這一年他已經五十五歲。謁選，是他對科考徹底絕望而做出的決定，在與朱應登〔註62〕箚中，他表露了自己當時的心跡：

> 明公翱翱翀舉，切摩煙霄；賤跡淹伏蓬蘿，志閡行縶。腸非木石，能不動搖？明發不寐，何復自己。……此日漸投衰晚，以公昔相期屬者，視今方不驗矣！然而迂固之念，不自謂了，方擬受一命於國銓，二三秋後，遂置名服，放蹤磵阿，為不材饕年之木焉耳。……成行計在秋日，以高明惇密友道聊及之也，惟是鉛槧之業不忘於懷，爾日完得《大遊賦》一首，《祝子通》數卷，此二者稍具平生之學，其外小言數種，紀事數編，與寫成應時之作，為集六十卷，凡此悉不足為公言以所圖者，必欲得公一辭敘論置之書端，規附以遠。……適在松江，得喻侯指示，有鯉雁之便，船下燒燭，狩狩致此諸草。盡在家舍，未能隨往，甚恨恨也。圖之後便當，或可致春深，惟良自愛，荷天百休。〔註63〕

從內容來看，此箚應作於由京南返船中，時間在祝允明放棄科考決定走銓選道路之前，也即正德九年（1514）六月。字裏行間真切地流露出祝允明當時的想法，昔日同窗好友甚至自己的兒子都已通過科考功成名就，而自己卻一直偃蹇不前，念起念落，不得已放棄科考。可是追求官宦的理想卻很頑強，於是最終向命運妥協，改走謁選之路。另外其文學作品要結集刻版，想請朱先生為之作序，自己奉上的答謝物便是繪製一幅《春深圖》。此時的朱應登在陝西提學副使任上。

從二十一歲到五十五歲，這三十五年間祝允明五次參加鄉試、七次參加會試（表 1-1），然而一直未能考中進士。三十五年的盛年時期就這樣一天一天消磨在這漫長的屢次應舉之中，他的思想充滿衝突與掙扎，雖然其間祝氏不乏有「應時」「隨候」等變通的中行思想，但從其詩文尤其晚年著述中可以得知，他的內心已經被殘酷的現實嚴重撕裂為兩極。

〔註61〕 祝允明：「逮於甲戌赴選天曹，乃得今命。」見祝允明，《上巡按陳公辭召修廣省通志》，《懷星堂集》卷13。

〔註62〕 朱應登，字升之，寶應人，弘治己未（1499）進士，官至雲南布政司參政。

〔註63〕 《與朱憲副書》。孫寶點校，《懷星堂集》，頁300。

表 1-1　祝允明應試情況表（21～55 歲）

鄉　試				會　試			
	時間	年齡	結果		時間	年齡	結果
1	成化十六年（1480）秋	21	不第	1	弘治九年（1496）二月	37	不第
2	成化十九年（1483）秋	24	不第	2	弘治十二年（1499）春	40	不第
3	成化二十二年（1486）秋	27	不第	3	弘治十五年（1502）春	43	不第
				4	弘治十八年（1505）春	46	不第
4	弘治二年（1489）秋	30	八月三日病，尋返蘇就醫，未試	5	正德三年（1508）春	49	不第
				6	正德六年（1511）春	52	不第
5	弘治五年（1492）八月初七	33	中舉，列第117	7	正德九年（1514）春	55	不第

　　明代科舉考試要求以經義解釋時政，把「微言大義」與具體的時事結合起來。所謂「八股文」也即程序之文，是科舉考試的規範文體。這是朝廷官方要求。成化十五年（1479），祝允明入學爲生員，然其所主要用心者爲古文辭，而非當時科考所重視的經義時文。文震孟《姑蘇名賢小記》曰：「自其爲博士弟子，則已力攻古文辭，深沉棘奧，吳中文體爲之一變。」〔註64〕祝允明性喜古文，並且研習時間較長，詩文常有一種艱澀難懂的色彩，這種特點對當時吳中文體的整體風氣也產生了一定影響。也正是因爲擅長古文辭寫作，祝允明得到一部分官員、文壇領袖激賞，當時的侍郎徐貫曾讀其詩文，寶愛有加，數次關心地詢問，祝允明也因爲這些官員的垂青很早就獲得顯赫文名。閻秀卿《吳郡二科志》記載祝允明在郡學時，御史司馬垔按察直隸，發檄文尋求郡學有能爲古文辭者，給予特殊禮遇，大家一致公認推薦允明。後來司馬垔按察吳地，允明又被特地選拔出來行相見之禮〔註65〕。司馬垔也曾折節與祝允明有過書信來往，對其抱有較高期望〔註66〕。種種形狀表明，

〔註64〕文震孟，《姑蘇名賢小記》卷上，「祝京兆先生」。
〔註65〕閻秀卿，《吳郡二科志・文苑》之「祝允明」。
〔註66〕史鑒，《西村集》卷六，《題司馬垔侍御與祝秀才書》。

祝允明的古文辭寫作在當時蘇州、南京一帶首屈一指，可謂眾人（喜好古文辭者）「馬首是瞻」的對象。

弘治初年，唐寅與文徵明皆曾追隨祝允明及都穆（1458～1525）共同倡導古文辭。唐寅最初並不屑場屋，後來其父德廣聘師教之，希望他在功名上有所成就。弘治十年（1497）時，唐寅雖已為生員，然卻落落仍不以為意，祝允明曾作書規勸，二人對話在祝允明所作《唐子畏墓誌銘》中有載：

> ……祝允明曰：「子欲成先志，當且事時業。若必從己願，便可褫襴襆，燒科策。今徒籍名泮廬，目不接其冊子，則取捨奈何？」
> 子畏曰：「諾，明年當大比，吾試捐一年力為之，若弗售，一擲之耳。」
> 即瑾戶絕交往，亦不覓時輩講習，取前所治毛氏《詩》與所謂《四書》者，翻討擬議，只求合時議。戊午，試應天府，錄為第一人。……
> 〔註67〕

從祝允明規勸唐寅的這段對話中可以清晰看出，唐寅後來之所以能在應天府鄉試中舉，關鍵是在聽取了祝允明建議後仔細研讀《詩》與《四書》，並將其與時議、時業結合起來，運用到應試當中。顯然，時議、時業、時文才是當時科舉考試的關鍵點，只有把經義與時代結合起來，才有可能在科舉考試中脫穎而出，反之，若一味地追求古文辭，則成績往往不理想。

喜歡古文辭以至於積重難返，極大影響了祝允明科考成績，這也是他在科舉中屢屢失利的一大原因。他明白這個道理，也曾一針見血指出唐寅的問題，但落到自己身上卻偏偏改不了。除所長為古文寫作不能與科考有效對接之外，對書法的癡迷似乎也耽誤了祝允明不少備考時間。成化二十二年（1486）七月望後，祝允明飯後書宋禮部侍郎胡明仲《敘古千文》一過，自云用沈仲賢筆，適有考卷在案〔註68〕，稍後祝允明即赴應天鄉試。結合「鄉試時間」和「考卷在案」可以推知，此時的祝允明正處在應考的關鍵階段，而在這個時間他卻在書寫《敘古千文》。諸如此類的抄寫在祝允明身上時有發生。

此外，祝允明等人的屢試不第也與明代科舉考試錄取率較低有關。文徵明曾在《三學上陸冢宰書》中分析了當時的科舉形勢：

> 竊惟我國家入仕之階，惟有學下一途。……迤邐至於今日，開國百有五十年，承平日久，人才日多，生徒日盛，學校廩增。正額

〔註67〕 孫寶點校，《懷星堂集》，頁388。
〔註68〕 張大鏞，《自悅怡齋書畫錄》卷九，《祝枝山書敘古千字文卷》款。

之外，所謂附學者，不啻數倍，此皆選自有司，非通經能文者不興。
雖有一二倖進，然亦鮮矣！……略以吾蘇一郡八州縣言之，大概千
有五百人。合三年所貢，不及二十。鄉試所舉，不及三十。以千五
百人之眾，歷三年之久，合科、貢兩途，而所拔才五十人。夫以往
時人才鮮少，隘額舉之而有餘，顧寬其額，祖宗之意，誠不欲以此
塞進賢之路也。及今人才眾多，寬額舉之而不足，而又隘焉，幾何
而不至於沉滯也？故有食廩三十年不得充貢，贈附二十年不得升補
者。豈人皆庸劣駑下，不堪教養者哉？顧使白首青衫，羈窮潦倒，
退無營業，進靡階梯，老死煽下，志業兩負，豈不誠可痛念哉！〔註
69〕

三年之間，在蘇州地區的一千五百生員當中，能通過貢生、科舉道路得
以選拔的人僅有五十人，錄取比率為三十人取一人。文徵明在這篇文章中痛
斥了科舉考試錄取率低給士子帶來的痛苦，他列舉說有的士子做廩生三十年
還不能充貢，有的贈附二十年還不能升補，難道說這些人都是資質低下嗎？
看著這些人一大把年紀還窮困潦倒，往上走沒有階梯，往後退又不能營生，
真是進退兩難，非但志向不能實現，連生活也不能保全。文徵明對這種現象
痛心疾首，然而又無力改變，只得無奈的參加科舉。他的經歷與祝允明何其
相似！這是時代的悲劇。

二、官宦七年，慘淡歸田

正德九年（1514）秋，祝允明赴京謁選。經人推薦，得授廣東興寧知縣，
仲冬南下赴任。途中多有詩作抒懷，《自京師南赴嶺表仲冬在道中》寫道：

秉策志渥丹，牽絲及班艾。拜寵北闕下，寄命南嶠外。霜屨將
蹈冰，虛舸循寒瀨。越鄉慚古節，垂堂栗先戒。劉公存社稷，雅尚
幸終會。一丘沈結脣，三歷擬投帶。晚陰答蒼靈，赤鑒慎無昧。〔註
70〕

「劉公句」自注曰：「余弱壯求仕，夙願令長。今幸如志，深與劉梁言志
符合」，說明祝氏對此次銓選得官廣東興寧知縣一職大體滿意，總算是遂了平
生夙願。

〔註69〕文徵明，《三學上陸冢宰書》。《文徵明集》卷25。
〔註70〕孫寶點校，《懷星堂集》，頁73。

正德十年（1515）夏，至興寧到任。與河源令鄭敬道交往頗多，曾爲作行草並仿諸家體貌書一卷，款云，所用筆爲篋中藏蘇浙毛穎，與廣毫錯雜使用，墨亦不佳。祝允明在嶺南作書，缺乏優質筆墨，常戲詩向朋友索墨，《爲王提醒索墨》前自注云：「客居偶乏墨，然亦不能作好字。左右或有新安下品，戲以一絕句求之。王，義興人也。」詩曰：「荊溪麝煤重似鐵，嶺外羊管弱於綿。婺州僞劑宜惡筋，且望分來用一年。」嶺南的墨重筆弱，還不如婺州「假墨」好用，祝允明以戲謔口吻希望對方多分一些來。正德十三年（1518），祝允明還曾致書致鄭敬道，談及平生志向。

祝允明在興寧任上盡職盡責，抓賊講學，頗似其祖父在山西的作爲。正德十年（1515），協助平大帽山賊餘黨，擒斬賊首林滿山，殲其餘黨四十餘人，得僞造司府縣印各一顆。《行狀》一文對其在興寧任職的情況有詳細描述：

> 又數年，選授廣東興寧縣。縣民尚嘩訐，訟牒旁午。公至懲其一二尤無良者，奸點斂跡。故多盜，竄出山谷，時出焚劫，爲民害，公設方略補之，一旦獲三十餘輩，桴鼓不驚。士俗婚姻、喪祭多違禮，疾不迎醫而尚祈禱，公皆爲條約禁止。夏者親歷學官，進諸生課試講解，嶺之南彬彬向風矣。嘗攝令南海，治之如興寧。丙子乙卯再鄉試，公皆參點文衡，得士之盛，與有勞焉。

其中關於抓賊、講學的細節，與吳寬《祝公神道碑》對祝顥的贊許頗爲相像，在爲官政策這一點上，祝允明天然地秉承了其祖父的策略。

《行狀》重在突出祝氏在興寧的政績，或有粉飾成分，其實，從祝允明這一時期的詩文看，可以得知他在興寧小縣的工作比較輕閒，甚或幾天無事可做，可以與詩文書畫爲伴：

> 生世投閒四十年，瘴江班頂試鳴弦。今朝也是爲官日，白日青天閉戶眠。（《廣州戲題》）

> 行年五十壯遊腸，幾把他鄉作故鄉。萬里一身南海畔，客窗獨看雨重陽。（《丙子重九戲題》）

> 故國閒居四十年，疎慵雖樂怕違天。天應尚念疏慵態，又使閒居瘴海邊。〔註71〕（《題廣州客邸壁間》）

所謂「白日青天閉戶眠」、「客窗獨看雨重陽」、「天應尚念疎慵態」，都說明·祝允明在興寧小縣的大段閒暇時間裏，其心境是比較放鬆的。祝允明在

〔註71〕孫寶點校，《懷星堂集》，頁135。

嶺南亦常遊覽山水勝境，與好友詩書酬和，話古說今。正德十二年（1517）
六月，允明陪上司廣東提刑按察僉事顧應祥等人遊越臺，其間曾出示所攜帶
的東坡《丹元復傳》《李謫仙仙後》二詩卷，眾人展閱賞評。在一次赴廣州考
績的公務之暇，他遊羅浮山，與二道士交往頗多，中間也不乏奇事見聞〔註72〕。

　　祝允明雖有強烈的功名心，但其性格卻缺乏爲官的圓滑與融通，這一點
遠不及其內、外祖父，故而在其詩記中不時流露出應付官場的窘迫之情：

　　　　縣小才疏政未成，披衣衝瘴聽雞鳴。向來嘯傲知多暇，老去驅
　　馳敢自寧。

　　　　有物解將王路塞，何人填得宦途平？拙謀果是因微祿，好傍吳
　　田晏起耕。（《縣齋早起》）

　　　　縣齋孤坐暫澄懷，未覺飛光兩矢催。夜雨鄉關歸夢久，夕陽門
　　院壯心回。

　　　　非因傲吏偏違俗，且喜微邦稱不才。坐起忽驚詩景入，西南山
　　色隔城來。〔註73〕（《縣齋》）

　　大抵文人爲官，總不能像政客那樣能左右逢源，他們總是在面對現實的
各種無奈之中心身俱疲，進而心生退意。文徵明就是如此，居翰林苑待詔不
足二十天便心生歸意，原因即有「官小祿薄，支持不來，辛苦萬狀，人事又
多，無可奈何。又失禮被文選公所怪，頗覺宦況不佳。」〔註74〕與文徵明類
似，祝允明的「藝術家」氣質，終使其不善應付而捉襟見肘。正德十一年（1516）
冬十二月，應御史陳言〔註75〕之邀赴廣州修《廣省通志》，冬暮在返回興寧途
中有《歸與》一詩，自注「予丙子冬暮入廣，上司以拙於催科秋稅，後期停

<hr>

〔註72〕正德十三年（1518）七月，赴廣州考績，公務之暇，遊羅浮山，二十三日中
　　　　午抵李村，與村叟黃老同泛舟沙河，夜至徐老家中；二十四日飯後，與徐老
　　　　過梅花村，循山足，近洞天下，下車至沖虛觀訪鄧道士、李道士，參觀玉簡
　　　　殿、三清殿，適小雨，與二道士坐一幽室中，道士設酒饌，允明意不在此，
　　　　頗不快，只想遊覽其他景點，午後雨停，欲登山，道士力勸，弗聽，然樹木
　　　　濕滑，遂棄。漸夜，道士具飯，共話山中之事，李道士贈黃紙圖經、丹灶泥
　　　　丸等物；第二日天氣尚陰，早飯後見五色彩雀，道士云乃吉祥之物，遂歸，
　　　　有詩二首。

〔註73〕孫寶點校，《懷星堂集》，頁133。

〔註74〕文徵明，《閏四月二十五日家書》。

〔註75〕祝允明與陳言關係較好，正德十二年（1517）春，允明作《東巡歸朝序》送
　　　　陳言歸朝。

給俸米，文移在縣，而予身在廣也」〔註76〕，因赴廣修志耽誤了催科工作，不能按期完成上級要求，受到了「扣發工資」的處分。詩言：「炎洲閉戶賦歸與，縣尹何妨委巷居。奪祿浪言耕有代，旅行誰信出無車。空慚河上深藏賈，卻笑關門強著書。莫道文章誤公事，文章今誤復何如？」從內容可以看出，祝允明對此事並無悔改之意，此時的他或許已經認識到官場現實，故以放任的態度聽之任之。

「非因傲吏偏違俗，且喜微邦稱不才」，是其自嘲，更是對自己為官能力的認知。正德十五年（1520）正月，祝允明在廣州致書張天賦，論及為人為文之道，誠懇地分析了自己的為官能力，「僕誠不善仕，其故大帥不能克己，不能徇人，不能作偽，不能忍心，視時之仕者若神人然，安能企及之哉？幸足下尤勿以此相俟，又況末所謂擢且重寄之云乎？夫以是三者待我，我皆末之承矣！唯若所謂學與文者，可為足下深言之，因稍舉其梗概，引而就足下之所有所切者，會融而陳焉。」〔註77〕他羨慕有些官員能像神仙一樣，為官泰然，而自己卻不能克制、不能徇私、不能作偽，又有婦人之仁，所以當友人張天賦希望他能得到進一步擢拔時，祝允明內心難以認同，只言唯有學問和文章可以與秀才切磋。

興寧官宦生涯，雖然只是祝允明人生理想和價值的勉強實現，但客觀上也緩解了其窘迫的經濟狀況。祝允明很早就詩文書名俱著，卻未以此作為生活來源。他的書法作品，反而是那些妓女之類的人得到不少，這些人往往無法緩解其經濟狀況。而那些真正的購買者——慕名而來的商賈和官員卻往往吃了閉門羹，以至於他們不得不從妓女手中來獲取祝氏的書法作品。「拙謀果是因微祿，好傍吳田晏起耕」，便顯示出此時的允明已經萌生倦意，希望回到家鄉過桑麻生活。興寧任期結束以後，祝允明經人推薦被任命為應天府通判，但很快他就辭官歸里。

正德十五年（1520）二月二十七日，祝允明離開廣州北上，舟行至官窯，有詩云：「無限胸中未酬事，蓬窗燈枕酒醒來」。他反思自己的興寧生涯，那種滋味如同大醉後酒醒來一般五味雜陳。同年春日，親家慕靜攜酒來訪，醉後祝允明為書《草書詩卷》。十一月十日，在家新居小樓，又為謝雍書舊作《和陶淵明飲酒二十首》。次年經人推薦升任應天府通判，專督財賦。六月，祝允

〔註76〕孫寶點校，《懷星堂集》，頁133。
〔註77〕孫寶點校，《懷星堂集》，頁291。

明由京抵津，於舟中跋自作草書卷。他在通判任上幹的時間很短，旋即乞求致仕，歸吳後在日華里築室，專心書法詩文，暢遊吳中山水。

祝允明辭官以後，身心歸於平和舒暢。並不同於論者所云：「祝五十歲以前的草書沒有大多的狂勁，也看不出有晚年的天姿超逸，祝允明顛狂的草書是與癲狂的性格同時生長的，性格的狂放程度在很大程度上決定了其草書的狂放程度。……從 1523 年至 1525 年的最後三年中，他才變得狂放而不受拘束，思想有些頹放，甚至玩世不恭，故他書於最後幾年的草書，才有其真性情在，才有他個人的豪邁不羈、天姿縱卓。」〔註 78〕祝允明《次韻表弟蔣煜及門生翁敏見贈喜予歸田之作四首》寫道：

> 中條不改舊王官，猶喜書淫共士安。漢女紅顏非自誤，阮公白眼向誰看。
>
> 農人問稼教多稊，道士裁筎贈作冠。日喜車來皆長者，只應姻舊倍添歡。（一）
>
> 荷鉏欣種淵明田，坦腹還如懶孝先。登山自蠟平生屐，載酒時過遠近船。
>
> 焉知魚鳥升沉性，齊得椿菌小大年。卻笑人間心尚在，欲將青史訂愚賢。（二）
>
> 忙是揮毫靜奕棋，雕闌日轉夢回遲。時從王右軍臨帖，戲學張京兆畫眉。
>
> 傍水近開三益徑，停雲徐詠四愁詩。新來最滿平生意，樓上看山獨坐時。（三）
>
> 高眠不怕喚當關，一月華胥遊未還。意在可兼無可處，身居材與不材間。
>
> 瓊敷玉藻六七子，金崔雅頭十二鬟。愧有金陵無李白，棲霞即是虎丘山。（四）〔註 79〕

可以看出，此時的祝允明已經擺脫科考的憂傷和官宦的無奈而過著悠閑自得的田園生活，可以「高眠無憂」，可以「揮毫奕棋」，可以「臨帖畫眉」……，他看淡了世間的萬物，不再在意「材與不材」，他享受著獨自一人坐在小樓上看遠山的時光，他說這是平生最滿意的生活，晚年心情之閒適可見一斑。論

〔註 78〕楚默，《風骨爛漫神縱逸──〈祝允明草書唐宋詞卷〉》。《中國書法》，2012.3。
〔註 79〕《懷星堂集》卷六。

者所引祝氏晚年「脫衣作書，不衫不履」的行爲描述〔註80〕，在筆者看來，正是祝允明爲官七年後身心得到放鬆的具體表現。歸鄉閒居五年之後，祝允明去世。

第三節　人生理想的困惑

祝允明出身名門、家世顯赫，從小深受家學薰陶，自身又極具詩文書法天分，很早便有文名，再加上家族三代單傳，親戚朋友對他抱有非常高的期望，這些因素促成其性格中較強的責任意識和功名觀念。

祝允明主要生活在成化、弘治、正德三朝，其中成、弘兩朝復現了明初的「仁宣之治」，經濟、社會相對前後都較爲穩定〔註81〕，這也爲其積極應舉入仕提供客觀條件。然而如前所述，從二十一歲到五十五歲，三十五年不第，祝允明一直在這種撕裂折磨的兩極狀態下生存：一方面他文名蓋世，眾人欽慕；另一方面卻屢試不第，挫敗焦慮（表 1-2）。特別在其內、外祖父及父親去世以後〔註82〕，經濟方面等壓力使得生活非常窘迫。

表 1-2　祝允明的人生階段分期

家學與吳中傳統	科考	仕途	閒居
20 歲前　　　　　20	55	62	67
前期	謁選	後期	

〔註80〕祝允明《口號》（三首）：「不裳不袂不梳頭，百遍迴廊獨步遊。步到中庭仰天臥，便如魚子轉瀛洲。（其二）」「蓬頭赤腳勘書忙，頂不籠巾腿不裳。日日飲醇聊弄婦，登床步入大槐鄉。（其三）」見《懷星堂集》，卷六。

〔註81〕其前的正統、景泰、天順朝由於「土木之變」的發生，使得皇位更迭頻繁，先是英宗被瓦剌俘去，其異母兄景泰弟登位，一年後，英宗被遣回，幽禁在宮中達七之久，後發動「奪門之變」，成功復位。在這兩次非正常的皇位變動過程之中，常伴有清洗不同集團官員的政治鬥爭，從政環境相對惡劣。如忠臣于謙在英宗被俘後，迫於局勢，擁立代宗稱帝，後又努力斡旋英宗返朝之事，然英宗復辟後，終被冤殺。祝允明的外祖父是擁立英宗復位的功臣，後被封高官，但僅四個月之後，就因黨派之爭被流放；其後的嘉靖、隆慶、萬曆朝宦官專權，政治腐敗，君臣關係極度緊張、互不信任，後來積惡成晚明政治的最大弊病，而這些問題在成、弘兩朝還未威脅到國家根本。

〔註82〕按，允明 13 歲時，外祖徐有貞去世；24 歲時，父、祖俱亡，前後相差不到五月。

祝允明著作中也反映出他內心的蛻變過程。成化二十一年（1485），在家居祖、父之喪，自云「不能肆力於讀書，但於萬物之理偶有所見，故隨筆箋記」〔註83〕，作《讀書筆記》。《四庫全書總目提要》評此書：「凡三十四條，言頗近理，不似其他書之狂誕。……蓋其少時所作，猶未蕩然禮法之外也。」〔註84〕此時祝氏二十六歲，文名頗盛，方參加過兩次鄉試，雖未能中舉，但頗受地方官員及鄉賢的禮遇，因此從心態上講是較爲向上、平和的。第二年，即成化二十二年（1486）秋月，赴應天府第三次參加鄉試不第後，便開始懷疑經書。允明的性格中本來就有放誕的一面〔註85〕，編定於成化二十三年（1487）的《浮物》一書，在思想觀念上就顯得較爲荒誕不羈，《四庫提要》評道：「是編取韓愈文氣（水也，言浮物也）之義命名，皆務爲新奇之論。甚至以《詩》三百、《春秋》二萬言爲聖人之煩，則放言無忌可知矣。蓋允明平生以晉人放誕自負，故持論矯激，未能悉歸於正云。」〔註86〕《四庫》館臣云此書放言無忌，乃是一語中的，然而其所云允明平生放誕自負，雖能粗略符合祝氏的性格特點，但在細節上忽略了其性格變化和心路歷程。縱觀祝氏一生，多有類似「偏激」觀點的說論文章，這與其人格自信的一面有較大關係，他雖好作深湛之思，但所慮並不周全，時有漏洞。

祝允明的很多詩詞也反映出他生活困頓不堪的事實，雖然自己不斷以各種豁達觀念尋求安慰、借古人志向排解苦悶，但是從他那些敏感、略帶戲謔口吻的詩文中，仍然可以體察到他內心的痛苦與糾結。

他曾告誡兒子：

> 做好官、建勳名固是門戶大佳事，要是次義，只是不斷文書種子，至要至重。苟此業不墜，則名行自立，勢必然也。蓋立志固要高，尤貴乎實，不必過甚開口聖賢也。〔註87〕

祝允明的人生理想，並不僅僅是已經得到的詩文名聲，功名才是其終極

〔註83〕祝允明，《讀書筆記·序》。

〔註84〕《四庫全書總目提要》，子部「雜家類存目一」。

〔註85〕按，允明的詩文書法似乎與生俱來就帶有一種奇氣，據《明史》祝允明傳：「稍長，博覽群集，文章有奇氣。」《明史》卷286，列傳174，文苑二，徐禎卿傳附祝允明傳。這一點與其外祖徐有貞頗相似，據吳寬《天全先生徐公行狀》：「其爲文古雅雄奇，有唐宋大家風致，晚歲文筆益老。」吳寬，《匏翁家藏集》卷58。

〔註86〕《四庫全書總目提要》，子部「雜家類存目一」。

〔註87〕祝允明，《示續》。《懷星堂集》卷12。

追求。歸隱觀念在其人生理想中也時有閃念，但始終未蓋過功名之心，有時甚至還成爲其不斷參加科考的動力。第七次落榜改就謁選之時，其用世之心已發展至極點。接下來七年的興寧縣令和應天府通判任職，雖然他盡職盡責，然其用世之心已被「無可奈何」所消磨，最後乞求致仕，歸隱吳中，回到他青少年時期熟悉的生活情景當中。在這樣一個生活輪迴中，祝允明的思想觀念在不同階段波動很大。

成化二十三年（1487）的臘月初六，祝允明二十八歲生辰，自作《丁未年生日序》一篇，明白地吐露了心跡。茲錄其原文：

> 余夢庚辰之歲，今丁未之臘日，爲初六，年蓋四七矣！人生實難，天運何遽？質自椒降，無變乎空踈；貌與時移，轉淪於蒼濁。聚螢愧學，倚馬非才，傷哉貧也！非爲養生歎軒乎？舞之未以竭精玄！

> 激義而氣貫白日，廓量而心略滄海。思詣遠也，通八遐之表；願處高也，立千仞之上。洗滌日月，披拂風雲。谷雉之死而靡它，山雞顧景而自愛。一履獨往，千折弗撓者矣！

> 然而志匪孚內，謗屢興外。放意溟涬，則埃壒不容；帖息滓穢，則肝腎弗克。茫茫下土，誰則同心？湯湯巨波，獨也遄逝！

> 蓋白賁非眾目之悅，而清角乃曠代之響；亦可謂天閟國寶，神淹世駿者乎？故逸落垢涸，超詣冥極。見古哲於跡外，期知我於後來。觀其玩習握琬琰，謳吟振鍾球，譚吐散璣琲，遨衍流煙雲。對曲牖而瞻天光，坐委巷而聆軒縣。白室洞然，光宇昭若，亦囂囂而得焉。

> 茲辰也，風日高潔，氣候澄肅。凡英泯沒，而梅呈皓顏，雜喙寂謐，而鵲矯黃翮。拜聖善而惊慕，參先祠以目法，遂冥坐文僚，敘其懷境。

二十八歲的祝允明在生日當天，反思梳理了自己的人生。所謂「人生實難，天運何遽？」是他對鄉試失利發出的慨歎。「聚螢愧學，倚馬非才」，則是屢次失敗帶來的心理及現實創傷，努力讀書並沒有得到科舉考試的認可，在心理上自然會產生一種羞愧之感，隨之而來的便是極度不自信，他開始時時懷疑自己的能力。現實生活依然要艱難前行，「傷哉貧也」便是他面臨的生活現狀，更爲淒涼的是風言風語，「謗屢興外」更讓人無地自容。此時的祝允

明需要家人安慰，而其祖、父皆已亡去，「茫茫下土，誰則同心」便是內心孤獨的悲鳴。雖然如此，祝允明此時的心態總體上仍然是積極的，他以「白賁、清角、國寶、世駿」起初皆「逸落垢溷」而終能「超詣冥極」自況，希望能後來居上。

正德七年（1512）閏五月二十六日，祝允明作《上俞都憲論備賊事宜狀》，陳述南京守備之事，從篇末語辭的口吻來看〔註88〕，此狀是允明主動上書，這一年他五十三歲。同年的七月二日，他又致書陸完〔註89〕，論述捕捉劉六〔註90〕、劉七之計。正德八年（1513）年六月一日，應淮安守羅循、二守胡軒，揚州二守于利所囑撰《江淮平亂事狀》，詳述平定劉六、劉七起亂之事。可見，關心政治是允明的心結，這時的他並非官員，卻對平亂之事用心有加，除了關心民瘼、痛恨寇賊所使之外，恐怕跟他一向的功名之心不無關係。

五十五歲時，祝允明赴京會試不第，好友施儒勸他再試，致施儒箚中他詳陳自己放棄應舉擬就謁選的心理動機：

> 緣夫道以時遷，事以勢異，審而從違，乃可稱智。天下之務，求在得之，得在行之，必然者也。如使求之而無方，得之而不易，行則竟亦空耳，何以徒勞爲哉？求甲科之方，所業是也。今僕於是誠不能矣，漫讀程文，味若咀蠟，拈筆試爲，手若操棘，則安能與諸英角逐乎？挾良貨而往者，紛紜之場，恒十失九，況杇橐鈍手，本無所持，烏有得理？斯亦不伺智者而後定也。

> 又況年往氣瘁，支體易疲，寒辰促暑，安能任此劇勞哉？窗几摹製，尤恐弗協。時格矧於，苟且求畢，寧能起觀？勞而周功，何必強勉？此所謂求之之無方也。故求而弗得，弗若弗求，藉使以幸得之，尤患行之不易。

這段話反覆解釋、強調自己放棄會試是明智的選擇，認爲自己爲了考取

〔註88〕「愚生譾昧，不知兵事，謹以千慮之一，冒上左右，不敢廣爲敷援，稽擾耳目。或布褐之士，抱策伏謀，恐自有之。尤冀博延切問，以廣忠益，謹狀。」《懷星堂集》卷13。

〔註89〕陸完（1458～1526），字全卿，號水林，長洲人。成化二十三年（1482）進士，授監察御史。正德五年（1510）升兵部右侍郎，後兼右僉都御史，鎮壓劉六、劉七農民起義。

〔註90〕劉六（？～1512），原名寵，因排行第六，故稱「劉六」。正德五年（1510）率眾在霸州（今河北霸州）起義，曾三次近逼北京，後入河南，轉戰湖廣。在黃州（今湖北黃岡）墜水身亡。

進士已經無果，徒勞無功也沒有必要再堅持下去。信中還寫道，放棄會試也是為了「隨候」而動。謁選，其實是其無奈之舉，但卻能使他早踏入仕途，也算是以消極之途行積極用世之實。祝允明不第與當時吳中文人精英的文章特點有較大關係。祝允明同時代的蔡羽、文徵明、王寵等人亦皆是屢試不第，他們有一個明顯的共同特點就是厭惡時文而好作古文，而「時文」卻是考試的主要內容形式。

興寧任職時，巡按陳公曾召祝允明赴廣州撰修《廣東省通志》，並勸他「去而為文，辭務述作，既高且逸，功或可見」〔註91〕，且允許他「不責吏事，但帶空銜，專治文事」〔註92〕。祝允明在正德十三年（1518）〔註93〕寫給陳公的回信中，回顧剖析了自己的人生追求，在客觀陳述所面臨的現狀後，委婉拒絕了陳公邀請。他說自己志向不在這些，不「欲慕華近」〔註94〕，「仕學之途」〔註95〕才是心之所向。他不願「捨仕而學」〔註96〕、更不願「終身執簡掉筆，為腐豎無用之材」〔註97〕，若再「但守筆硯，不親民事」〔註98〕，則是「已為閒人，渾無職事」〔註99〕。可見，在祝允明看來，雖然自己擅文章與抄寫，但不願從事與這些相關的工作，他認為真正的仕途在於「牧民」。然而由於「文名在外」，當道者常以各種特殊途徑引薦他從事文字與抄寫的工作，他都予以婉拒，惟有「親民事」，才是其為政初衷。

祝允明在《先妣陳夫人墓誌銘》中也說：

（夫人）從不肖勉事凡四十有一年而終，先君不幸不及中壽，

不肖不能早仕高位，以俸祿久養於夫人。

從事親的感情上來看，這段話是其真情流露，他希望自己早登高位，能更好地孝敬母親。這也讓我們窺知仕途對祝允明來講是何等的重要。

祝允明晚年在給兒子的一封信中，回顧了自己的人生，他說：

吾壯強貧苦，斥馳□落，使其時不幸死，則一荒逸無成之鬼耳。

〔註91〕祝允明，《上巡按陳公辭召修廣省通志》。《懷星堂集》卷13。
〔註92〕祝允明，《上巡按陳公辭召修廣省通志》。
〔註93〕祝允明，「今殆戊辰十年。」
〔註94〕祝允明，《上巡按陳公辭召修廣省通志》。
〔註95〕祝允明，《上巡按陳公辭召修廣省通志》。
〔註96〕祝允明，《上巡按陳公辭召修廣省通志》。
〔註97〕祝允明，《上巡按陳公辭召修廣省通志》。
〔註98〕祝允明，《上巡按陳公辭召修廣省通志》。
〔註99〕祝允明，《上巡按陳公辭召修廣省通志》。

晚暮粗立門牆，支拄世業。素日所立文業成名，聊以持之下見先人。
〔註100〕

垂暮之年的祝允明仍然對自己壯年時期長達三十五年應考所帶來的痛苦難以釋懷。他少年時期錦衣玉食，中壯年時期卻幾貧於死，對他來講，自然是刻骨銘心的記憶。晚年不得意的「仕途」，雖差強人意，但好歹有了功名，總算把門戶支撐了起來。在祝允明的意識世界裏，「仕途」和「文名」是其一生的立身根本，也是最要緊的兩件事，而詩詞和書法都處於從屬地位，不過是其人生的排遣與點綴而已。

第四節　詩文與交遊

一、蘇州山水的陶冶

吳中山水清秀，意境優美，爲文人提供了取之不盡的詩詞、書畫靈感。文徵明曾自豪地說：「吾吳爲東南望郡，而山川之秀亦爲東南之望，其渾淪磅礡之氣，鍾而爲人形，而爲文章、爲事業而發之」。〔註101〕

明代的蘇州府轄一州七縣〔註102〕，長洲縣與吳縣是蘇州府最核心的區域。在地理位置上，蘇州府西接太湖，北枕長江，東臨大海，南近諸越，水陸交通極其方便，川澤沃衍，海饒人繁，民多殷富。

尤其西南部有半島深入太湖，風景尤其秀麗，其中又以東、西洞庭山爲最，著名的「七十二峰」都在東、西洞庭，西洞庭山因在太湖之中，亦稱「包山」。王鏊、祝允明、唐寅、文徵明等人皆有詩賦歌詠包山美景。蘇州城盤門外有石湖，石湖有望湖亭、荷花蕩等景致。長洲境內有虎丘、陽山、尹山，尤以虎丘最著，石刻甚多，是交遊盛地。

祝允明有大量的詩詞歌賦歌詠蘇州地區的美景，如《蘇臺春望賦》、《次韻郡守胡公閱城登姑蘇臺》、《虎丘》（二首）、《又次登臺望虎丘諸山》、《次韻郭令虎丘千頃雲夜坐》（二首）等。嘉靖四年（1525）三月望日，祝允明書自作詞《行草書詠蘇臺八景詞》，依次爲《虎阜晴嵐‧蝶戀花》《蘇臺夕照‧點

〔註100〕祝允明，《示續》。《懷星堂集》卷12。
〔註101〕《文徵明集》補輯卷19，《記震澤鍾靈壽崦徐公》。
〔註102〕一州爲太倉，七縣分別爲吳縣、長洲、吳江、常熟、崑山、嘉定、崇明。

絳唇》《上方春色‧八聲甘州》《包山秋月‧憶秦娥》《越溪漁話‧摸魚兒》《甫里帆歸‧憶王孫》《橫塘曉霽‧西江月》《寒山晚鐘‧尾犯》，對蘇臺八景中每一個景點用一個詞牌予以詠唱。

據清潘正煒《聽帆樓書畫記》載，《明祝枝山詩卷》款題「甲子六月允明在悟言室寫，李靜琴餘，晚涼對坐無事，遂與持去。」錄《瑞石山紫陽庵和薩都刺進士》《羅刹江觀湖》《晚上吳山風雨驟至》《□□山畫宿》《畫來禽畫眉》等詩。卷後許乃濟、陳鍾麟、吳榮光題跋。許乃濟跋云：「所書多吾鄉之詩，玩味再三，如置身吳山最高峰，彷彿左江右湖氣象也。」陳鍾麟跋云：「吾鄉祝京兆，……不樂仕進，放曠於虎丘山塘酒肆間，有《張靈乞食圖》、《吳人付諸菊部》，今後人零落矣！」〔註103〕吳中山水對祝氏性情的陶冶於此可見一斑，且當時人就已經有所察覺。

蘇州文人素有聚飲清談之風，元末明初以崑山顧瑛「玉山草堂」為中心，楊維楨、柯九思、倪瓚、張雨、王蒙、王冕等人聚會雅集多達五十餘次，顧瑛為此所編《草堂雅集》，收錄千餘首詩。天順八年（1464）「雲岩之遊」彙集了杜瓊、陳寬〔註104〕等吳中名流，徐有貞《雲岩雅集記》載：

> ……翁乃與之載酒肴出閶門，追及居士於畫舫。而長沙慕賓繼至，遂即舫中張宴，為水嬉，望山而進。日卓午，乃至。而吾七人皆古衣冠，步自山門，笑詠以登巖緇，野褐愕眙相視，迎而導之。自麓及巔，凡臺殿亭館之有名者，畢造焉。既乃，遵鶴澗，過松菴，循劍池，隮雲閣。列席而飲，用司馬公真率會例，酒至自斟，杯行無算。於時，黃花方盛開，採英浮白薦以紫莢、綠橘。而山珍海錯間之，每酒行三五巡，則一淪以茗。故雖酣而不醉，醉而不亂。間起而延佇巖，阿憑軒以眺。……〔註105〕

徐有貞這次與吳中故老的雅集，品茗飲酒，唱和賦詩，全面展示了當時文人雅集盛況。也正是在這一年後，祝允明隨其祖父祝顥由晉歸吳，祝顥也加入了「尋山問水，擇勝而遊」〔註106〕行列。天順末年到成化年間，徐有貞和吳中耆舊遍及吳中名地，彼此相邀以山林為樂，詩酒唱和，蔚然成風，他

〔註103〕《中國書畫全書》第 11 冊，頁 826～827。

〔註104〕字孟賢，號醒庵，臨江（今江西清江）人。沈周曾受業於寬。

〔註105〕明‧徐有貞，《雲岩雅集記》。陳暐《吳中金石新編》卷八。

〔註106〕明‧李應禎，《大明山西等處承宣布政使司右參政祝君墓誌銘》。《吳都文粹續集》卷 42。

們常常採取雅集形式進行各種藝術活動，徐氏因其資歷和才學成爲當時交往的主導者和核心人物。祝允明晚年曾回憶道：「外祖徐武功爲此遊此詞時，允明以垂髫在側，於斯僅五十年矣！當時縉紳之盛，談論之雅，遊衍之適，五十年中，予所結遇皆不復見有相似者，眞可浩歎！」〔註107〕正德四年（1509），大學士王鏊亦乞休家居，每日耽玩書翰、談經論史，時常與鄉里名士登山臨水，暢遊園林寺觀。《王文恪年譜》記載了當年的從遊者：「在山則有隱士東岡施鳳、林屋蔡羽、五湖張本、弟秉之等，入城則有門下諸生祝允明、文徵明、唐寅、陸粲、黃省曾、王守、王寵、陳怡、杜璠等，相與談說古今。」〔註108〕他們在一起「談說古今」的內容也多爲詩文書畫。稍晚於祝允明不久的松江人何良俊（1506～1573）曾考察過蘇州的這種士風，他總結道：「蘇州士風，大率前輩喜汲引後進，而後輩皆推崇先達。有一善，則褒崇讚述無不備至，故其文獻足徵。」〔註109〕

　　對寺院流連忘返，也是蘇州文士聚賞的一個特點。祝允明描寫過不少寺院，如昆福寺、白蓮寺、慈雲寺、棲霞寺、峽山寺、高淳縣寶積寺、金山寺等。成化二十二年（1486）仲夏，應吳寬所請，祝允明爲書《林酒仙詩》，卷後有吳寬跋，沈周、唐寅題詩，沈、唐所題四言組句，亦類似禪家偈語。弘治四年（1491）人日，祝允明與李詢等人遊承天寺圓通附院，見安禪人〔註110〕，「投話多契」，國有子誦唐賢「人日題詩寄草堂」之句，祝允明書於壁上。弘治十七年（1504）仲春，祝允明偕文徵明、唐寅出遊東禪寺，在清溪堂，寺僧雲空上人持紙索書，祝允明因想起早歲曾書《林酒仙詩》，於是書《飲中八仙歌》應之。正德二年（1507）夏六月，納涼古寺，書劉基《二鬼詩》解暑；同年夏日寓雞鳴僧舍，書《王維詩卷》。正德四年（1509）既望後二日，於虎丘僧舍書《前後出師表》。正德八年（1513）八月十二日，宿東禪寺，小楷書《東坡記遊》。祝允明經常出入的寺廟有東禪寺、承天寺、福昌寺、玄妙觀、漢壽亭侯廟、雍熙寺、雞鳴僧舍、虎丘僧舍、利濟院等，交往的僧人有安禪人、湜禪師、雲空上人、李道士、北山道士等人，在與他們的交往中亦留下不少書法作品。

〔註107〕祝允明，《跋爲葛汝敬書武功遊靈巖山詞後》。《懷星堂集》卷26。
〔註108〕王季烈，《莫釐王氏家譜》卷13。
〔註109〕明・何良俊，《四友齋叢說》卷16。
〔註110〕安禪人號「草堂」，允明時自稱「夢餘禪客」。

二、交往過程中產生的詩文、書畫

祝允明文章「古邃奇奧，爲時所重」〔註111〕。弘治七年（1494）十二月二十四日，祝允明冒寒過訪沈周，沈以《林壑幽深圖卷》贈之，上有沈周題詩：「君今文名將蓋代，蹤跡所至人爭迎。」這一年允明三十五歲，已經文名斐然，所到之處人們爭相與之結交。也正由此，祝允明一生留下大量的詩文和書法作品，這些材料爲研究祝允明提供了可靠的第一手資料。以下分類述評。

（一）序、記、譜、誌類

由於文名在外，蘇州本地及周邊的文士每有詩文書畫等著作，多請祝允明題詩作序。弘治元年（1488）立夏日，沈周跋鄭景順所作《鄭氏家訓》〔註112〕，並爲其繪《訓子圖》，祝允明有詩三首題其後。弘治三年（1490），王觀〔註113〕重刻其先人之文《王著作文集》，又重刻《震澤紀善錄》，祝允明皆爲之作序。弘治四年（1491）八月一日，爲謝朂〔註114〕父謝會遺稿作序。弘治十一年（1498）冬，爲表弟蔣燾遺文作序。弘治十三年（1500）正月上元日，爲新安羅惟善重刻其十二世祖端良之《鄂州小集》作序。同年十一月冬至日，爲王錡〔註115〕《寓圃雜記》作序。弘治十七年（1504）四月，鄉人沈津〔註116〕、歐陽東之刻唐人張鷟《龍筋鳳髓判》，祝允明爲之作序。正德十六年（1521），爲同鄉周詔《隨侍龍飛》作序。

官方也時常請祝允明捉筆。弘治十年（1498），蘇州府新置太倉州，祝允明應請撰並書《鎮洋山碑》紀之〔註117〕。嘉靖四年（1525），又爲都穆所撰《太倉州新志》作序文。正德六年（1511）秋，爲鎮江府道紀司作移建記，並應邦大夫之邀綜治郡志。弘治十八年（1505）七月，祝允明應王鏊及蘇州知府林世遠之聘，參與撰修《姑蘇志》，王鏊主其事，同修者還有蔡羽、文徵明、朱

〔註111〕文徵明，《甫田集》卷23，《題希哲手稿》。
〔註112〕吳縣鄭景順晚年曾作《鄭氏家訓》，分爲二十四目，主要講述立身持家之要。據方濬頤《夢園書畫錄》卷九，《明沈石田訓子圖卷》、《跋鄭氏家訓後》。
〔註113〕王穀祥父。
〔註114〕謝朂，字仲明，長洲人，其父謝會曾從允明先公遊，謝、祝有世誼。
〔註115〕王錡（1432～1499），字元禹，號葦庵，別號夢蘇道人，長洲相城人，家世力農。
〔註116〕沈津，字潤卿，蘇州人，家世業醫，允明姻親。
〔註117〕閻秀卿，《吳郡二科志》載：弘治戊午，太倉州建成，巡撫彭禮曰，「不可無書。然書所以垂後，必得祝允明。」

存理〔註118〕、邢參、杜啓、薛應祥等人，修志館設在西城書院，是年秋，庭中白蓮忽開，王鏊有詩讚之，祝允明、文徵明皆有詩爲賀。《姑蘇志》閱八月而成，正德二年（1507）正月十日，允明作《上閣老座主太原相公書》致王鏊，彙報《姑蘇志》的修訂、校刻情況。

　　值得一提的是，文士新起「字號」、「齋號」也每每請祝允明作文記之。如弘治五年（1492），友人王錡建燕翼堂，祝允明應請爲其作《燕翼堂記》等。地方縉紳家族的重大事件，也每每請祝允明作文。正德十年（1515）仲春既望，爲江陰徐頤作《中翰徐公贊》，徐頤乃徐經祖父，卒於 1483 年，次年葬時徐經又具書請文徵明書碑銘。弘治十年（1497），爲太倉州學正甘澤〔註119〕輯定族譜。正德七年（1512）十一月，應請爲淮陰晉書作《先德碑銘》，述其家族德行、閱歷等。

　　從《懷星堂集》所收錄的內容來看，這類文章竟占五卷之多，可見祝允明「文名」影響之大。

（二）贈別、祝壽類

　　我國古代文人流行以詩文、書畫方式送別，明代吳門此風更甚。弘治四年（1491），文徵明叔父文森〔註120〕病癒起告赴部，祝允明作《送文進士序》送之。正德四年（1509），友人顧璘〔註121〕由南京吏部侍郎出守開封，祝允明作詩送行。嘉靖元年（1522）十月，有詩送盛應期〔註122〕巡撫江西。同年友人姜龍〔註123〕由建寧府同知遷雲南按察副使，祝允明有詩送行。嘉靖二年（1523）春，友人文徵明〔註124〕被薦於朝，允明作詩送其計偕御試。嘉靖四年（1525），王穀祥〔註125〕赴京會試，作文送之。嘉靖四年（1525）冬，袁

〔註118〕朱存理（1444～1513），字性甫，又字性之，號野航，長洲人。

〔註119〕甘澤，字仁夫，湖廣蘄州人。

〔註120〕文森（1462～1525），字宗嚴，成化丙午（1486）應天府鄉試中舉，丁未年（1487）中禮部試，廷試賜同進士出身。

〔註121〕顧璘（1476～1545），字華玉，上元人，弘治九年（1496）進士，正德四年，出開封知府。

〔註122〕盛應期（1474～1535），字斯徵，號値庵，長洲人，弘治六年（1493）進士，時由四川巡撫改任江西。

〔註123〕姜龍，字夢賓，正德三年（1508）進士，時由建寧府同知遷雲南按察司副使。

〔註124〕經巡撫李充嗣推薦，後得翰林苑待詔。

〔註125〕王穀祥（1501～1568），字祿之，號酉室，王觀子，長洲人。

裹〔註126〕應試北京，陳淳作《袁永之北征圖》卷，引首祝允明題有「北征」兩個大字，後有祝允明、王寵、文彭、彭昉、顧璘、錢貴、湯珍、湯子鳳、陸芝、金用等人題詠〔註127〕。

外地文士寓居蘇州，常與吳地名人相交遊，如陝西孫一元〔註128〕等，居吳門時與沈周、祝允明、文徵明、黃省曾〔註129〕、王寵等人過從親密。正德三年（1508）秋，祝允明、唐寅、文徵明、沈周（1427～1509）、楊循吉（1456～1544）等人送別戴昭歸家，眾人皆以楊循吉「垂虹拂帆過」句和詩贈之，因成卷曰《垂虹別意》，祝允明時亦有和作。〔註130〕

官員省親、進京或遷轉經過蘇州時，吳地文士亦多與之交遊。祝允明這類的贈別詩作也不少。祝允明好友施儒進京廷試，途經吳門，祝允明作《蘇臺春望賦》爲其餞行。正德九年（1512）三月三修禊日，應施儒〔註131〕之邀，祝允明參加東郭草亭宴會，有詩三首。弘治九年（1496），秦文〔註132〕奉旨營葬吳寬之母，事畢，寬從子奕及鄉人有詩送行，祝允明爲作序文。本地官員離任，祝允明也常有送別詩作。

祝允明還有不少與祝壽相關的詩文書畫。弘治三年（1490）六月十九日，爲祖允暉撰《慶誕記》並書。弘治十六年（1503），友人朱存理六十歲生辰，祝允明、徐禎卿、邢參〔註133〕皆有詩爲賀。正德二年（1507）秋，友人顧璘

〔註126〕袁裹（1502～1547）字永之，號胥台山人，吳縣人。二十四歲鄉試解元，明年考中進士。

〔註127〕《清儀閣雜詠》，見張廷濟《桂馨堂集》，《續修四庫全書》第1491冊，頁725～753。

〔註128〕孫一元（1484～1520），字太初，關中人，性喜學書，印多自製。

〔註129〕黃省曾（1490～1540），字勉之，號五嶽山人，黃魯曾之弟，吳縣人，先世爲河南汝寧人，其子黃姬水曾跟隨允明學書。

〔註130〕據汪珂玉《珊瑚網》，和詩者尚有邢參、朱存理、薛應祥等公三十一人。允明詩曰：「把手江南奇絕處，石闌高拍袂輕分。胸中故有長虹在，吐作天家補衮文。」

〔註131〕施儒，浙江歸安人，字聘之，號西亭，丁卯年（正德二年，1507）鄉試中舉，次年參加會試，時閣豎劉瑾竊權柄，儒乃託疾歸，教授吳門，與祝允明、文徵明結社賦詩，詩酒自樂。後劉瑾被誅，儒乃於正德辛未（1511）入奉廷對，得賜進士出身，歷山西道監察御史，巡山海關、應天府，廣東按察司僉事，福建布政司參議，廣東按察副使等職。

〔註132〕秦文，字從簡，浙江臨海人，弘治六年（1493）進士，時奉帝命爲吳寬母治喪。

〔註133〕邢參，弘治年間學者，字麗文，長洲人，家貧教授鄉里，著述自娛。

之父六十壽誕，眾人有詩畫卷爲賀，祝允明作序總敘其旨。正德三年（1508）十一月七日，寶應朱應登之父朱訥〔註134〕六十壽誕，構宜祿堂，友人顧璘請人（徐逸民）繪圖以賀，祝允明作《宜祿堂銘》綴於其端。正德五年（1510）七月，唐寅繪《古溪黃翁作壽圖》，祝允明撰文並書其上。嘉靖元年（1522）十月，爲友人賀艮之母撰《賀節婦家傳》，艮母吳氏，爲吳寬之女。

此類詩文多爲好友所作，從中可以看出祝允明交往圈子的廣泛。

（三）悼祭類

祝允明有大量與喪葬有關的文章和書作，這些作品按所屬對象大致可分爲親屬、師長、官員以及詩書朋友，有的還爲其家屬撰寫墓誌、碑文等。

弘治十七年（1504），祝允明將赴京師應考之前，爲祖姑妙靖之兒媳江氏作《壽穴銘》，其時江氏已七十五歲，親命允明「誌其履，繫成章」〔註135〕。弘治十八年（1505）四月，爲親家王觀撰並書《王氏復墓記碑陰》。嘉靖二年（1523）正月十四日，有文祭奠姑父趙淳。弘治元年（1488）十一月，沈周妻陳氏葬，李應禎爲撰墓誌文並篆蓋，祝允明爲之書丹。弘治十七年（1504）七月，吳寬卒，祝允明作《吳文定公輓歌詞》三首哭之。嘉靖三年（1524）三月十一日，王鏊卒，十一月二十日，祝允明作祭文悼之。嘉靖二年（1523）十二月二日，唐寅卒，祝允明痛哭至再，爲其撰墓誌銘。

祝允明爲內外親屬所作的墓誌祭文數量最多，前面論述祝允明的家族關係時已經引用部分墓誌，此處不再詳述。

（四）宴遊類

祝允明本性喜歡遊玩，每每攜友出遊山川名寺，眾人也時常作詩文書畫雅集，袁裵曾有詩記載曾在祝允明家中宴集，在絲竹管絃、歡謔嬉戲聲中賞評詩文〔註136〕。這種遊宴似乎有「輪流坐莊」的意思，朋友的書齋是雅集常用處所。弘治四年（1491）正月九日，祝允明與湯倫、師直、張經〔註137〕、國有夜飲於李詢書齋，允明吟興大發，於燈下頃刻賦得四十韻，然眾人有困

〔註134〕朱訥，字存仁，舉成化丁酉（1477）鄉薦，曾先後知鄞縣、長陽、江陵。

〔註135〕孫寶點校，《懷星堂集》，頁356。

〔註136〕袁裵，《祝京兆宅諸文士宴集》：「絲竹娛心意，歡謔各相親。篇翰佚傳玩，疑義共討論。」見《衡藩重刻胥臺先生集》卷四，《四庫全書存目叢書》集部第86冊，頁454～455。

〔註137〕張經（1492～1555），字廷彝，號半洲，候官縣（今福建福州）洪塘鄉人。正德十二年（1517）進士，授嘉興知縣。歷兵部右侍郎、南京戶部尚書等職。

意，祝氏敗興而止，第二天略微改易數字，分贈諸人。正德四年（1509）冬十一月，與友人王韋〔註138〕、顧璘、朱應登等六人〔註139〕宴於史後〔註140〕知山堂，時朱應登新除延平知府，眾人各成詩一篇，又近體聯句四篇，通十篇，列書之，祝允明作序，允明作《夏日林間》詩云：「空林坐遠暑，松蓋載炎日。重陰集涼氣，薄吹揚亦及。幽禽時度語，遙磵泛清瑟。廚人列齋素，稚子來共食。援琴弄《山海》，頗復似加適。牛羊下前山，自入後簹息。余亦杖策回，今辰茲已夕。」〔註141〕與友人在松林下避暑，周遭泉水叮咚，鳥音宛轉，眾人共用素食後，彈琴吟嘯，直到牛羊下山方才散去，允明頗感愜意，他喜歡這種「休閒」的狀態。

遊宴之後，祝允明也時有書畫創作。弘治五年（1492）春三月望日，祖元暉拉允明尋芳遊玩，晚歸，子清設宴款待，時紙筆在案，祝允明書杜甫《出塞詩》贈之。正德四年（1509）初夏，與唐寅等出遊，過西山，自支硎抵天平、一雲而返，舟次胥關，登岸復過唐寅所居樓中，挑燈飲酒至二更，醉後觀《褚摹蘭亭》並題。正德八年（1513）七月，避暑山居，友人楊循吉攜董源、李成、巨然、范寬合璧卷來訪，品賞之餘，賦詩為題。

頻繁的遊宴活動對祝允明的書法作品產生了不小的影響，他酒後所書的作品多是在這些場合所作。

（五）題畫類

祝允明有大量的題畫詩，這些詩多題於一些為相關重要事件所作的畫卷之上，具有特殊的紀念性意義。正德元年（1506）四月，王鏊以吏部左侍郎被召入部〔註142〕，唐寅繪《出山圖卷》以為賀，祝允明與徐禎卿（1479～1511）、張靈、吳奕〔註143〕、盧襄〔註144〕、朱存理、薛應祥均有題詩，其中允明題「東

〔註138〕王韋，字欽佩，號南原，上元（今南京市）人，弘治十八年（1505）進士，選庶吉士，授南京吏部主事，擢河南提學副使。

〔註139〕初，顧璘、陳沂、王韋號「金陵三俊」，其後朱應登起，稱「四大家」，允明曾賦有《四美詩》。陳沂（1469～1538）字宗魯、魯南，號石亭、小坡。鄞縣（今浙江寧波）人，以醫籍居南京。正德十二年（1517）進士，官編修，嘉靖中以行太僕卿致仕。

〔註140〕史後，字巽仲，弘治丙辰（1496）進士。

〔註141〕《懷星堂集》卷四。

〔註142〕王鏊（1450～1524）尋以翰林學士入閣，十一月進户部尚書、文淵閣大學士。

〔註143〕吳奕（生卒年不詳），字嗣輝，吳寬從子。

〔註144〕盧襄（生卒年不詳），字師陳，吳人。

南赤舄上明光，百辟迥班待子長。事業九經開我後，文章二典紀先皇。春風夜雪門牆夢，秘洞靈丘杖履將。敢道託根偏樹拔，例隨芳草逐年芳。門生祝允明。」祝氏此處自稱王鏊門生，是有所根據的。王氏一向比較欣賞允明的才華，早年他主持南京鄉試時曾錄取允明，在祝氏後來的科考、官宦生涯中，王鏊也時時給予關注，從某種程度上講，王鏊堪稱允明的「座主」。正德七年（1512）冬，祝允明書王鏊所作《堯峰山壽聖寺重建大雄寶殿記》，款題「正德壬申冬，光祿大夫、柱國、少傅兼太子太傅、武英殿大學士、知制誥、國史總裁、同知經筵事震澤王鏊撰，郡人祝允明書並篆」，歷述王鏊的官職頭銜，並親自為之篆首。其實，祝允明並不擅長篆隸，他一生也很少以此作書，這裡題簽必是用心之作，更是為了報答王鏊的知遇之恩。

正德四年（1504）三月，文徵明為鄉人王聞〔註145〕繪《存菊圖》並有詩，祝允明撰《存菊解》，杜啟作《存菊堂記》，唐寅亦有詩。嘉靖四年（1525），文氏又為潘崇禮補《勸農圖》，蔡羽亦衍述其事，請允明作書記於圖，遂作《潘君子大水勸農圖記》詳言之。嘉靖丙戌（1526）秋八月七日，文伯仁〔註146〕為蘇州著名琴師楊凌作小像，祝允明、都穆、唐寅、皇甫沖（1490～1558）、王穀祥、黃省曾、王守、王寵、袁袠、袁褧（1495～1573）、許撰、王澳、徐伯蚪、文彭（1498～1573）、白悅、文嘉（1501～1583）、皇甫涍（1497～1546）、袁裒（1499～1548）、朱承壽、崔深、皇甫汸（1497～1582）等人為其題詩、贊。唐寅曾為楊進卿作《松崗圖卷》，引首文徵明隸書「松崗」二字，卷後祝允明、王寵、謝承舉、湯珍等人題詩。祝允明此類題畫詩存世較多，此處不一一列舉。

（六）書畫應酬

友人相聚，時常觀摩賞評書畫作品。弘治四年（1491）六月五日，祝允明在王錡處獲觀李公麟《圖史卷》，作文以記。弘治十四年（1501）二月十五日，觀方岳所藏懷素《千文》，跋云「玩之不足，謹誌歲月，以自幸耳」，並云之前在岳父李應禎家也曾見過懷素一帖。正德九年（1514）仲秋，和袁袠所出示倪瓚《江南春》詞並題其上，此卷後還有沈周、楊循吉、文徵明、唐

〔註145〕王聞（生卒年不詳），字達卿，三世從醫。
〔註146〕文伯仁（1502～1575），文徵明侄子，字德承，號五峰、攝山長、葆生、攝山老農、五峰山人、五峰樵客，湖廣衡山人，繫籍長州。少年時曾與叔徵明相訟，一度繫獄。

寅、蔡羽等人所作和詞，文徵明後來曾再次追和並有補圖。約正德十六年
（1521），祝允明與文徵明、唐寅、陸深、陳沂、王韋等人聚會，眾人觀摩王
冕《墨梅圖軸》，允明亦有詩題於其上。嘉靖四年（1525）三月，暇坐小齋，
王元度持趙孟頫畫《老子像》、書《黃庭經》過訪，時仇英臨摹《老子像》，
祝允明補書《黃庭經》。

　　酒宴之後，祝允明常常被要求即席揮毫，特別是每當在友人處切磋觀摩
古人法書後，藏者往往索求其臨作。弘治八年（1495）九月九日，復見趙孟
頫小楷《過秦論》，允為松雪翁第一筆跡，應公安所請，勉強摹之，款署「茂
苑〔註147〕祝允明識」。弘治九年（1496）秋，因事過南沙處，南沙出示宋拓智
永書《眞草千字文》，展玩再三，不能釋去，南沙乃出朱絲素縑，允明遂臨摹
一過。正德二年（1507）秋，與無錫華珵（1438～1514）共遊泉上，在漪瀾
堂品茗，時有客歌杜甫《秋興》，允明乘興索紙書其全文，以誌其樂。嘉靖三
年（1524）秋夜，宴於陳氏山亭，燈下草書《赤壁賦》。嘉靖四年（1525）年
七月，九疇酒次鋪宋經箋索書，為草書《月賦》。嘉靖四年（1525）秋日，於
叢桂堂酒後，書自作詩《閒居秋日》《宿茅峰》《宿金山寺》《句曲道中》等。

　　書齋之間的互訪，祝允明常有書作。正德元年（1506），訪沈與文〔註148〕，
為寫舊作《盧姬曲》。正德二年（1507）夏，寓南京秣陵山館，沈與文來訪，
允明有詩書相贈；是年秋，復來南京，沈與文又來訪，允明為書自作詩《丹
陽曉發》。嘉靖四年（1525），於小樓仿蘇、黃、米、蔡書小字一卷，時沈與
文來訪，贈之。嘉靖四年（1525）九月，過文嘉讀書房，見案上筆和墨精，
拈高麗紙，漫寫《古詩十九首》。嘉靖四年（1525）十月望夜，擁燭獨坐，適
半閒來訪，二人談論甚久，於是又暖酒對酌，呵凍書《後赤壁賦》，歸之半閒。
嘉靖五年（1526）十月，崑山魏希明來訪，乞書《黃庭》，情義極懇切，且坐
守急回，遂抱病執筆，半日間書寫一千三百多字。

　　外地文士及商賈亦有求祝允明字及鑑定古人法帖者。弘治四年（1492），
有徽人遠至吳門求書，允明為題扇。弘治初，浙江客人攜鍾繇《薦季直表》來
訪，求鑑眞僞，允明不敢遽定，以為「歲月綿闊已甚，不能不傳疑也」〔註149〕。

〔註147〕「茂苑」為長洲的代稱，典出晉左思《吳都賦》：「造姑蘇之高臺，臨四遠而
　　　　特建。帶朝夕之濬池，佩長洲之茂苑。」唐白居易《初到郡齋寄錢湖州、李
　　　　蘇州》詩亦有：「雪溪殊冷僻，茂苑太繁雄。」
〔註148〕沈氏字辨之，吳縣人，為當時藏書家。
〔註149〕《跋鍾元常薦季直表眞跡》。孫寶點校，《懷星堂集》頁540、541。

該卷後歸沈周家，沈周長子雲鴻爲允明表姐夫，諮詢於允明，允明猶言如初。他日李應禎見而激賞，題爲眞跡，後眾論乃定。

　　姻親及朋友之間的來往，亦常伴有索書現象。正德四年（1509），過親家王觀，王觀出紙命書，允明勉強錄杜甫《鵰賦》應之。弘治四年（1492）十月二日，朱凱〔註150〕病中求書，爲書舊詩《蘇武慢十二篇追和虞韻》。弘治十八年（1505）秋，與文徵明會於城南，互有詩贈答。別後不久，二人又有詩酬答，文徵明索草書。

　　綜上所述，詩文、書法不僅是朋友之間交往的重要活動，也是維繫感情的重要寄託，允明的生活，大到應試求官，小到書友小聚，無不時時印刻著詩文、書法的影子。正德三年（1508）眾人爲送別戴昭所作《垂虹別意卷》，便生動地體現了詩文、書法在送別中所充當的角色，此卷前有戴冠之序，正文依次有沈周、謝表、祝允明、吳龍、文璧、陳鍵、唐寅、楊循吉、顧福、仇復、練同意、陳儀、朱侗、陸稷、徐子立、黃紋、浦□、俞符、練全璧、魯秦、祝續、俞金、釋德璿、邢參、周同人、朱存理、應祥、陸南、顧桐、欽遵、王倖等人的送別詩，這組詩皆以楊循吉律詩〔註151〕之「垂虹拂帆過」爲題展開，儼然成了一項重大的命題詩會。卷後又有正德九年（1514）孟冬月汪昱《跋垂虹別意卷後》：「……蘇多名士，善詩賦，爲諸藩稱首。戴君明甫與之遊，獲其詩累卷。抑明甫之言語，事爲忠信篤敬，可欲而可慕歟？不然，何客蘇者非一明甫，別垂虹者亦非一明甫，而獨能致諸名士重之以辭若是也？明甫得此，誠知重璠璵矣！使徒知重之而不知所以重，恐非贈言者之本意，惟勉於學、愼於德，所謂忠信篤敬者，益加修省而精進焉……」〔註152〕詳述整個事件的始末。這次送別，實質上已經演變爲蘇州文士的一個團體雅集活動，眾人作詩在送別朋友的同時，也完成了一次具有集體創作性質的賽詩會。戴昭把這些詩結集，並請人作序、題跋，應是有意而爲。

　　從祝允明的另外一卷書作中，能看出其書畫背後所承載的人際關係。據李日華《味水軒日記》載，方巢雲曾攜《祝枝山行草樂詞十六段》來求鑒，書法爲世所傳唐人仿王右軍《心經》，款云：「歐陽鳳林先生進賀萬壽表，承

〔註150〕朱凱，字堯民，長洲人，善畫工詩，與朱存理齊名，稱「兩朱先生」。
〔註151〕楊詩云：「書劍客金閶，梧桐葉又黃。蛩催歸思早，江渺去途長。餘暑庇山影，西風來桂香。垂虹拂帆過，鳧雁滿銀塘。」清卞永譽，《式古堂書畫匯考》。見《中國書畫全書》第六冊，頁674。
〔註152〕清‧卞永譽，《式古堂書畫匯考》。見《中國書畫全書》第六冊，頁672。

銓部鄢茂翁老先生索書奉贈，敬錄萬歲樂及感皇恩十六詞以應之。時丙戌（1526）元宵後二日也，南京應天府通判祝允明。」後有都穆、劉元、王寵、陳鎏（1508～1575）、文彭、彭年、陸師道、黃姬水諸跋。其中陳鎏跋云：「鳳林年丈同寓燕京，與余稱莫逆交，時索吾鄉名筆，余許之。歸而忘卻。嗣後，鳳林任南京，與余不相聞，而茲忽報吾翁過矣！余出金閶得以把臂劇談，十年前事猶一日。翁因出希哲卷以實余前言之謬，不覺赧汗如淋。展以觀之，頓令老眼開豁，儼然鍾王悉據目前，孰意希哲暮齡，傾倒萬斛珠璣於雪繭也！鳳林珍之不下連城之璧，故命予懇文徵仲一言。適徵仲在玉峰，敬請伯君為之，全余數年之諾。雨泉陳鎏。」從祝允明題款及陳鎏跋文可以得知此卷的原委，陳鎏十年以前就在京城與歐陽鳳林相識，並答應對方幫忙求得吳門名家書作，然而他歸鄉以後卻把此事忘卻了，歐陽後來又託鄢茂翁求得允明書。後鳳林調職南京，得與陳鎏在蘇州金閶重逢，並出示允明此卷，陳鎏因此感到汗顏，鳳林又請陳鎏幫忙求得徵明跋文，然徵明恰在玉峰，因此求其子文彭代為跋語。文彭因跋云：「歐陽老先生過吳門，持祝先生書卷，託雨泉請家君跋其後，適家君應玉峰吳五舅之請，轉囑不佞代為塞責。然此卷筆法神妙，諸公已鑒定矣！余復何言？三橋文彭。」〔註153〕從此卷產生的來歷看，祝允明書法在當時並不容易得到，即使是文徵明的跋文也需要相關的中間人才能求得，這中間還有不少偶然的緣分契機存在。歐陽鳳林之所以點明想求得文徵明跋文，顯然是衝著其書名而來，這說明在一卷書作或畫作上，所出現的題跋者在其背後往往隱藏有更為深層的原因，這些因素或為書名、文名、官名的考量，也或者為一些師友之間的其他偶然機緣。

〔註153〕李日華，《味水軒日記》。《中國書畫全書》第三冊，頁1235。

第二章　祝允明小楷

　　孫過庭《書譜》講，「眞以點畫爲形質，使轉爲情性；草以使轉爲形質，點畫爲情性。」孫過庭選擇的是楷與草一動一靜反差極大的兩種字體作比較，而比較的點又沒有落在常見的楷書「點畫」和草書「使轉」上，而是反其道評之，重在楷書之「使轉」和草書之「點畫」。筆者認爲，這一點已經足以顯示出孫氏識書之深，同時，對應歷史上的書家，祝允明恐是最能闡釋孫氏這一書論眞諦的。

　　與祝允明交善的文徵明就曾跋云：「昔人評張長史書，回眸而壁無全粉，揮筆而氣有餘興，蓋極其狂怪怒張之態也。然《郎官壁記》，則楷正方嚴，略無縱誕，今世觀希哲書者，往往賞其草聖之妙，而余尤愛其行楷精絕。蓋楷法工，則稿草自然合作，若不工楷法，而徒以草聖名，所謂無本之學也。余往與希哲論書頗合，每相推讓，而余實不及其萬一。自希哲沒，吳人乃謂余爲能書，過矣！昔趙文敏言伯機已矣，世乃稱僕能書，所謂無佛處稱尊，蓋謙言耳。若余則何敢望吾希哲哉！」這是文徵明跋祝允明草書《前後赤壁賦卷》的一段話，已經將眞草之關係以及祝允明在這方面的造詣講得非常明確。

　　祝允明最擅草書與楷書。草書之中，尤擅狂草；楷書之中，尤擅小楷。放則能放到極致，收則能收到精微。這一則與祝氏深識書理分不開，另與其所處的時代書風也有直接關係，「明代永樂時代宮廷書家的書法，實際上主要是由小楷與草書這一工一草的兩極構成。」〔註1〕祝允明無疑是其中兼工帶草最爲兩極的代表書家。

〔註1〕　參看黃惇《中國書法史·元明卷》。江蘇教育出版社，2009 年版，頁 205。

　　雖然祝允明以狂草名世，但評者對其草書卻常有一些微詞，但對其小楷，卻基本都持褒揚態度。如彭年跋祝允明《行楷自書詩卷》云：「祝京兆書無所不詣，獨爲鍾、王尤爲苦心。世但稱其草法之工，不知正書最爲絕代。此卷自錄其所著詩文，筆法出元常《薦季直表》，波畫轉掣無纖微失度，信臨池之射雕手也。近世學鍾、王者，不爲墨豬，便作插畫美女耳。如此卷者，豈諸人之所夢見哉！」韓世泰跋祝允明臨《黃庭經》卷云：「枝山負氣磊落，植骨嶙峋，辭賦千言立就，其筆力遒勁，多出奇於大草，若非方丈之幅，不足以供波撇，故其楷書最爲難得。楷而至於豆許，又爲朱絲闌以限之，則不啻貯舞鳳以金籠，羈天馬以錦靮矣。然其規撫者，《黃庭》也。《黃庭》怡懌虛無，筆含元化，無纖微露才張氣之處。比於靜默仙宗，降伏神鬼，雖髯戟眉飛，不能不俯首繩束。茲卷也，其枝山折節入道之時乎？……」有的甚至更貶其草書，如歸莊跋祝允明草書卷云：「世之稱祝京兆書者，多取其草書，余嘗怪之。京兆草書最著者如《十九首》之類，不免失之太熟。至於狂草，全無（縱橫）法度。大（或）謂後生：『獨其楷法精好耳。』」

　　狂草與小楷皆擅，已是祝允明書法之「奇」；精微與豪放並趨，而尤以精微勝，則又是祝允明書法最值得研究之「奇」處。事實上，祝允明在小楷方面，於魏晉到宋元書風無不臨仿，留下眾多書作。從其臨仿的忠實與變形程度，可以逐漸摸索出祝允明書風的形成脈絡。故本文專設「小楷」與「草書」兩章，專論其兩種書體書風的形成，特別對兩種字體之間的關係希望能打通研究。

第一節　臨仿古風類型

　　祝允明留下大量臨摹古風作品，就其傳世小楷作品風格淵源看，大致可分爲三類：一是鍾繇風格；二是王羲之、王獻之一類；三是隋唐人面貌。

一、鍾繇書風

　　鍾繇（151～230）雖被後世譽爲「楷書鼻祖」，但由於其生活在曹魏時期，那時楷書尚未完全成熟，因此體現出濃鬱的古意。鍾繇原跡在東晉時期已經片紙可寶，兩宋以後幸賴刻帖傳播，但所載多是後人摹本〔註2〕，已非其原貌。

〔註2〕　其中又以王羲之臨摹本占多數。

明代時，各種刻帖共載有鍾繇書十一種〔註3〕，其中《賀捷表》（圖 2-1）、《宣示表》、《力命表》、《薦季直表》（圖 2-2）最為知名，這四表皆「表奏之書」，為後人所摹。就流傳下來的各種版本看，鍾繇小楷用筆上有兩個顯著特點：一是富含隸意，波挑生動；二是楷中帶行，務求簡便。鍾繇小楷脫胎於隸書而顯得「古質」，但是由於行草的介入，又不乏活潑的顯示。評論常常用「拙」來概括鍾繇小楷特點，其實並不盡然。

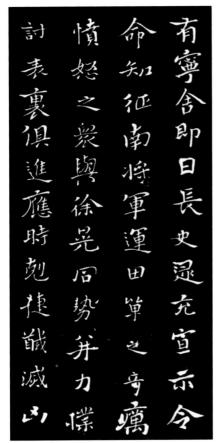

圖 2-1　《賀捷表》（局部）

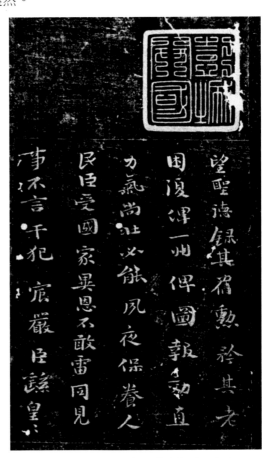

圖 2-2　《薦季直表》（局部）

〔註3〕　北宋《淳化閣帖》載《宣示表》、《還示帖》、《白騎帖》、《常患帖》、《常贏帖》、《雪寒帖》、《長風帖》六種，《潭帖》載《力命表》、《賀捷表》兩種，《汝帖》載《墓田帖》；南宋《淳化閣帖續帖》載《薦季直表》；明朝《潑墨齋法書》載《調元表》。其中《賀捷表》、《墓田帖》爭議較大，《調元表》出現最晚，翁方綱定爲偽刻。參看劉濤，《中國書法史・魏晉南北朝卷》。江蘇教育出版社，2009 年版，頁 76、77。

　　現存祝允明臨鍾繇作品，惟見《墓田丙舍帖》和《楷書臨鍾繇〈力命表〉扇面》（圖2-5）兩件。《墓田丙舍帖》論者多以為是王羲之摹本，觀其體式，確與鍾繇傳世的其他刻帖有較大差別，是帖字形已去扁就方，除極少數筆劃尚有濃重的章草意味外，大部分筆劃中和、圓潤，與王羲之今體行楷書幾無差別（圖2-3）。祝允明臨本（圖2-4）與王羲之臨本氣息不同，有些筆劃處理也不同，如「墓」、「舍」等字的反捺悉作順勢，「良」、「文」極粗的捺畫被削減得只剩筋骨，個別字形如「禍」字右旁結構也發生較大變化（表2-1）。細品祝允明臨本，氣息去鍾書遠而稍近羲之，款題：「右諸帖若干種，余閒中偶而戲臨，幾欲付之水火矣，吾友彭寅甫見而喜甚，意欲持去，余不能辭，輒以贈之，並記其後，觀者當謂祝生多兒態也，弘治甲寅中秋祝允明書。」弘治甲寅為1494年，允明時年35歲，正值壯年，自謂為閒中戲臨之作，不甚愛惜，當非謙辭。《楷書臨鍾繇〈力命表〉扇面》則已闌入濃重的唐人筆意。

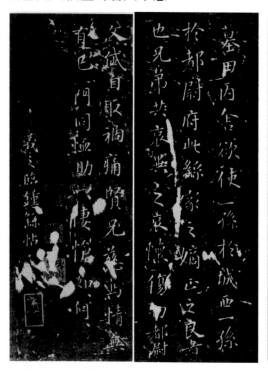

圖2-3　《墓田丙舍帖》王羲之摹本

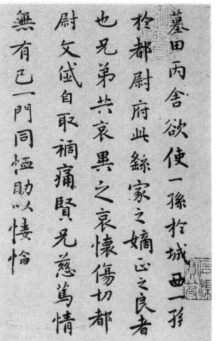

圖2-4　《墓田丙舍帖》祝允明臨本

表2-1　《墓田丙舍帖》王羲之臨本與祝允明臨本同字比較

文字	王羲之臨本	祝允明臨本
墓		
舍		
良		
文		
禍		

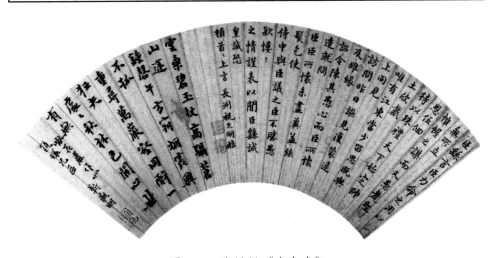

圖 2-5　臨鍾繇《力命表》

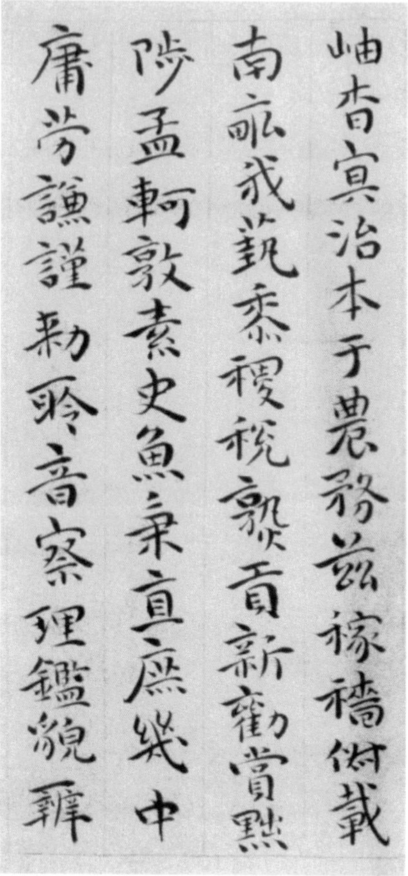

圖 2-6　《千字文》（局部）

　　從祝允明小楷作品及後人評論中，可以看出他對鍾繇小楷是有過系統學習研究的。顧復《平生壯觀》中評祝氏各帖云：

　　　　學鍾成侯最佳。〔註4〕（《良惠堂記》）

　　　　仿《宣示帖》，生秀可愛，非若王文恪、毛夫人之兩碑之妍媚也。
〔註5〕（《史在野墓誌稿》）

　　　　仿《季直表》，極佳。〔註6〕（《千文》）

　　　　字長而古，乃學鍾成侯《力命帖》〔註7〕（《自書詩》）

〔註4〕　顧復，《平生壯觀》。林虞生點校，上海古籍出版社，2011 年版，頁 164。
〔註5〕　顧復，《平生壯觀》，頁 164。
〔註6〕　顧復，《平生壯觀》，頁 164。
〔註7〕　顧復，《平生壯觀》，頁 165。

　　《良惠堂記》、《史在野墓誌稿》未能傳世，《自書詩》不知所指何本，惟有《千文》今尚有傳本（圖 2-6）。是卷款題：「成化丙午仲夏九日，太原祝允明書。」成化丙午為 1486 年，祝允明時年 27 歲，屬青年時期作品。觀其面目，純用鍾法行之，字形結構寬鬆，起筆往往微尖，露鋒、側鋒俱用，書寫速度較快，筆劃之間時有連帶，注重姿態而不無生澀之感，又多用異體字形，如「辨」、「畝」「熟」等字。同年六月二日所作的《楷書擬古詩》（圖 2-7），錄《擬古》、《天下歸》等詩十四首，亦與此風格類似。

圖 2-7　　《楷書擬古詩》（局部）

　　《題倪瓚秋林遠岫軸》（圖 2-8）款署「弘治庚戌十月」，即 1490 年，祝允明 31 歲。字僅兩行，以鍾繇體式為主，然明顯雜有唐人筆意。個別字偏旁移位、筆劃拉長，表現欲望強烈，如「斑」字最後一筆右拖重頓，筋骨外露。其中「事」、「機」、「墨」等字寫作異體，觀察這些字形變化，可以看出，雖然祝允明並不專心於文字小學，但卻非常熟諳構件替換、偏旁部首的變形移位等異寫規律。

　　三希堂法帖所載刻帖《劉基詩冊》（圖 2-9），款題：「正德丁卯夏六月，納涼古寺以解熱，太原祝允明。」這一年祝允明 48 歲。是卷小楷雖以鍾繇體式為主，但字體時時夾雜有行草寫法，如第七列「若」字，幾近草法。通篇字勢向右傾斜，重心每每落在字的右下方。雖多用異體，力追古雅，但鉤剔之間多見唐人筆意，流露出這一時期他受唐人楷法影響的痕跡。經訓堂法帖所載的《杜甫鵰賦並表冊》（圖 2-10）書寫時間晚《劉基詩冊》兩年，是其親家王觀命書，屬「用意」之作，也體現這一階段的典型特徵。該卷作品字形趨扁，初入眼一派鍾繇小楷氣息，細觀則會發現，其結體多採用唐人平正之法，除少數字形純仿鍾繇《薦季直表》以外，多見顏、歐筆意。與 27 歲所作《千字文》相比，彼時雖鍾法較純，然用尖鋒取態，不無生澀之感，此冊「沿晉而遊唐」，可以窺其書風演進的變化軌跡。

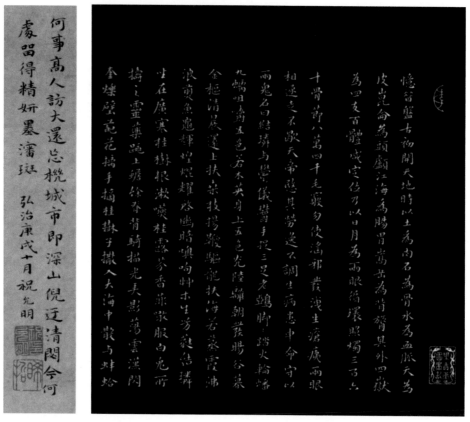

圖 2-8　《題倪瓚秋林遠岫軸》　　　　圖 2-9　《劉基詩冊》（局部）

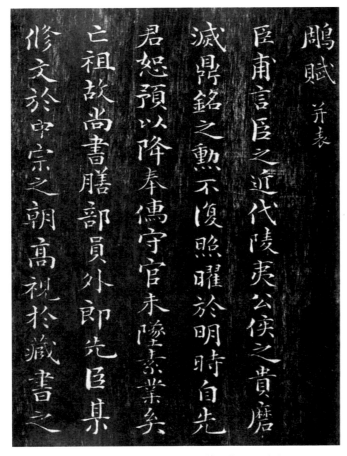

圖 2-10　　《杜甫鵰賦並表冊》（局部）

　　《臨王羲之帖冊款》（圖 2-11）為臨王羲之尺牘所作題款，款末云：「正德庚辰八月廿八日長洲祝允明識。」正德庚辰為 1520 年，祝允明 61 歲。款字純作鍾繇體式以配所臨羲之尺牘，亦屬「用意」之作。《題唐寅力大如牛扇面》（圖 2-12），此扇為唐寅臨摹沈周舊作，畫一小童牽牛狀，童瘦小羸弱，牛壯大有力，二者正「拉鋸」一根纖細引繩，極具張力，唐寅款云：「時嘉靖二年四月」，後贈允明。嘉靖二年為 1523 年，這一年十二月二日，唐寅卒。祝氏後題詩於上，但未署年款，根據以上信息可以推知允明題款當在 1523 年的四月到十二月之間，此時他 64 歲。連詩帶款僅六列，作鍾繇體式小楷，褪盡火氣，味極純正。平遠山房法帖所載《洛神賦冊》（圖 2-13），款云：「病起，久不作楷。適為子鍾所強，聊復爾耳，觀者勿謂老翁計其工拙也，乙酉秋日枝山老樵祝允明書。」此處乙酉年為 1525 年，祝允明年 66 歲，乃大病初愈

之後應朋友索書而作，後有文徵明、陸粲、李廷敬題跋。文徵明跋曰：「祝京兆書法出自鍾王，遒媚宕逸，翩翩有鳳翥之態，近代書家罕見其儔，若此書《洛神賦》力追鍾法，波書森然，結構縝密，所謂幽深無際，古雅有餘，超出尋常之外矣！」文氏在跋中還記載曩時曾受枝山贈小楷《和陶飲酒詩二十首》，惜失之。陸粲跋曰：「是卷洛神賦全法鍾王而師心匠意，前無古人，其運筆天放，卓立成家，真書之最上乘也。」細觀是卷，字法鍾繇而更圓潤，煉行精密尤值得品味，氣息上稍近王獻之《洛神賦十三行》。此時病中初起，離祝氏去世僅有一年多的時間，通篇無一懈筆、敗筆，是其晚年最成功的代表作，與幾乎同時期所書的《和陶飲酒詩冊》相比，差異立現。《和陶飲酒詩冊》（圖 2-14）款題：「向得舊紙，久藏笥中，興至則隨意作數行，乃生平之戲耳，觀者勿謂老翁更多兒態也，乙酉秋日允明記」，是卷與《洛神賦冊》同題「乙酉秋日」，款中「觀者勿謂老翁計其工拙也」、「觀者勿謂老翁更多兒態也」措辭幾乎一致。《和陶飲酒詩冊》書寫應時間應稍晚於《洛神賦冊》，該卷乃平日興來隨意書寫之作，前後延續時間較長，且時見懈筆、敗筆，顯出老態龍鍾之感。文徵明跋中所記曾受贈祝允明小楷《和陶飲酒詩冊》，缺少可靠材料，尚難以確定是否為此本。

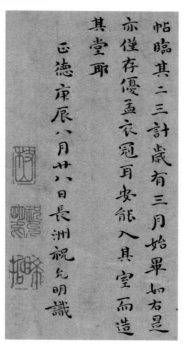

圖 2-11　《臨王羲之帖冊款》（局部）

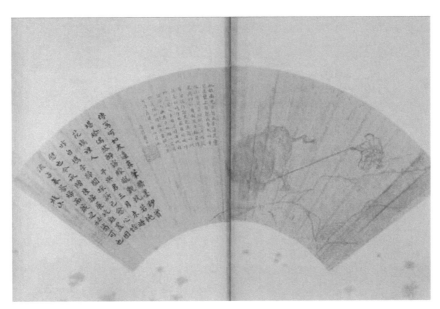

圖 2-12　《題唐寅力大如牛扇面》

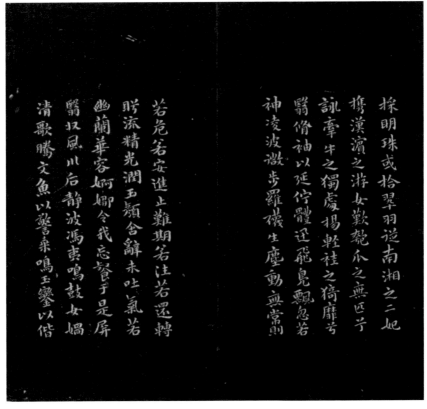

圖 2-13　《洛神賦冊》（局部）

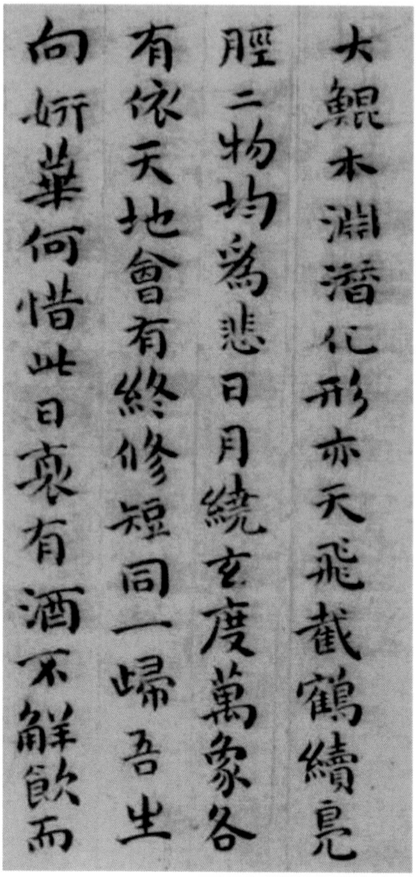

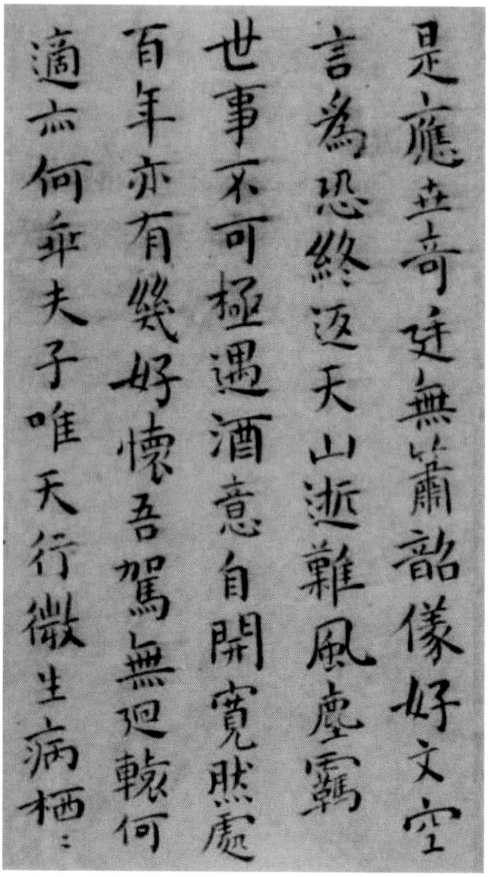

圖 2-14　　《和陶飲酒詩冊》（局部 1）　　　　　《和陶飲酒詩冊》（局部 2）

　　祝允明另有《山靜日長記》（圖 2-15），題於唐寅《山靜日長圖軸》，款未注年月。唐寅畫款題正德丁卯（1507），則祝允明所題當於 48 歲以後，所書內容多描寫隱居雅事，顯示了祝氏對閒適生活的嚮往。通篇運用異體字極多，或為呼應詩文和畫面「飄飄欲仙」的氣息。從字法上看，鍾書氣息撲面而來，顯示了祝允明對鍾繇小楷的深刻理解。

　　《墨林藻海卷》有一段自題為「鍾繇筆意」書詩一首，六行。楷中帶行，不佳，或為在嶺南所作的緣故。詩云：「中谷有道士，顏色常鮮好。被以松柏葉，啖以靈藥草。守氣存谷神，後天何難老。授我鴻素書，相期青雲表。眾人不盡聞，安能不枯槁。神農遺世經，穀食悉民寶。」嘉靖元年（1522）所作的《六體詩賦》之「古風」段，亦為仿鍾繇體勢。然不純粹，字勢稍加敧側，頗雜有宋人筆意。

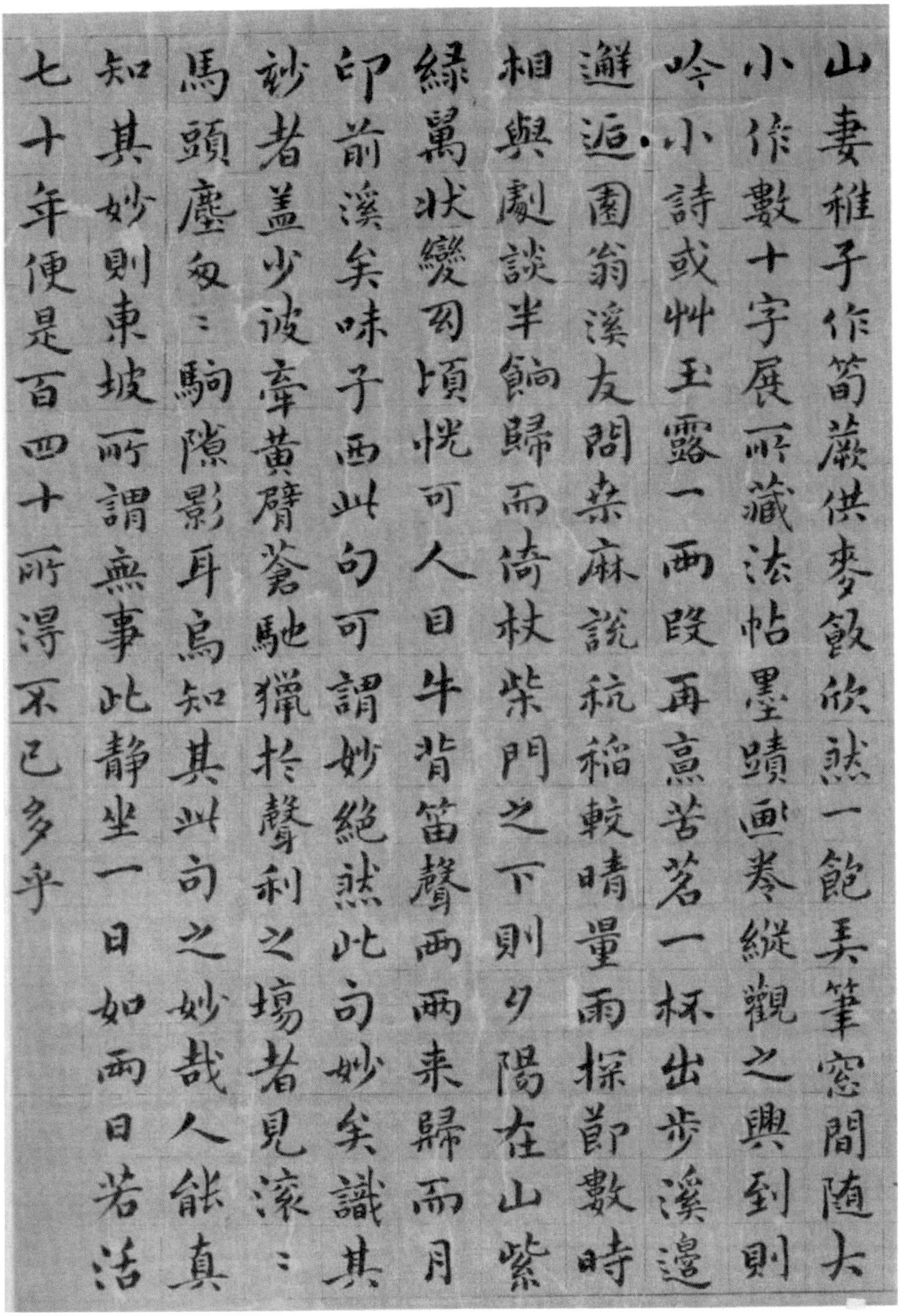

山妻稚子作筍蕨供麥飯欣然一飽美筆窗間隨大
小作數十字展所藏法帖墨蹟畫卷縱觀之興到則
吟小詩或艸玉露一兩段再烹苦茗一杯出步溪邊
邂逅園翁溪友問桑麻說秔稻較晴量雨探節數時
相與劇談半餉而歸倚杖柴門之下則夕陽在山紫
綠萬狀變幻頃恍可人目牛背笛聲兩兩來歸而月
印前溪矣味子西此句可謂妙絕然此句妙矣識其
妙者蓋少彼牽黃臂蒼馳獵於聲利之場者見滾滾
馬頭塵氣烏知其此句之妙哉人能真
知其妙則東坡所謂無事此靜坐一日如兩日若活
七十年便是百四十所得不已多乎

圖 2-15　《山靜日長記》(局部)

二、王羲之、王獻之風格

王羲之（303～361）小楷作品流傳並不多，且多爲刻帖、拓本。唐朝以後，傳播最廣的是《樂毅論》《黃庭經》和《東方朔畫像贊》。《樂毅論》和《東方朔畫像贊》，尚未見祝允明臨作。祝允明一生反覆臨習的是《黃庭經》。

葛鴻楨文載所見祝允明傳世之《黃庭經》臨本有五〔註8〕：

　　　　成化丙午本（1486），27 歲書

　　　　弘治庚申本（1500，華盛頓藏本），41 歲書

　　　　正德庚午本（1510），51 歲書

　　　　磁青箋泥金書本（1520），61 歲書

　　　　嘉靖丙戌（1526）崑山魏成甫乞書本，67 歲書

臺灣何傳馨云祝臨本有七〔註9〕：

　　　　成化丙午本（1486 書，日本澄懷堂藏）

　　　　弘治庚辰本（1500 書，美國弗利爾美術館藏）

　　　　正德庚午本（1510 書，臺北故宮藏）

　　　　正德癸酉本（1513 書，《石渠寶笈初編》著錄）

　　　　正德庚辰本（1520 書，《秘殿珠林初編》著錄）

　　　　嘉靖丙戌本（1526 書，《式古堂書畫匯考》著錄）

　　　　《臨黃庭經卷》本（無紀年，臺北故宮藏）

他認爲正德癸酉（1513）年本可能是僞作，實際有六本。筆者僅見四本，分別爲：「成化丙午本（1486）、弘治庚申本（1500，華盛頓藏本）、正德庚午本（1510）以及無紀年《臨黃庭經卷》（臺北故宮）本。」

《黃庭經》，南朝蕭梁時期陶弘景與梁武帝論書時曾提及過〔註10〕，但內府當時是否存有則不得而知；初唐褚遂良《右軍書目》記內府收藏有「《黃庭經》六十行」；北宋末年，徽宗宣和內府所藏楷書墨蹟有《黃庭經》〔註11〕。與小楷《樂毅論》相比，《黃庭經》的書史地位似乎稍遜，梁武帝當時委託陶

〔註8〕　參看葛鴻楨，《臨黃庭經卷》作品考釋。《中國書法家全集・祝允明卷》，榮寶齋出版社，1993 年版，頁 333。

〔註9〕　何傳馨，《祝允明及其書法藝術》。《故宮學術季刊》第十卷第一期，1992 年 9月，頁 13～14。

〔註10〕「逸少有名之跡，不過數首，《黃庭》、《勸進》、《像贊》、《洛神》，此等不審猶得存不？」南朝梁，陶弘景，《與梁武帝論書啓》第三篇。

〔註11〕《王羲之傳》著錄，《宣和書譜》卷 15。

弘景鑒定的內府藏品就有《樂毅論》，智永《題右軍〈樂毅論〉後》記載了該卷在陳的流傳情況，並評云：「正書第一，留意運工，特盡神妙」；褚遂良《右軍書目》，共列十四帖，《樂毅論》居第一，而《黃庭經》次之。北宋以後，書論多有述及《黃庭經》者，如宋之黃庭堅、董逌，明之王世貞、孫鑛，清之何焯、楊賓、蔣衡、楊守敬等人，多涉及臨摹作者考證、拓本眞僞辯證、版本優劣比較等（表 2-2）。楊賓曾寓目海寧進士陳鼎新之孫某藏唐人《黃庭經》一卷並跋云：「麻紙寫，元、明間人俱有跋。祝希哲指爲薛稷臨本，黃宗伯則云陸柬之。」〔註 12〕此本現今雖不能見，但祝允明曾寓目並題有跋是可以肯定的，否則楊賓無從得知他曾「指爲薛稷臨本」。文徵明《停雲館法帖》曾收入《黃庭經》，但王世貞認爲該本並不高明，評云：「往往纖促，無復遺韻，以爲眞吳通微贋作，及見曹君所藏宋拓本，增損鍾筆，圓勁古雅，小法楷法，種種臻妙。乃知《停雲》自是文氏家書耳。」〔註 13〕王氏認爲《停雲》本或爲徵明所臨，並未如實傳達《黃庭經》原貌。清人楊賓說法與王世貞稍異，他說自己曾見過宋拓《黃庭經》五本〔註 14〕，並記載其中「二在蘇州陸其清家，《停雲館》祖本也」。〔註 15〕現今來看，《停雲》所祖何本《黃庭經》難以遽定，但可以確定的是，在祝允明、文徵明所活動的蘇州文人圈，必然流傳有多本不同版本的《黃庭經》，而經祝氏所寓目的版本也不止一本。元代陳繹曾《翰林要訣》所列眞書法帖，《黃庭》尚排在《樂毅》、《畫贊》之後〔註 16〕。明初臺閣體所師法的範本仍是《樂毅論》，蓋取其風格統一，特點明顯，而《黃庭》、《曹娥》、《像贊》，「因其各立面目」〔註 17〕，變化較多，而未被官方重視。錢泳曾高度讚賞《樂毅論》：「沖融大雅，方圓適中，實開啓後世館閣試策之端，斯爲上乘，如唐之虞、褚，元之趙，明之文、祝，皆能得其三昧者也。」〔註 18〕董其昌斷定《黃庭經》爲六朝人得意書無疑，認爲其「筆墨出於睢逕之外」〔註 19〕。董氏倡導：「書楷，當以《黃庭》、懷素爲宗。」〔註 20〕

〔註 12〕 楊賓，《大瓢偶筆‧卷二》，「論晉二王帖」。《歷代書法論文選續編》，頁 471。
〔註 13〕 王世貞，跋《宋拓黃庭經》，見《書畫跋跋》。《歷代書畫論文選續編》，頁 317。
〔註 14〕 從他的書論記載來看，楊氏所見的《黃庭經》拓本不止五種。
〔註 15〕 楊賓，《大瓢偶筆‧卷二》，「論晉二王帖」。《歷代書法論文選續編》，頁 470。
〔註 16〕 元陳繹曾《書學捷要》。《歷代書法論文選》，頁 491。
〔註 17〕 清‧錢泳，《書學》。《歷代書法論文選》，頁 626、627。
〔註 18〕 清‧錢泳，《書學》。《歷代書法論文選》，頁 626、627。
〔註 19〕 明‧董其昌，《臨內經黃庭跋》。
〔註 20〕 明‧董其昌，《畫禪室隨筆》。《歷代書法論文選》頁 542。

董其昌是曾深入學習過小楷《黃庭經》的〔註21〕，在這一方面，他也時刻與趙孟頫相比，曾屢屢提及趙孟頫小楷書有《黃庭經》之風規〔註22〕，董氏也曾嘗試用《黃庭經》樣式真書為人作榜書〔註23〕，但他自己認為並不成功。至清代時，《黃庭經》的地位已超出《樂毅論》，在朱履貞所羅列的小字法帖中，《黃庭經》居首位，而《樂毅論》次之〔註24〕。

表2-2　宋、元、明、清書論中提及《黃庭經》部分版本

出處	版本	作者觀點
黃庭堅 山谷論書	小字殘缺者	云是永禪師書，既刓缺，亦難辨真贗。
	字差大者	是吳通微書，字形差長，而瘦勁筆圓，勝徐浩書也。
董逌 廣川書跋	蜀本《黃庭》	筆墨粗笨，皆非可貴，第以其名存之。
	淇水呂先本《黃庭經》	呂得石書，署其年永嘉，支離其字，尤不近古，其「永」字等頗效王氏變法，皆永嘉所未有，況「永」字為變王氏體者，余是以知其非也。
	《黃庭經》別本	此當是唐人得舊本摹入石者，時見筆意與常見二本及今《秘閣》所存異甚，知唐初選置，能盡書矣，可以知翰墨極處也。
王世貞	宋拓《黃庭經》	余所見多文氏《停雲館》本，往往纖促，無復遺韻，以為真吳通微贗作，及見曹君所藏宋拓本，增損鍾筆，圓勁古雅，小法楷法，種種臻妙，乃知《停雲》自是文氏家書耳。
孫鑛 書畫跋跋	曾在敬美處見所購朱忠僖家本	此所未「增損鍾筆，圓勁古雅，小法楷法，種種臻妙」者，果不誣。
董其昌	師古齋本《黃庭經》	黃庭經以師古齋刻為第一，乃遂良所臨也，淳熙續帖亦有之。
	《題褉帖黃庭各帖後》	蘭亭無下本，此刻當是唐人鉤摹。其黃庭，吾不甚好，頗覺其俗。

〔註21〕董其昌，《書雪賦題後》：「客有持趙文敏書雪賦見示者，余愛其筆法遒麗，有《黃庭》、《樂毅論》風規。」

〔註22〕董其昌，《書月賦後》：「邢子願謂余曰：『右軍以後，惟趙吳興得正衣缽，唐宋皆不如也』，蓋謂楷書，得《黃庭》、《樂毅論》法，吳興為多。」《跋趙子昂書過秦論》：「吳興此書，學《黃庭內景經》。時年三十八歲，最為善者機也。」

〔註23〕董其昌，《書舞鶴賦後》：「往余以黃庭樂毅真書，為人作榜署書。每懸看，輒不得佳，因悟小楷法，使可展為方丈者，乃盡勢也。」

〔註24〕朱履貞，《書學捷要》。《歷代書法論文選》，頁606。

	《題穎上禊帖後》	穎上縣有井，夜放白光，如虹互天。縣令異之，乃令人探井中。得一石，六銅□，其石所刻，黃庭經、蘭亭序，皆宋拓也。余得此本，以較各帖所刻，皆在其下。當是米南宮所摹入石者，其筆法頗似耳。
	吳用卿藏《黃庭經》	《書黃庭經後》吳用卿得此。余乍展三四行，即定為唐人臨右軍。既閱竟，中間於淵字，皆有缺筆，蓋高祖諱淵，故虞褚諸公，不敢觸耳。小字難於寬展而有餘，又以蕭散古淡為貴。顧世人知者絕少。能於此卷細參，當知吾言不謬也。
何焯義門題跋	越州《黃庭經》	歐陽公《集古錄目》中，言有《黃庭》二本，出於越州，然非石氏所刻也，石氏乃《黃庭》殘字耳。
	杜貽穀宋拓《黃庭經》	若此未刓者，固自難遇，諦觀乃近徐季海輩流所摹，時而趁快，或帶傾攲，唐初人不爾，然作小字能窮盡腕力筆勢，玉局翁殆從以出，趙魏公晚歲專師《黃庭》，亦似屬此本，賞會固當在廉鍔風神，「內府」、「奉華」二印間有假託，書家不視為輕重也。
	穎水《黃庭經》	《黃庭》近代傳摹失真，一例平順，無復向背往來之勢，獨「穎上本」橫畫處仰勒平收，有如大字，唐臨宋鐫，故自別也，予曩見從父端文所藏，自「三關之間」至「絳宮紫華」凡三十六行，比前後獨加腴澤，此當稍後出，而筆意尚存，亦殊耐尋玩爾。
楊賓大瓢偶筆	穎上本《黃庭經》	石已碎，劉考公公勇家有翻刻本，《蘭亭》可以亂真，《黃庭》則弱矣。
	石氏不全本	徐會稽所臨也。
	穎上唐臨絹本	穎上本則褚臨也。
	《秘閣續帖》本	余家所藏《秘閣續帖》本尚在「穎本」下。
	陳香泉藏歐臨本	北宋紙，後有邢子願、董宗伯跋，陳宮詹乾齋舊物也。
	查編修德尹家藏本	紙墨更舊。
	蘇州陸其清家藏本	《停雲館》祖本也。
	張超然家《黃庭》二種	似俱從《秘閣續帖》出，筆劃亦端楷，而精勁處不及秘閣，「戈」鉤俱有敗筆，紙墨亦不甚舊。

	宋既庭家藏一本	有「褚遂良臨」四字者，雖亦秀媚，然蒼勁不及穎上。
	穎上思古齋本	舊傳褚遂良所臨
	海寧進士陳鼎新之孫某藏唐人《黃庭經》	麻紙寫，元、明間人俱有跋，祝希哲指為薛稷臨本，黃宗伯則云陸柬之，查聖俞云：「余曾見之，近『穎上唐臨絹本』」。
	陸澹成侍講家舊拓《黃庭經》 江西徐鴻寶家藏本	向傳為曹秋岳家藏本，帖尾雖有周天球、曹秋岳、何屺瞻諸跋，紙墨亦舊，然癡飛而無精彩，與江西徐鴻寶家藏本同，蓋板本也。
	白下朱師晦庶常，書《黃庭經》一卷，勒石行世	字亦不俗，但不似《黃庭》耳。
蔣衡 拙存堂題跋	摹《思古齋》本	《黃庭經》以《思古齋》為第一，大約褚臨本，而中間少入「清冷淵」三句一行，至字有脫落，亦不添注。余用全文意則摹《思古齋》或略有合處。
	《黃庭經》	《黃庭經》世所流傳本最多，餘心賞者唯山陰陳氏家藏絹本墨蹟暨王吏部盧舟所得毗陵唐氏宋刻本，然二種皆瘦而字形大，筆意流宕。若《思古齋石刻》，則褚河南所臨，更多姿態。此本端凝渾厚，如得道之士，精氣內藏，非養到神完不能窺其奧妙，其為舊物何疑。至考核之詳，姜西溟、陳香泉、王恭壽俱悉源流矣，余復何言。
	穎上《黃庭經》	穎上石刻《黃庭經》，米元章《書史》所載褚河南綠綾臨本也，王右軍換鵝真跡不可得見，其欲拘欲縱、若滅若沒之致，信有真傳，井中夜光，如虹互天，宜矣。
楊守敬 學書邇言	《黃庭經》刻本兩種	王右軍書《黃庭經》傳本甚多，余見宋拓與《樂毅》同筆法。又一刻本則清挺峻拔，是《停雲》祖本。《餘清齋》所刻則是褚臨，後附右軍《霜寒帖》，亦疑褚臨，秀雅絕倫。《詒晉齋》刻本則縱橫跌盪，如生龍活虎，大抵唐人臨本，劉石庵以為光堯御筆，非也。然孫過庭所謂「書《黃庭》則怡懌虛無者」，亦不似。

不同版本的《黃庭經》拓本差別極大，今所見以上海朵雲軒藏宋拓本《黃庭經》（圖 2-16）和越州石氏本《黃庭經遺字》（圖 2-17）為佳，張廷濟舊藏宋刻宋拓本《黃庭經》（圖 2-18）及《別本黃庭經》（圖 2-19）稍次。從拓本上裂紋的一致性來看，朵雲軒藏本、張廷濟舊藏本和《別本黃庭》來源應該

是一致的（表 2-3），或許是出自一方石刻（或木刻）。

　　綜合字形（表 2-4）、拓本殘缺部分比較可以看出，朵雲軒本，字口光潔如新，筆意表現清晰到位，誠如其跋所云「肥瘦適均，信為神品」，應是早期拓本；張廷濟本首頁右下部分尚存，筆劃表現神采遠遜朵雲軒本，但尚能粗存筆意，應稍早於《別本黃庭》，別本字形已變粗壯，筆劃模糊，右下角殘缺一角，應是較晚拓本。

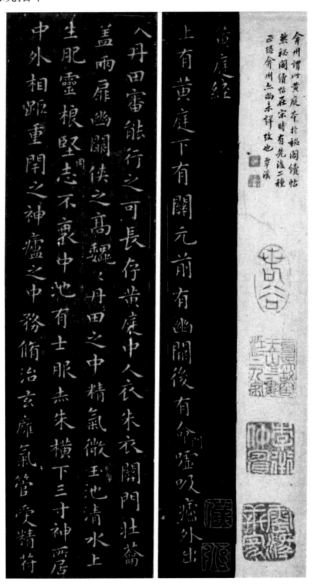

圖 2-16　朵雲軒藏本宋拓《黃庭經》（局部）

圖 2-17　越州石氏本《黃庭經》（局部）

圖 2-18　張廷濟藏《黃庭經》（局部）

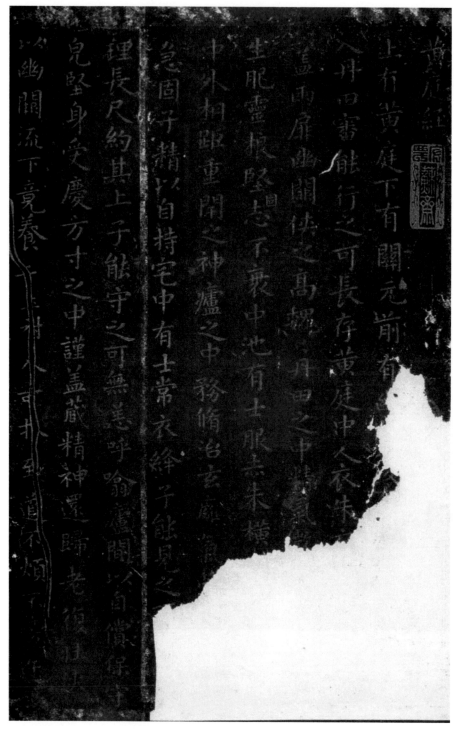

圖 2-19　別本《黃庭經》（局部）

表 2-3　朵雲軒藏本、張廷濟舊藏本和別本《黃庭經》第 10 行殘缺處對比

朵雲軒藏宋拓本	張廷濟舊藏宋刻宋拓本	別本黃庭經

表 2-4　朵雲軒本、越州本、張廷濟本、別本《黃庭經》拓本及祝允明
　　　　各臨本同字比較

拓本字例	朵雲軒本	越州本	張廷濟本	別本	祝允明27歲臨本	祝允明41歲臨本	祝允明51歲臨本	祝允明無年款本
關	關	關	關	殘	關	關	關	關
衣	衣	衣	衣	殘	衣	衣	衣	衣
壯	壯	壯	壯	殘	壯	壯	壯	壯
丹	丹	丹	丹	丹	丹	丹	丹	丹
之	之	之	之	之	之	之	之	之
衰	衰	衰	衰	衰	衰	衰	衰	衰
赤	杰	赤	杰	杰	杰	杰	杰	杰
之	之	之	之	之	之	之	之	之
壯	壯	壯	壯	壯	壯	壯	壯	壯

　　通過上述字形對比，可以更直觀看出祝允明臨寫特點。以下分述三種臨本：

　　1. 四十一歲臨本（圖 2-20），現藏美國華盛頓美術館。弘治庚申（1500）春正月二十七日臨，烏絲欄豎行，筆劃較爲粗壯，通篇筆意時時流露出受鍾繇小楷的影響；原拓落寫的「門」、「固」二字已被安排入行中，章法上首行末字到「噓」即轉入下行，這一點與下文提到的無年款臨本一致；該卷時有漏字，如原拓第 38 行「渴自得飲」之「得」字即被漏臨，變成「渴自飲饑」，原拓第 45 行首字「淵」殘缺，祝允明臨時予以補全；種種細節表明，此本並非實臨，應是較爲隨意的書寫。原拓第 10 行殘缺六字，祝允明臨本亦留出六

字空白（圖 2-21），這表明其臨寫此作的範本應爲宋拓。

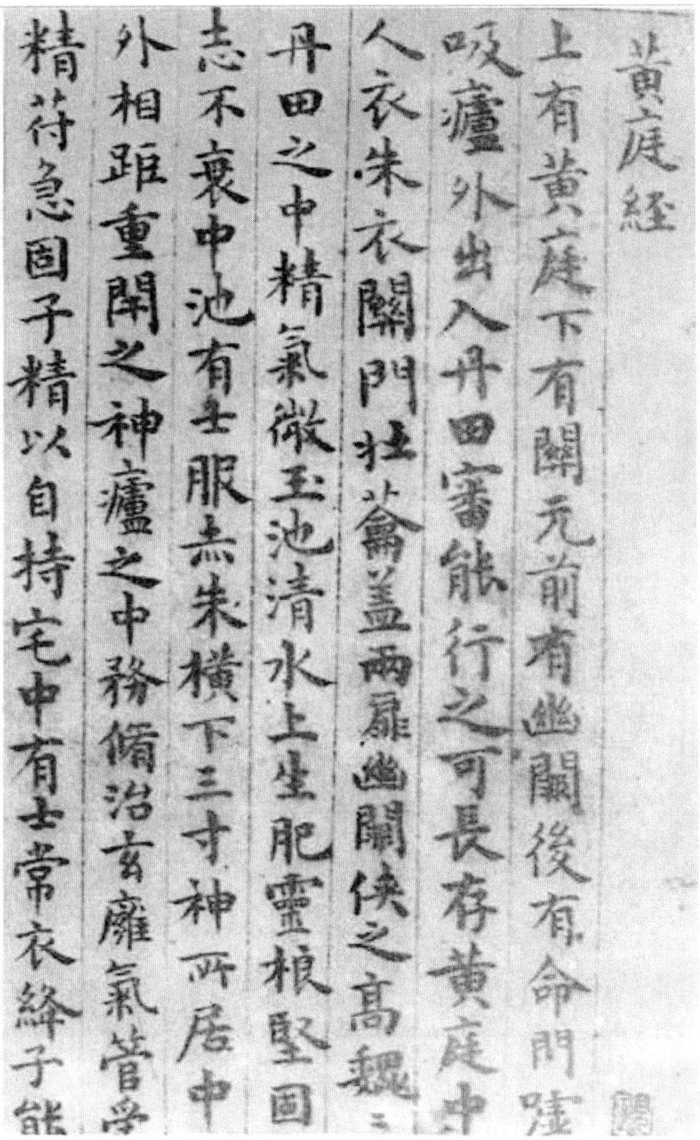

圖 2-20　祝允明 41 歲臨《黃庭經》（局部）

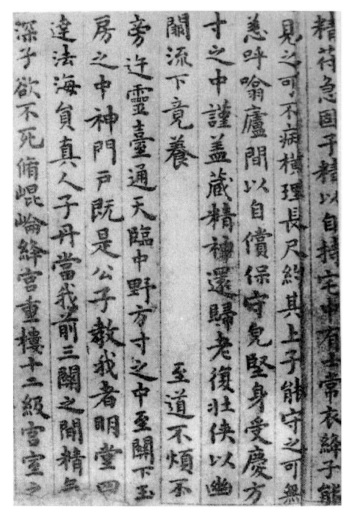

圖 2-21　祝允明 41 歲臨本六字空白部分

　　2. 無年款本（圖 2-22），現藏臺北故宮博物院。此卷曾刻入《經訓堂法帖》，經清內府收藏，鈐有「嘉慶御覽之寶」、「石渠寶笈」、「寶笈三編」、「嘉慶鑒賞」、「三希堂精鑒璽」等印章，又有「寒木草堂」、「宜子孫」等印章，歷經華夏等人鑒藏。後有呂自咸、韓世泰、歸莊等題跋。其中呂自咸跋曰：「……朱絲繞紙畫方格，格內字字含精英。楷中有小小藏大，筆筆翥舞骨復崢。硬黃小楷唐臨本，較此翻覺後者勍。京兆行草眞絕世，罕見臨古楷法精。心想目追非形似，三歎墨妙未易名。天人巧力兩擅絕，當時頗壓文徵明……君藏此卷足欣賞，似比右軍堪抗行。……」此卷朱絲闌界格，每行字數比原拓有所減少，章法頗有變動，但原拓中脫落的「門」、「固」等字依舊保持原樣添

於「命」及「堅」字旁，個別字形原拓省去筆劃，臨本亦保留原貌，第13行由於原拓殘去六字難以辨認，祝允明亦照原拓空出六格。與原拓60行對比，臨本缺少從「可長生」到「伏於老」十二行。祝允明的臨寫忠實原拓原貌，近乎實臨，且字形肥瘦適中，頗得《黃庭》之神髓。

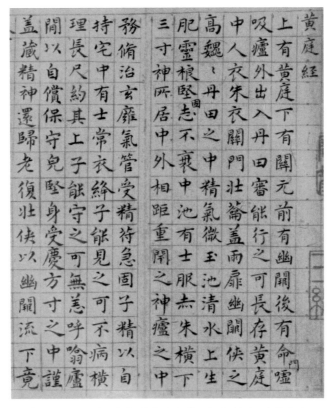

圖 2-22　祝允明臨《黃庭經》無年款本（局部）

　　3. 五十一歲臨本（圖 2-23），現藏臺北故宮博物院。正德庚午（1510）八月二日，祝允明「雨窗孤坐」，戲臨《黃庭》一卷。烏絲欄豎行，該卷鈐有「三希堂精鑒璽」、「秘殿珠林」、「乾隆鑒賞」、「乾隆御鑒之寶」等鑒藏印，說明曾經清代內府收藏，又有「儀周鑒賞」、「安儀周家珍藏」等收藏印，說明曾經安岐收藏。是卷章法與原拓相較變化比較明顯，每行字從首到末幾乎皆與原拓不同，至篇末變化更大，「永和十二年五月廿四日山陰縣寫」已被臨入正文，且原款衍寫的「五」字被省除；原拓補寫的「門」、「固」等字亦被臨入正文，第十行殘去的「子玉樹人可杖」六字亦被補上，不再留出空白，第四十五行首字「淵」在臨作中亦被補全，倒數第二行「五味皆至」後衍寫的「開」

字，祝允明亦省去不臨。五十一歲這卷臨作，祝允明竭盡所能地祛除原拓的
各種瑕疵，所有衍字、漏字和因殘缺而模糊的字，悉以糾正，通篇端莊嚴謹，
清勁爽利，用筆無一絲怠意，筆劃勁挺，與越州石氏本在精神上較爲接近。
這卷臨本是祝允明臨寫《黃庭經》的最佳代表，在悠然自得中臻至化境。

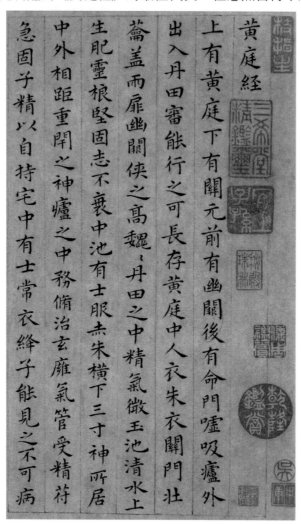

圖 2-23　祝允明 51 歲臨《黃庭經》（局部）

　　另，祝允明在正德庚午（1510）年九月望日重題其成化丙午（1486）年六
月十七日所臨《黃庭經》。該卷亦爲烏絲欄豎格，祝允明時年二十七歲。細審
此本，「門」、「固」等字照原帖書於一旁；原款衍寫的「五」字亦被照臨；原
拓第十行所殘缺的六字被補成「子玉樹杖可扶」，與五十一歲所補又有不同；

臨作第十二行「重樓十二級宮」被抄寫兩遍，很可能是誤寫所致，但並未點去。單個字形上，有些與原作結構差異較大，如臨作第二行「雨」字、第二十九行「端」字，且整幅作品在第十五行以後頗顯出個人用筆特徵。此本前十五行（圖2-24）與越州石氏本《黃庭經》拓本精神較爲相通，得其瘦勁，也與祝允明五十一歲臨本頗有神似之處。五十一歲寫完《黃庭經》臨本一個多月後，祝允明復跋此作，云：「允明少好學書，於書無所不學，至此不覺羞澀。書露米老所謂，『神氣難清，體骨疲甚矣！』」可見他對自己早年臨本並不滿意，這與筆者所觀察的第十五行以後（圖2-25）書寫多用己意也相吻合。而五十一歲時的臨本，祝允明自云已無「羞澀」之感。祝允明在時隔二十四年後重跋此帖，或與此臨本前十五行的書寫感覺與五十一歲臨本有所相似有關。

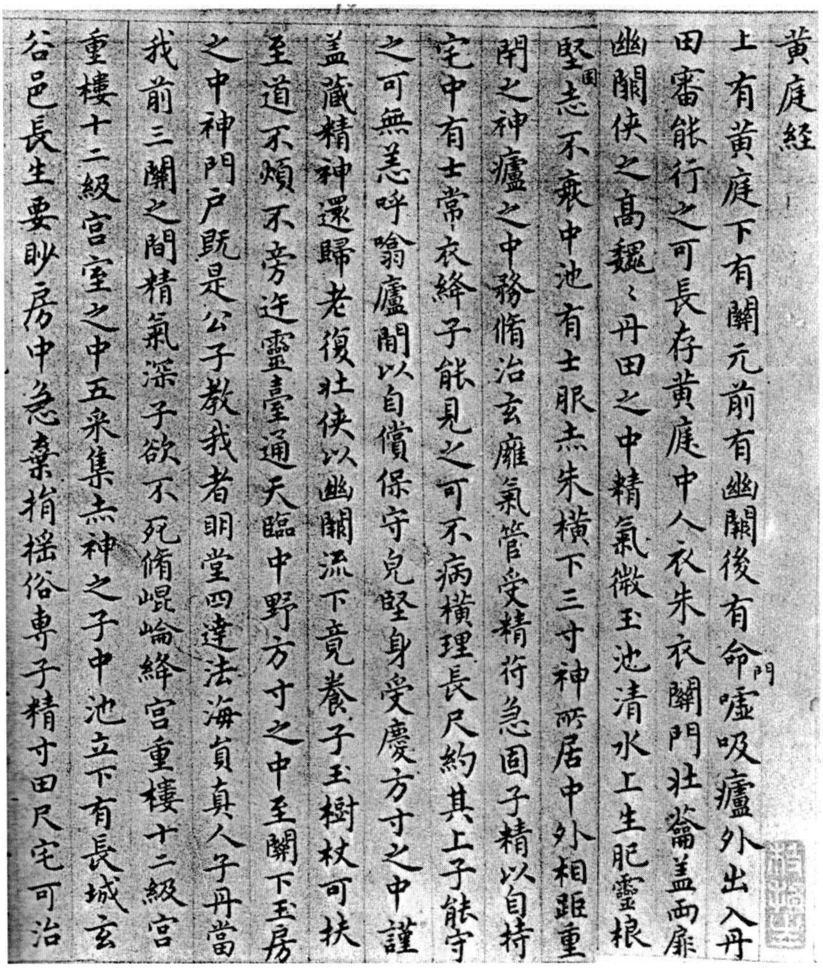

圖 2-24　祝允明 27 歲臨《黃庭堅》前 15 行

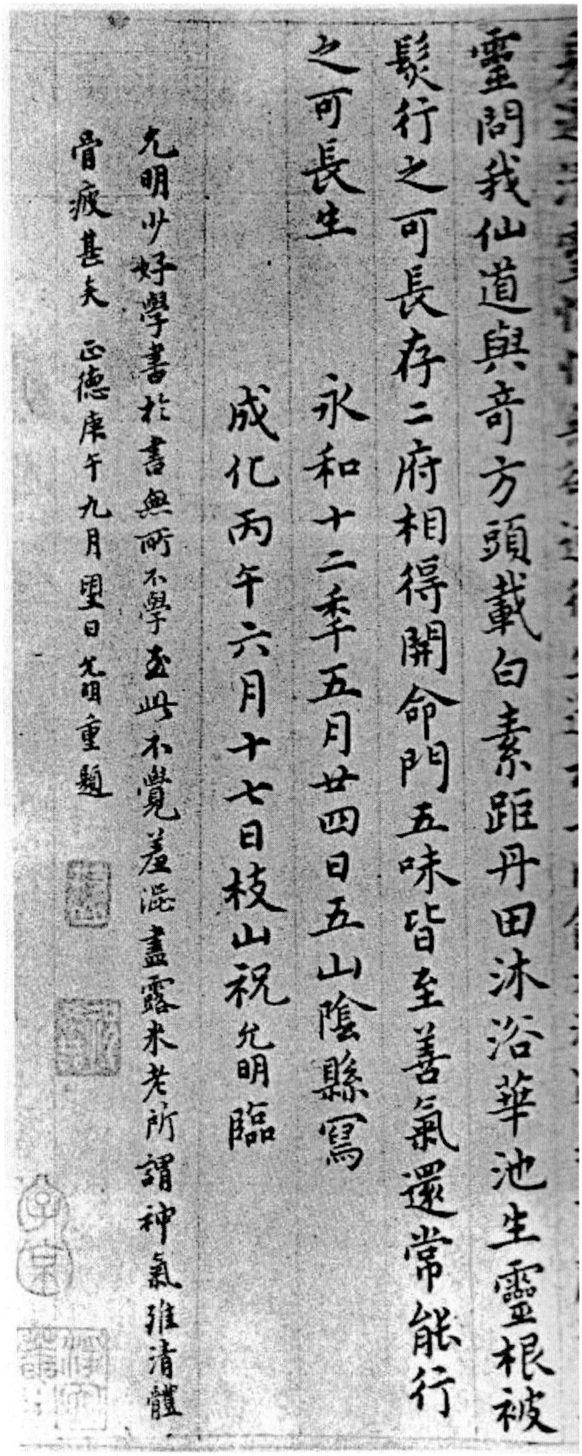

靈間我仙道與奇方頭戴白素距丹田沐浴華池生靈根被
髮行之可長存二府相得開命門五味皆至善氣還常能行
之可長生

永和十二秊五月廿四日五山陰縣寫

成化丙午六月十七日枝山祝允明臨

允明少好學書於書無所不學盡此不覺羞澀盡露未老所謂神氣雖清體

骨疲甚矣 正德庚午九月望日允明重題

圖 2-25　祝允明 27 歲臨本卷末及重題

　　《孝女曹娥碑》傳爲右軍所書。南朝蕭梁時期陶弘景與梁武帝論書並未提及此作，唐代貞觀年間褚遂良所作《右軍書目》亦無該卷，北宋宣和內府所藏右軍楷書墨蹟也沒有云及《曹娥碑》。元代以後始見關於《曹娥碑》的論述，元人陳繹曾斷定，「《曹娥碑》乃六朝不知名氏所書。」〔註 25〕清人王澍亦記載元文宗曾以墨蹟孝女《曹娥碑》賜鑒書博士柯九思：「上有宋高宗跋，但云晉賢書《曹娥碑》，不名右軍。」〔註 26〕此本董其昌亦曾寓目〔註 27〕。越州石氏所刻有《曹娥碑》，文待詔稱：「古雅純質，不失右軍筆意，則又目以爲右軍，迄無定論。」〔註 28〕包世臣曰：「《曹娥碑》俊朗殊甚，而結字序畫，漸開後人勻稱門戶，當是右軍誓墓後代筆人所爲，或出羊侍中，而後人以爲王體，誤收右軍帖中耳。」〔註 29〕包氏懷疑《曹娥碑》乃六朝人僞託，然無確鑿根據。王澍認爲古刻數千年來，千臨百摹，轉向傳刻，「不惟精神筆法全失，並其形模亦盡易之」〔註 30〕，因而提倡論晉唐小楷，「但須問佳惡，不必辨眞僞」〔註 31〕。

　　《曹娥碑》不同版本（表 2-5）之間的差別比較大。王澍曾評價自己見過的一個本子：「如此碑，正不必目爲右軍」〔註 32〕，並感歎說：「若求晉人小楷於今之類帖，腐木濕鼓，了乏高韻，豈唯不得晉，並不得宋」〔註 33〕。但他稱讚宋越州石氏本，「但得古雅純質，雖目爲右軍可也。」〔註 34〕王澍還曾見過《別本曹娥碑》，有人疑爲李北海所書，王氏認爲不可信。蔣衡亦云未見過《曹娥碑》善本，但觀其用筆「以態度勝，於《黃庭》、《樂毅》、《東方像贊》外，別具風神」〔註 35〕。蔣衡曾聽聞婁江王文肅家藏有北宋本，上有趙

〔註 25〕　《歷代書法論文選》，頁 491。

〔註 26〕　《歷代書法論文選續編》，頁 602。

〔註 27〕　董其昌，《臨王右軍曹娥碑跋》：「余爲庶常時，館師韓宗伯出所藏曹娥碑眞跡絹本示余。乃宋德壽殿題，元文宗命柯九思鑒定書畫，賜以此卷。當時以館師嚴重，不敢借摹。亦渝敞難摹，略可彷彿於非煙非霧間耳。因書曹娥碑識之。」

〔註 28〕　《歷代書法論文選續編》，頁 602。

〔註 29〕　包世臣，《答熙載九問》。

〔註 30〕　《歷代書法論文選續編》，頁 602。

〔註 31〕　《歷代書法論文選續編》，頁 602。

〔註 32〕　《歷代書法論文選續編》，頁 602。

〔註 33〕　《歷代書法論文選續編》，頁 602。

〔註 34〕　《歷代書法論文選續編》，頁 602。

〔註 35〕　《歷代書法論文選續編》，頁 691、692。

孟頫題跋，惜未曾得見，此本是否爲宋高宗題本，亦不可知。蔣氏也曾見過「舊題李北海」本。蔣氏曾從淮南程氏處借摹《曹娥碑》，評此本道：「細玩其古拙似《薦季直表》，其流媚則《靈飛經》，以鍾太傅家規摹王右軍筆法，結體若異，而微妙處無不神合，且以隸意行之，靈變圓轉，非凡近所能夢見。」〔註36〕

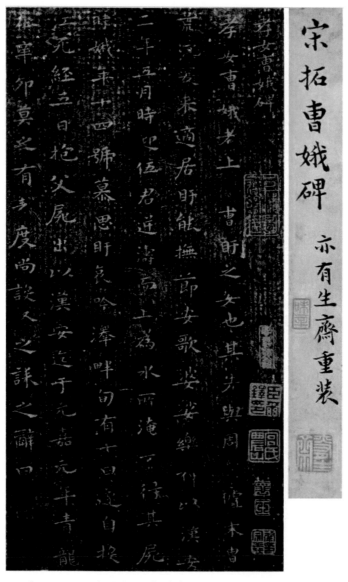

圖 2-26　上海圖書館藏《曹娥碑》宋拓本（局部）

〔註36〕《歷代書法論文選續編》，頁 691、692。

圖 2-27　越州石氏本《曹娥碑》（局部）

　　與《樂毅論》、《黃庭經》相比，《曹娥碑》確有其獨特面貌。楊守敬云：「《曹娥碑》字體尤小，易方為扁」〔註37〕，上海圖書館藏宋拓本《曹娥碑》（圖 2-26），通篇體式去方就扁，與鍾繇小楷較為接近，而迥異於羲之小楷。李兆洛跋曰：「右軍諸正書，惟《曹娥》最近元常，而自來摹拓，惟《曹娥》最少善本，《停雲館》所刻差的神理，細玩此本，乃《停雲》所自出也。沉鬱之中彌見沖澹，竊以為珍於《定武禊序》。」李氏認為此本乃《停雲館》所刻的祖本，是不可多得的善本，評價很高。越州石氏本（圖 2-27）稍方，但亦近於鍾繇小楷，首尾有「僧權、懷充」字樣，說明其底本曾為內府所收藏。上海圖書館藏本與越州石氏拓本的差異是很明顯的，首先，上圖本極近鍾繇小楷，如果放到鍾繇的傳世法帖中，單憑書法風格很難區分開來；石氏本流露出較多唐人筆意，尤其是鉤剔之間時見唐人風貌。其次，二本的文字內容以及殘缺部分也不盡一樣。

表2-5　清書論所述《曹娥碑》版本

出處	版本	作者觀點
王澍	宋高宗跋本	孝女《曹娥碑》，元文宗以墨蹟賜鑒書博士柯九思，上有宋高宗跋，但云晉賢書《曹娥碑》，不名右軍。
	越州石氏本	文待詔稱：「越州石氏所刻，古雅純質，不失右軍筆意，則又目以為右軍，迄無定論。」
	王右軍《曹娥碑》	如此碑，正不必定目為右軍。
	曹娥碑別本	此與元本字跡不同，文亦小異，未知何人所摹，或目為李北海，疑未敢信也。元本肅括，此書縱逸，故有北海之目。
	《晉孝女曹娥碑》	「此碑本絹書，遒古勁健，在諸小楷中別又一格。昔人評此書，謂『如幼女漂流於波浪間』，殆不可曉。觀其情思怫鬱，骨遒韻促，得孝女哀號求父之意為多，此古人書所以不唯肖其貌，並且追其神者也。書家解此，方入神品。」
蔣衡	王文肅公家藏本	趙承旨題云：「如親見呂仙，聞吹玉笛，每神馳此境，欲攀右軍」。
	舊題李北海本	未知果否？

〔註37〕《歷代書法論文選續編》，頁 737。

	淮南程氏藏本	細玩其古拙似《薦季直表》，其流媚則《靈飛經》，以鍾太傅家規摹王右軍筆法，結體若異，而微妙處無不神合，且以隸意行之，靈變圓轉，非凡近所能夢見。
楊守敬	《筠清館帖》本	帖眉有唐人題字，是從宋拓出。其他翻本刪唐人題字，非也。

表2-6　上圖本、石氏本、祝允明臨本《曹娥碑》同字比較

版本 字例	上圖本	石氏本	祝允明臨本
澤		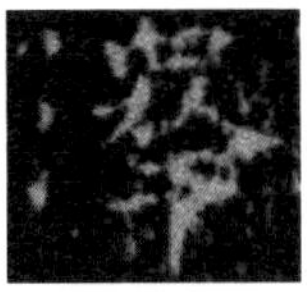	
返			
孔			
窈			
共			
悼			
臺			

豈			
草			
不			
勒			
乾			
於			
後			
以	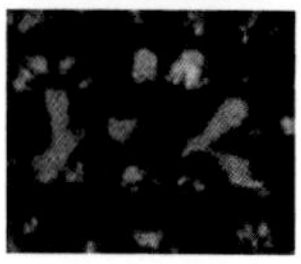	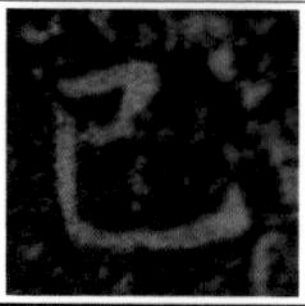	

　　祝允明臨《曹娥碑》本（圖 2-28），現藏美國普林斯頓大學藝術博物館。鈐「雲間王鴻緒鑒定印」等收藏印。從臨寫內容完整性以及具體筆劃看（表 2-6），臨本更接近上圖本，但章法上每行字數較上圖本減少，並對原拓字形有所糾正。上圖本最後一字殘缺不清，祝允明臨寫爲「匡」字，這些細節說明其臨作所據版本優於上圖本，抑或他見過其他版本的《曹娥碑》，故有所借鑒。通過祝允明臨本亦可窺見其他版本《曹娥碑》的不同之處。

圖 2-28　祝允明臨本《曹娥碑》（局部）

　　在書法史上，《洛神賦》的版本流傳非常複雜。南朝陶弘景論書曾提到過《洛神》，但歸於羲之名下。北宋《宣和書譜》記載內府藏有兩本《洛神賦》，一爲楷書殘本；一爲草書全本。宋人黃伯思也曾寓目一本草書《洛神賦》，他跋此卷：「結體殊不類獻之，而頗似智永，疑其遺跡也」〔註38〕，並云小楷《洛神賦》是「子敬書無疑矣。」〔註39〕後世又就是否爲王獻之書爭論不休。

　　現在所能見到的小楷《洛神賦》，皆是刻本，其中又以宋刻「玉版十三行」和「越州石氏本」最爲知名。「玉版十三行」爲賈似道所刻，以「晉麻箋本」爲祖本，明朝萬曆年間出土於杭州葛嶺賈似道半閒堂。康熙時入內府，現藏首都博物館。原石縱二十九釐米，橫二十六釐米，材料爲水蒼石（圖2-29）。另有越州石氏本（圖 2-30），即趙孟頫所云柳公權跋本，《宣和書譜》收錄，南宋石邦哲在越州（今紹興）刻入《博古堂帖》。二本相較，碧玉原石筆姿勁

〔註38〕宋黃伯思，《跋草書洛神賦後》。《東觀餘論》。
〔註39〕宋黃伯思，《跋草書洛神賦後》。《東觀餘論》。

挺，筆勢靈動，猶能窺見松學翁所謂的「字畫神逸，墨彩飛動。」石氏本雖無殘泐，但唐法較重，去碧玉版原石之神理相差較遠。今所見文物出版社1981年影印《洛神賦十三行》（圖 2-31），云是「碧玉版」出土後的初拓本，然通過與碧玉版原石及拓本殘缺的石花對比（表2-7），該本殘缺處皆平直如刀刻，並非天然所致，當不是碧玉版原石拓本。上海書畫出版社影印的朵雲軒藏本，云是清代早期拓本（圖 2-32），從石花殘缺對比來看，亦與碧玉版迥異。

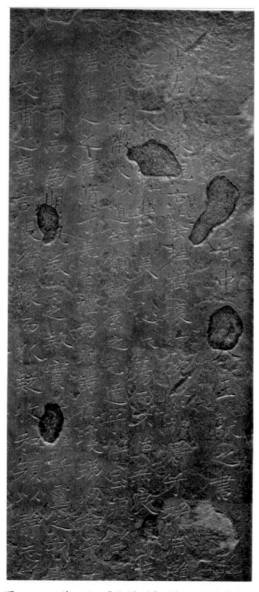

圖 2-29　碧玉版《洛神賦》原石（局部）

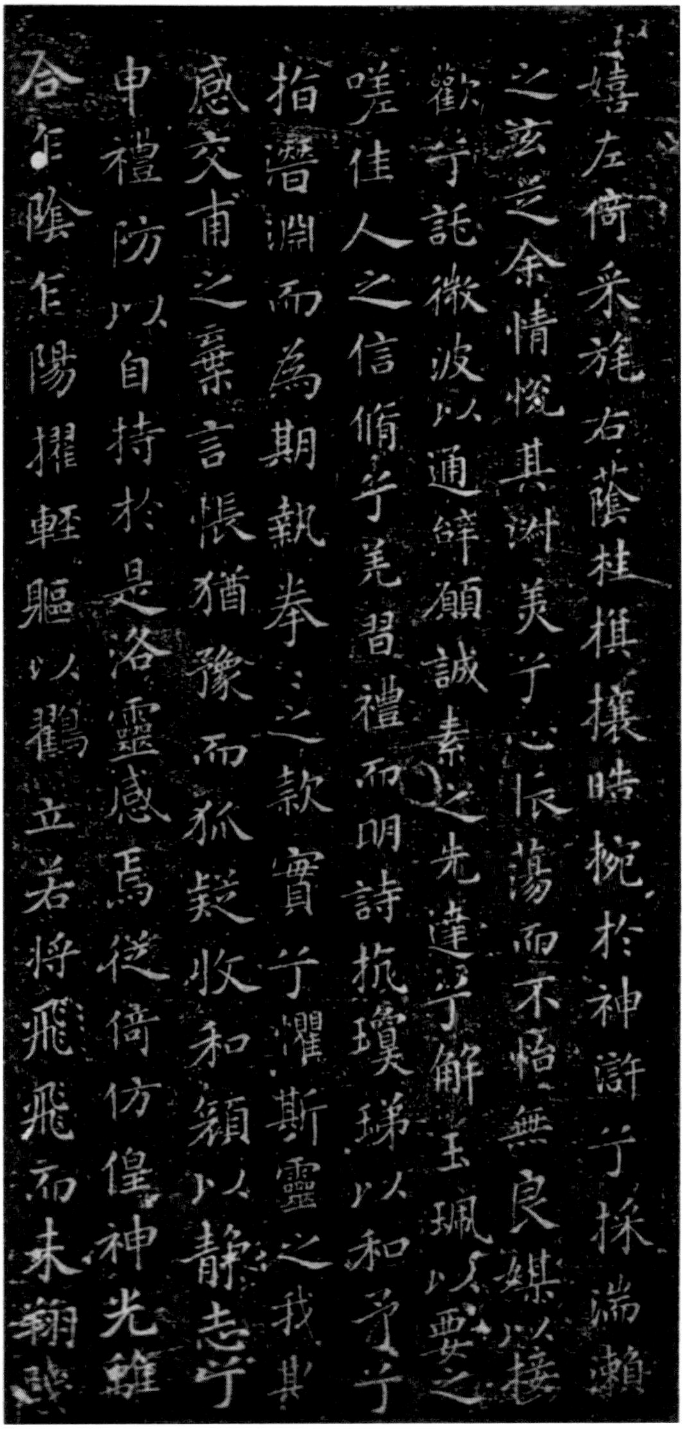

圖 2-30　越州石氏本《洛神賦》(局部)

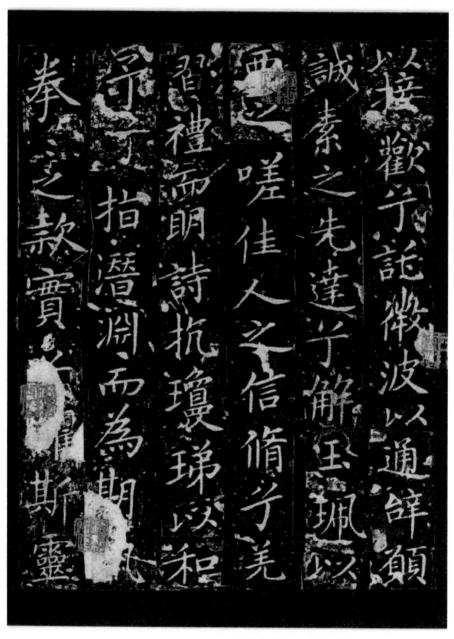

圖 2-31　文物出版社本《洛神賦》（局部）

圖 2-32　朵雲軒藏本《洛神賦》（局部）

　　從碧玉版原石及拓本來看，小楷《洛神賦》流露出晉人風姿，楊賓贊曰：
「峻拔宕逸，神氣完美。」〔註 40〕《洛神賦》雖字字獨立，然字形內部得筆
劃、部首時有連帶，誠如蔣衡所云：「雖真行草雜作，而翩若驚鴻，婉若遊龍，
想大令心曠神怡，忽焉縱體，無所不可。」〔註 41〕不論小楷《洛神賦》是否
為王獻之真跡，其原始本必是不可多得的楷典。

〔註40〕　清·楊賓，《論晉二王法帖》。《大瓢偶筆》。
〔註41〕　清·蔣衡跋《洛神賦》。《拙存堂題跋》。

表 2-7　碧玉版《洛神賦》原石、原拓與文物出版社本、朵雲軒藏本、
　　　　石氏本部分石花對比

版本＼內容	碧玉版原石	碧玉版拓本	文物本	朵雲軒本	越州本
余情悅					
爲期執					
予懼斯					

表2-8　碧玉版原石及各拓本與趙孟頫、祝允明、王寵臨本部分單字
　　　　對比

版本 字形	碧玉版 原石	碧玉版 拓本	越州本	白玉版	文物本	朵雲 軒本	趙孟頫 臨本	祝允明 臨本	王寵 臨本
濟									
良									
託									
信									
予									
指									
款									
實									
方									
持									

　　祝允明臨《洛神賦》（圖2-33），載於約35歲所書《臨魏晉唐宋人書冊》。
共八行，從「嬉」字開始到「焉」字止。該卷遍臨鍾繇、王獻之、歐陽詢、
虞世南、蔡襄、蘇軾、黃庭堅、米芾等人著名法帖，從其款題可知，祝允明
平素此類臨作是常有的，屬練習之作，雖非精心力作，但最能體現其通常的
書寫狀態。觀此八行，與碧玉版原石相較，章法上，每行字數略有減少；字

形上，「託」字右旁少點、「防」字左旁添上、「潛」字左旁、「指」字右旁、「款」字左下、「實」字中間亦有變化（表2-8）。祝允明臨作字形與越州石氏本較爲接近，而不同於碧玉版、白玉版。趙孟頫雖曾親見兩本《洛神賦》墨蹟〔註42〕，但其臨作在整體風格上有較多自己筆意。王寵臨本去碧玉版《洛神賦》更遠，除字形結構相似外，筆劃風格，悉用己意。

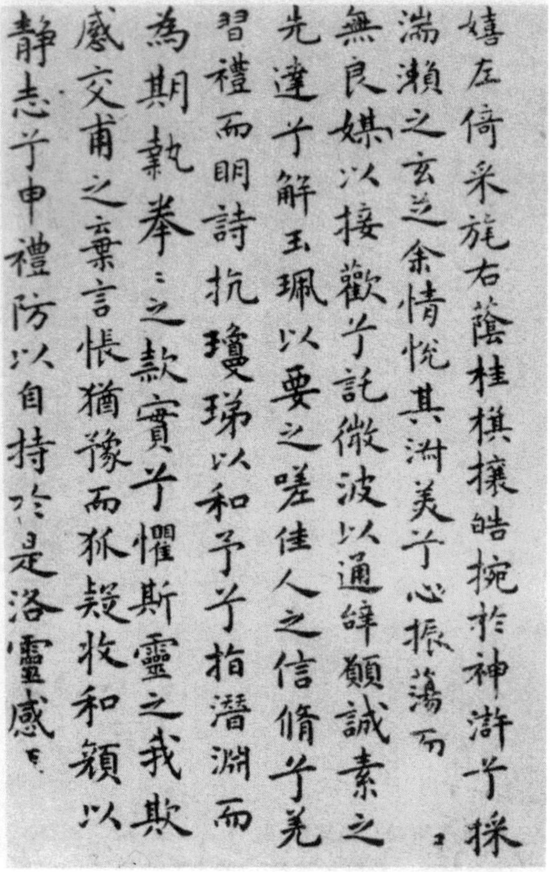

圖 2-33　祝允明臨本《洛神賦》

三、唐人風格

　　祝允明對隋、唐人楷書的臨仿情況比較複雜，從現存作品看，歐陽詢、虞世南、褚遂良、顏眞卿等，他都臨寫過。其自書所仿歐、顏多爲中楷，而虞、褚影響則主要體現在小楷當中。這與唐代楷書的特點有關，唐楷崇尚法

〔註42〕參看明王世貞，《古今法書苑》卷37，「十一之墨蹟六」。

度，端莊大氣，適於題署書丹，小楷並非其最精華的部分，雖然如此，對歐、顏楷書的學習則又不免會時時滲透到其小楷書寫當中。

1. 歐陽詢、虞世南、褚遂良

祝允明臨歐陽詢書，今所見有臨寫其手箚五行（圖 2-34），載於約三十五歲所書的《臨魏晉唐宋人書冊》。歐陽詢的這件手箚，見於《大觀帖》，墨蹟早已失傳，今所見刻本爲四行（圖 2-35），結體瘦長，穩中求險，重心落在字的中間略微偏下處，細審猶能見其楷書中帶有行書筆意，兼具歐陽詢楷書和行書的特點。與刻帖本相比，祝允明臨本在章法上每行字數減少，由四行變成五行。從單字看（表 2-9），也並非實臨，歐書意味被淡化，險峻之勢明顯減弱；但也有其發揮之處，如「字」之末橫結束時挑筆收攏，似章草用筆。從整體氣息上看，臨本楷意較濃，個別字形結構不穩，只是粗略傳達了歐書的特徵。

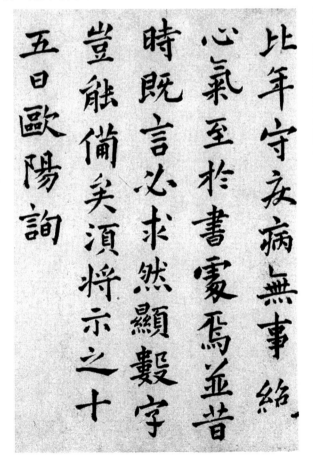

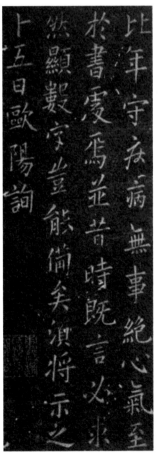

圖 2-34　祝允明臨《比年帖》　　　　圖 2-35　歐陽詢《比年帖》

表2-9　歐陽詢《比年帖》原本與祝允明臨本單字對比

單字	原本	祝允明臨本
疾		
字		

此外，《墨林藻海》中有一段名爲《鍾山》的文字（圖 2-36），八行，亦仿歐陽詢筆意。

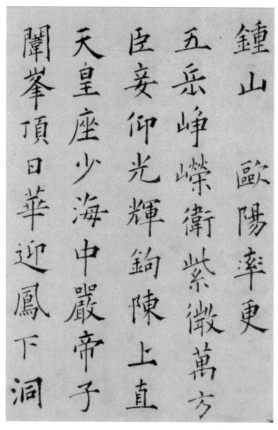

圖2-36　《墨林藻海》之仿歐陽詢書

　　祝允明臨虞世南書，今所見只有臨寫《大運帖》五行（圖 2-37），亦載於
約三十五歲所書《臨魏晉唐宋人書冊》。虞世南《大運帖》（圖 2-38）刻本收
於《淳化閣帖》，祝臨本得虞書之婉潤，章法變化與所臨歐陽詢手箚類似。

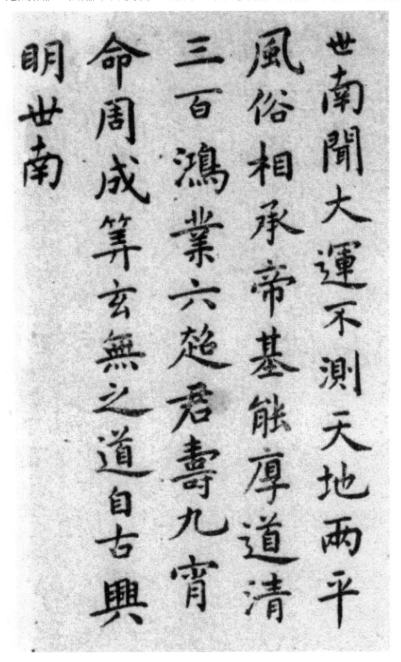

圖 2-37　祝允明臨《大運帖》

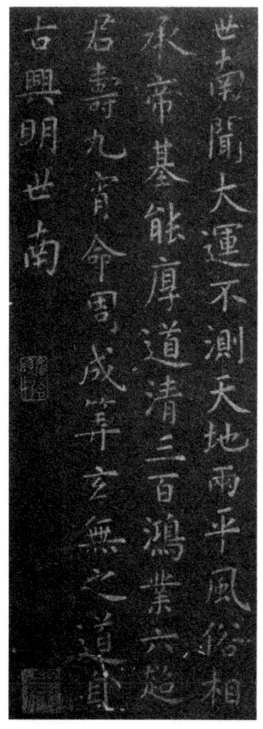

圖 2-38　虞世南《大運帖》

　　祝允明曾寓目《褚河南書倪寬贊》，並云：「予嘗見褚河內書唐文皇哀冊文眞跡，以爲稀世之珍。今復睹此，豈勝欣幸？」〔註 43〕其臨褚遂良書亦見於《臨魏晉唐宋人書冊》。臨本較刻本，更顯流暢，突出了行書筆意，但通體字畫較粗，在氣息上與褚書有所不同（圖 2-39、2-40）。

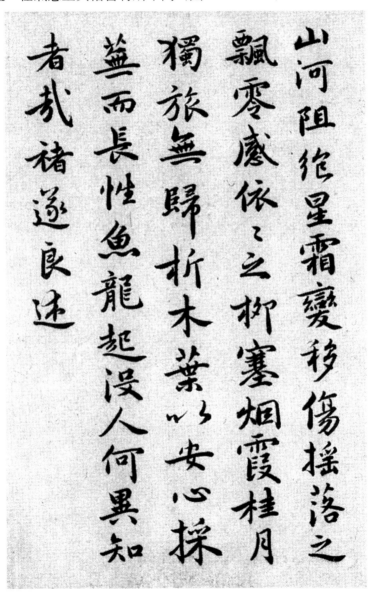

圖 2-39　祝允明臨《山河帖》

〔註43〕明‧汪珂玉，《珊瑚網》。見《中國書畫全書》第五冊，頁 348。

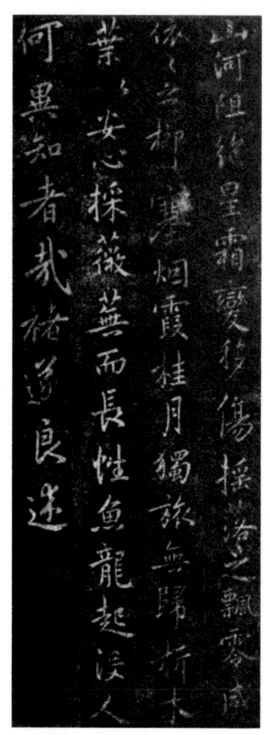

圖 2-40　褚遂良《山河帖》

2. 顏真卿、柳公權

　　今所見祝允明楷書中模仿顏真卿風格作品爲多，歐陽詢次之。《千文冊》（圖 2-41），款題「弘治八年七月六日爲堯民孝廉書」，弘治八年爲 1495 年，祝允明三十六歲。該作烏絲欄界格，引首有王澍仿李陽冰《庾公德政碑》筆法所書鐵線篆「祝京兆仿顏魯公書千字文第一楷跡」十五字。後有王澍二跋，其一云：「余論書法云，工妙之至，至於如不能工，乃入神妙。京兆此書，一仿清臣，而筆筆用意，古雅遒媚，無復一毫塵俗想，看似拙樸，而反覆研玩，得其用意深處，始知一波一拂，具有精思，非率筆摹仿者可到，眞余所謂如不能工，直入神辨者也。余見京兆書凡二百許卷，無一同者，然其中精妙者固多，漫筆亦復不少，獨此卷，一展驚歎，以爲魯公復生，應無以過，題爲第一楷跡，不虛也。崔聲吾友善鑒，幸寶惜之，又中元節王澍書後。」次日王澍復跋曰：「余平生喜臨古帖，然於元明書未嘗一涉筆，獨此卷爲謬編修，過子精模一過，明日又書。」云此作仿魯公，推崇備至，並曾臨摹。

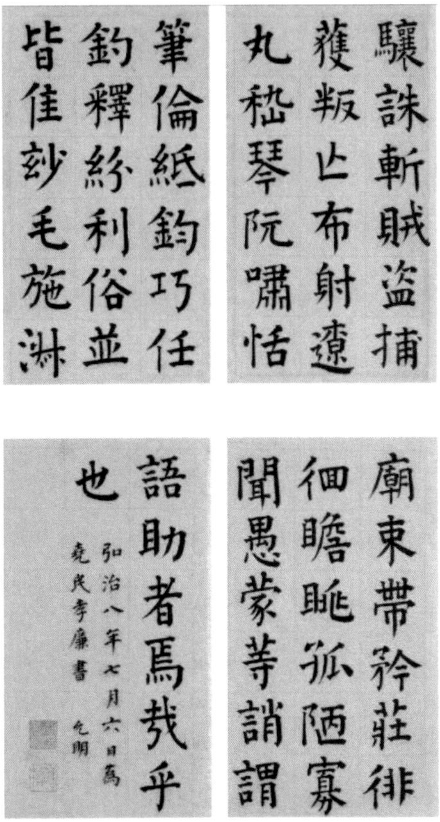

圖 2-41　《千文冊》（局部）

祝允明楷書《松林記》（圖 2-42），款題「嘉靖二年歲次癸未冬十二月上浣之吉，承德郎南京應天府通判長洲祝允明書」，嘉靖二年為 1523 年，祝允明六十四歲。卷後倪泰跋云：「今閱茲冊，不以草、不以行、而以真楷，立體方正，結構整齊，而點化撇捺又一無率略，苟簡比之顏真卿、柳公權可為伯仲。抑何神奇變化中而有端凝簡重之異耶？」明確說明此冊可與顏真卿、柳公權相伯仲，同時也暗示其風格來源。

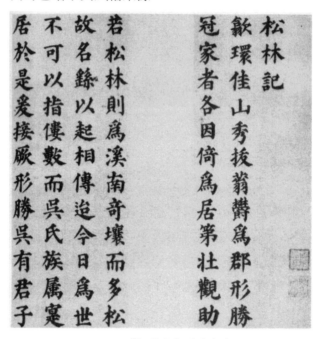

2-42　《松林記》（局部）

祝允明《題唐寅燒藥圖卷》，十六行，亦是顏體意味（圖 2-43）。內容為「醫師陸君約之仁軒銘」，款題「貢士祝允明作」。唐寅《燒藥圖卷》，鈐有「石渠寶笈」、「乾隆御鑒之寶」、「乾隆鑒賞」、「嘉慶御覽之寶」、「宣統御覽之寶」等印章，曾屢經清代內府收藏。唐寅款題：「人來種杏不虛尋，彷彿廬山小逕深。常向靜中參大道，不因忙裏廢清吟。願隨雨化三春澤，未許人間一片心。老我近來多肺疾，好分紫雪掃煩襟。」此時的唐寅正身患肺病，醫生陸約為其治療肺病，此卷應屬答謝之作，畫中所繪人物或喻指陸約。祝允明又於卷後題名，盛讚其「仁軒」雅齋，充滿溢美之詞，或為應其請而作。該段為中楷，楷中帶行，前七行顏體風格較為明顯，後九行只有部分字的個別筆劃顏書意味較濃，有時又參己意，並不純師顏。

祝允明《墨林藻海》有一段《晉侯弗政》（圖 2-44），十一行，以顏眞卿筆意書寫，風格極似《多寶塔碑》。

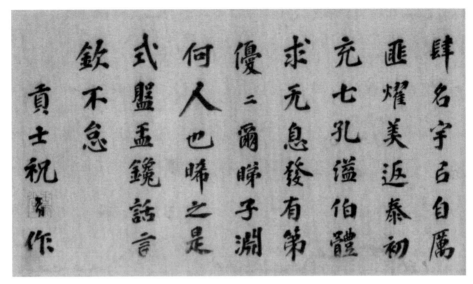

圖 2-43　　《題唐寅燒藥圖卷》（局部）

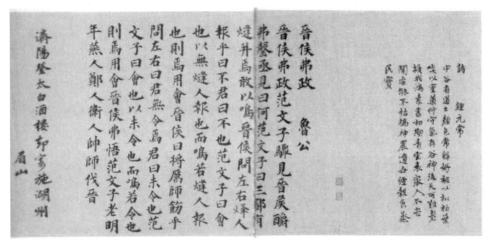

圖 2-44　　《墨林藻海》仿鍾繇、顏眞卿、蘇軾書

四、宋元書風

嘉靖四年（1524）仲秋望後，祝允明作《楷書臨米、趙〈千字文〉、〈常清靜經〉》，分別臨米芾《千字文》（圖 2-45）、趙孟頫《常清靜經》（圖 2-46）。款題：「俟性疏體倦，筆墨素懶，雖幼承內外二祖懷膝長侍，□（女負）翁杖

幾，俱令習晉唐法書，而宋元時帖，殊不令學也。然俟每觀米、趙二公書，則又未嘗不臨文欣羨。及援筆試步，亦頗得形似焉。偶值顧封司出示家藏米南宮楷書《千文》，趙松雪楷書《清靜經》，披玩之餘，不勝技癢，而封司檢紙，且得宋箋，遂從諛不置，令僕書之，因集用米、趙體竭力為此，深愧效顰之不工也。封司肯毀是紙，他日當靜臨數日，以一卷稍佳者歸君，可乎？」此卷為祝允明在顧璘處觀看米芾《千文》、趙孟頫《常清靜經》後書興大發，所臨而作。用的是封司所藏宋箋紙，大概此紙在當時價格已經不菲，祝允明深感所臨不佳，故以商量的口吻說日後再作一卷相贈。觀祝允明所臨二帖，前後風格幾乎一致，且以個人面貌為主，與米、趙書風差異較大。

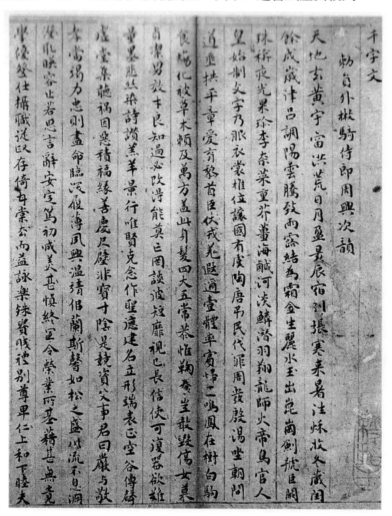

圖 2-45　祝允明臨米芾《千字文》

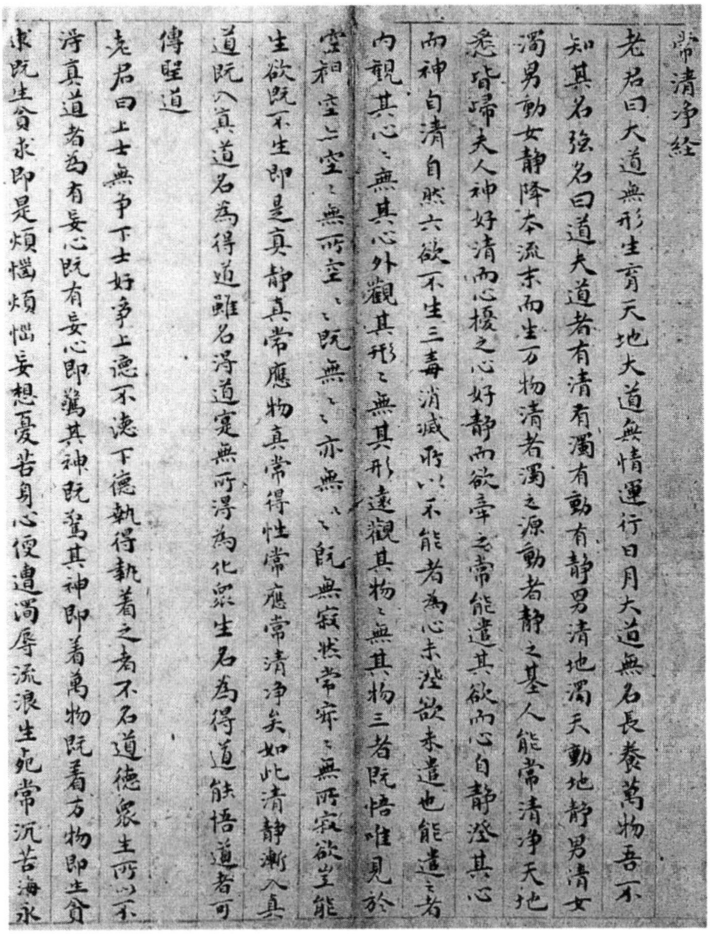

圖 2-46　祝允明臨趙孟頫《清靜經》

第二節　祝允明小楷特點

　　通過上述大量臨仿作品梳理，可以明確鍾繇書風和《黃庭經》是祝允明小楷取法之本，也是其個人小楷書風的立身之本。但是隨著各階段經歷以及所見碑帖的不同，其小楷風格也呈現出明顯的變化脈絡。

一、小楷風格變化

　　祝允明的小楷大致可以分為三個階段：二十多歲時主要師法鍾繇、羲獻，力求形似；四十多歲參以唐宋風格，嘗試調和晉唐筆意；五十五歲以後能從心所欲，臨、仿作品皆能臻至化境。

　　祝允明四十歲左右時，小楷書風更多融入了唐楷風貌及宋元神采，體現出歐陽詢、顏眞卿、虞世南、褚遂良等書家的影響，且多「疏瘦橫放不求盡合。」〔註44〕

　　四十二歲書《關公廟碑》（圖 2-47）和五十歲書《跋歐陽修付書局帖冊》（圖 2-48）一派唐人風貌，體現出受歐陽詢、虞世南等書風的滲透，也顯現出中年時期較爲統一的小楷風格。這一時期的小楷代表書作如：《演連珠並序十三首》、《卿巒風木行一首》尺牘，王世貞跋云：「皆中年以後筆，駸駸欲逼歐、褚。」〔註45〕約書於弘治十三年（1500）的《評書卷》，乃應程星初所請而抄的論書之語，正文部分結體亦頗受歐書影響，然又稍加欹側。

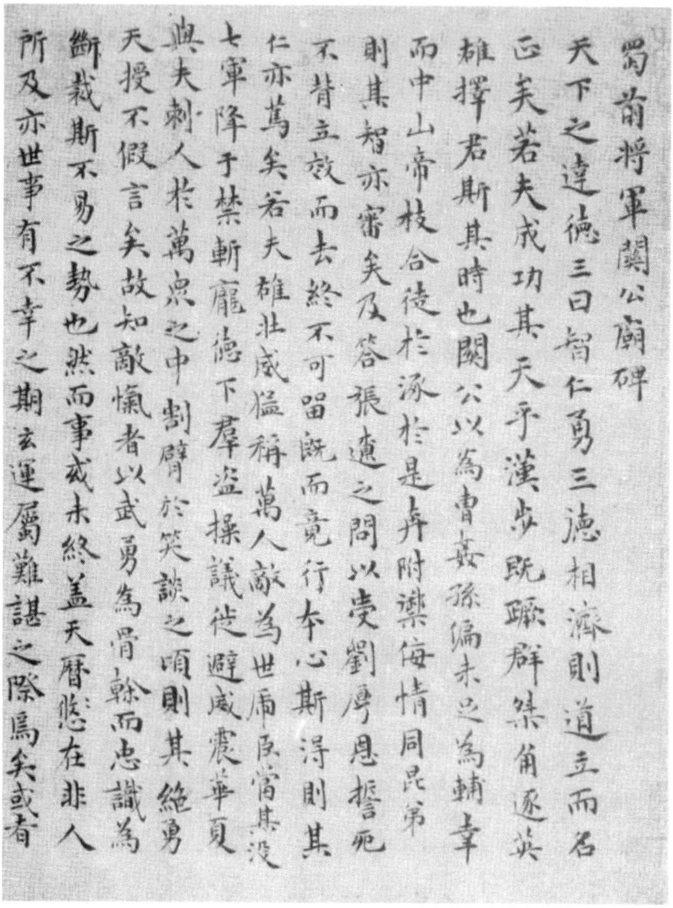

圖 2-47　《關公廟碑》（局部）

〔註44〕《祝京兆卷》。見孫鑛，《書畫跋跋》，《歷代書法論文選續編》，頁 271。
〔註45〕《三吳楷法二十四冊》。見孫鑛，《書畫跋跋》，《歷代書法論文選續編》，頁 393。

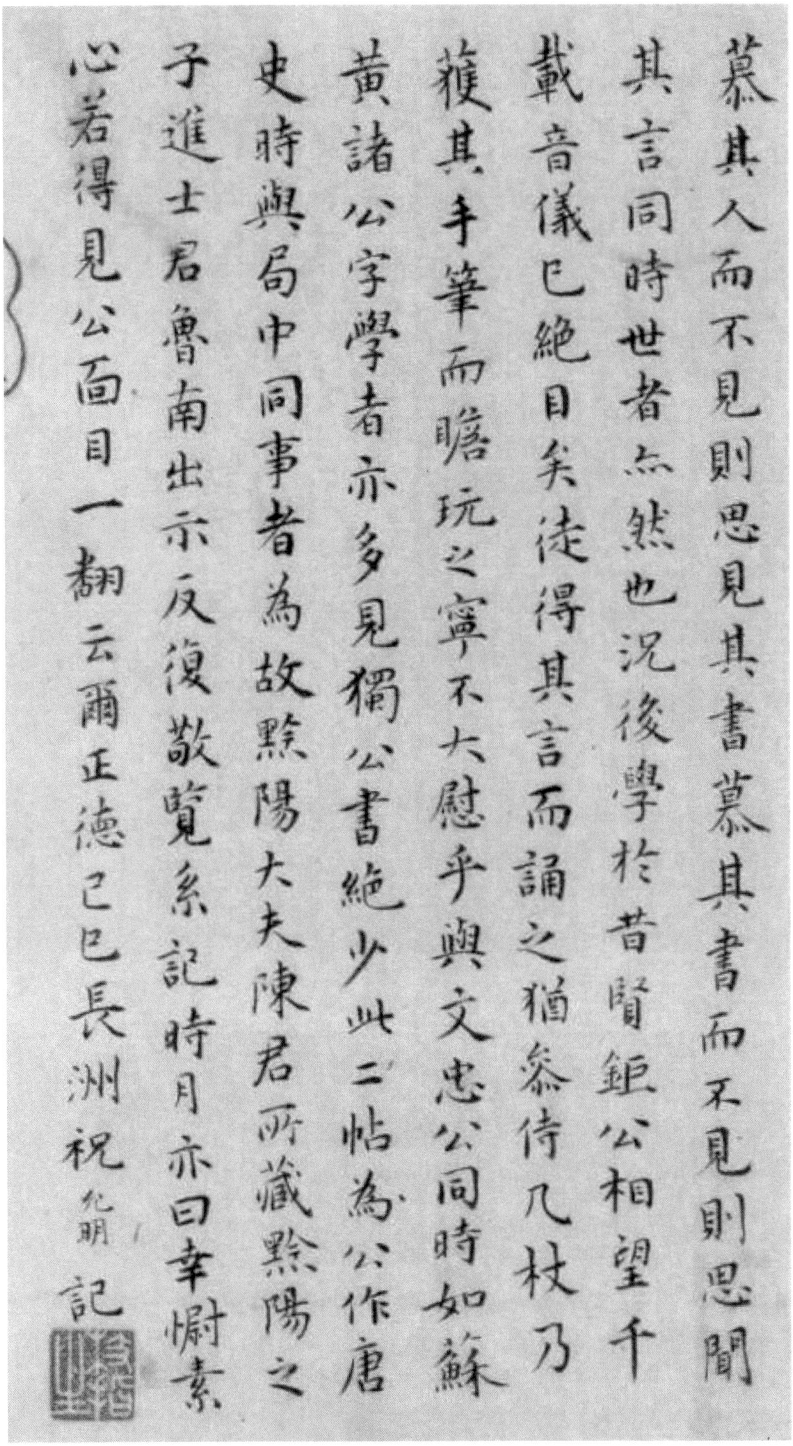

慕其人而不見則思見其書慕其書而不見則思聞
其言同時世者点然也況後學於昔賢鉅公相望千
載音儀巳絕目矣徒得其言而誦之猶叅侍几杖乃
覩其手筆而瞻玩之寧不大慰乎與文忠公同時如蘇
黃諸公字學者亦多見獨公書絕少此二帖為公作唐
史時與局中同事者為故黔陽大夫陳君所藏黔陽之
子進士君魯南出示反復敬覽系記時月亦曰幸㦤素
心若得見公面目一翻云爾正德巳巳長洲祝允明記

圖 2-48　《跋歐陽修付書局帖冊》（局部）

弘治十五年（1502）秋八月，祝允明撰並小楷書《一江賦並序》（圖 2-49），「一江」為錦衣衛使君黃修伯號。是作頗有鍾繇之「拙」意，又兼顏魯公之遺意，與王寵小楷面貌有暗合之處，其時允明四十三歲。《宋儒六賢傳志》（圖 2-50），錄《濂溪先生行錄》《康節先生墓誌銘》《明道先生行狀》《伊川先生年譜》《橫渠先生行狀》《文公先生行狀》，全文八千一百九十五字，無一筆懈怠。該作結體寬博，有顏書遺意，然用筆纖細，又有歐書之清勁。《楷書七古詩》（圖 2-51）扇面，款題「年家小侄祝允明呈仲翁老伯教正」，未署年，亦為唐人風格端楷。

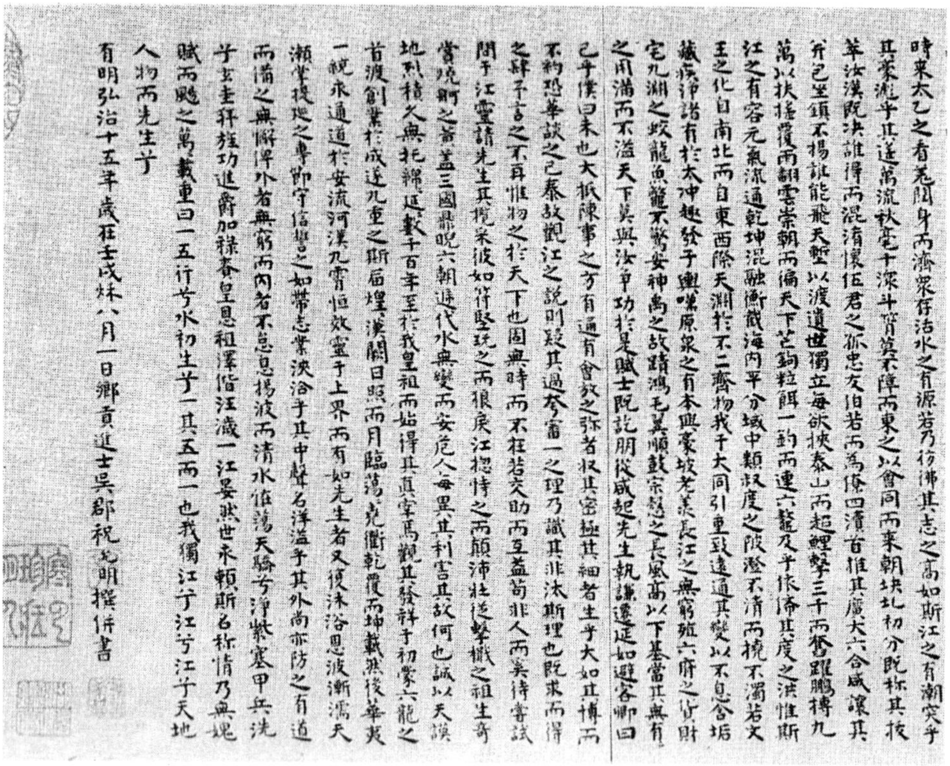

圖 2-49　《一江賦並序》（局部）

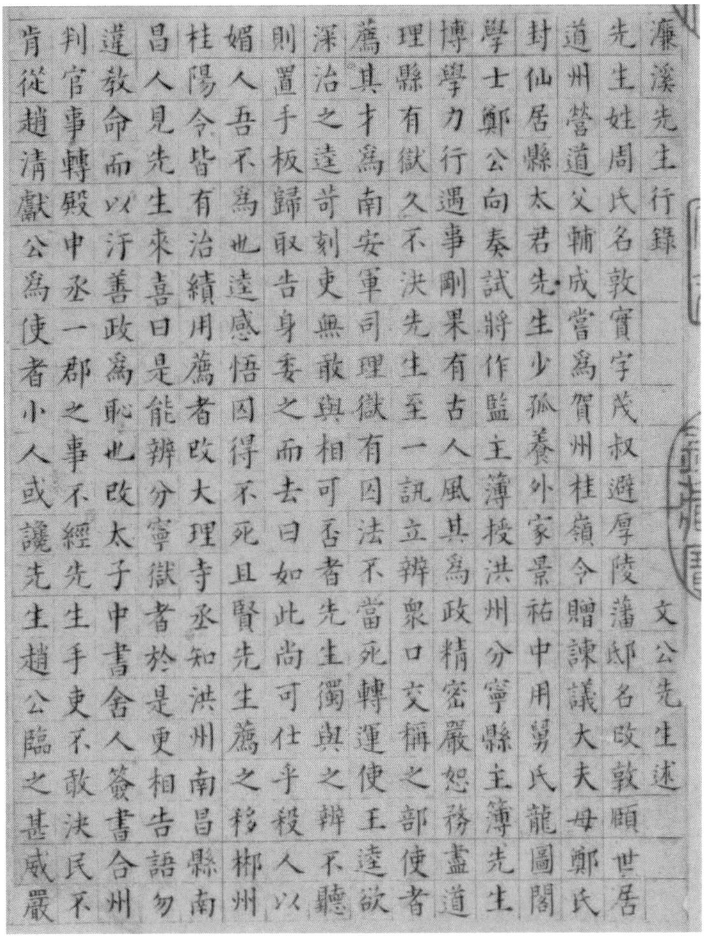

濂溪先生行錄　文公先生述
先生姓周氏名敦實字茂叔避厚陵藩邸名改敦頤世居
道州營道父輔成嘗爲賀州桂嶺令贈諫議大夫母鄭氏
封仙居縣太君先生少孤養外家景祐中用舅氏龍圖閣
學士鄭公向奏試將作監主簿授洪州分寧縣主簿先生
博學力行遇事剛果有古人風其爲政精密嚴恕務盡道
理縣有獄久不決先生至一訊立辨衆口交稱之部使者
薦其才爲南安軍司理獄有囚法不當死轉運使王逵欲
深治之逵苛刻吏無敢與相可否者先生獨與之辨不聽
則置手板歸取告身委之而去曰如此尚可仕乎殺人以
媚人吾不爲也逵感悟因得不死且賢先生薦之移郴州
桂陽令皆有治績用薦者改大理寺丞知洪州南昌縣南
昌人見先生來喜曰是能辨分寧獄者於是更相告語勿
違教命而以汙善政爲恥也改太子中書舍人簽書合州
判官事轉殿中丞一郡之事不經先生手吏不敢決民不
肯從趙清獻公爲使者小人或讒先生趙公臨之甚威嚴

圖 2-50　《宋儒六賢傳志卷》（局部）

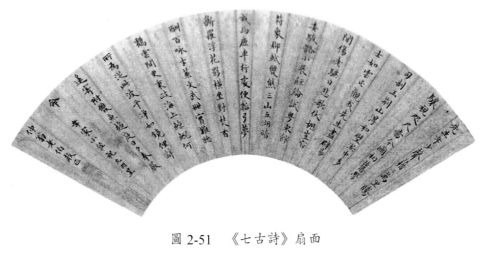

圖 2-51　《七古詩》扇面

　　五十五歲前後，祝允明改從謁選的決定後，心理壓力有所舒緩，且此時身體精力尚好，這一時期仿鍾繇小楷作品呈現出筆劃肥短，結體寬闊的突出特點，且逆鋒、藏鋒、圓勁之筆增多，筋骨不再外露而加以挺峻，姿態不再做作而轉向含蓄，古雅秀媚，逸態橫生，最為精彩。《東坡記遊卷》款題：「癸酉（1513）八月十二日步月宿東禪寺書此，枝山祝允明。」祝允明時年五十四歲。後有王寵、文彭、王世貞、張鳳翼、曹溶（1613～1685）、羅坤、張陛題跋。其中羅坤跋曰：「鍾司徒書法，惟宋仲溫窺其堂奧，希哲此卷俱從《季直》、《宣示》諸帖，神明變化，良足寶也。」張陛跋曰：「此卷極摹鍾太傅《季直表》，字無纖毫遺憾，洵足並美晉唐諸名家。」皆言明祝法鍾繇書之淵源。細觀此卷（圖2-52），縱有列，橫無行，兩列之間留白較多。通篇字形稍扁，用筆渾厚，氣息凝雅，用鍾法而較純粹，受其習唐楷的影響較小，顯示出作者此時的書寫已能自如地遣驅古人筆意。

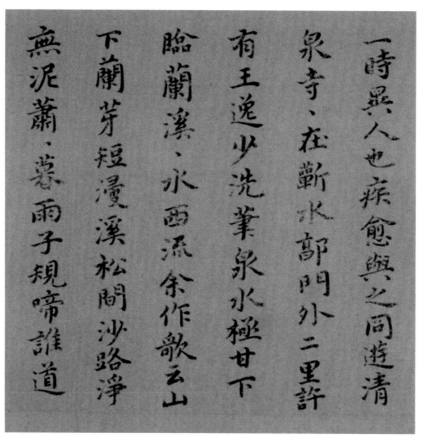

圖2-52《東坡記遊卷》（局部）

　　《前後出師表卷》（圖 2-53）書寫時間晚《東坡記遊卷》一年，乃祝允明謁選之前爲華夏所補作，款題：「正德甲戌四月十二日，長洲祝允明識」，正德甲戌爲 1514 年，允明年五十五歲。此卷亦純用鍾法，烏絲欄界格。與《東坡記遊卷》相比，章法較爲緊密，筆劃也更爲剛利，通篇斬釘截鐵，正氣凜然，有「匹夫不可奪志」之勢。

圖 2-53　《前後出師表》（局部）

　　《前後赤壁賦冊》（圖2-54），曾刻入三希堂法帖，款題：「余久不耐作小楷，適孔周請書二篇，欲爲子畏畫卷之殿，子畏自是畫家董、巨，恐余書拙鈍不能爲子畏匹也，覽之者豈謂何？正德乙亥夏五月廿又二日，枝山祝允明記。」正德乙亥爲1515年，祝允明年五十六歲，書於赴廣東興寧任職之前。是卷小楷，純正典雅，點畫精到，雖爲刻本，猶可見其風神。值得注意的是，作者自云，已很長時間沒有耐心作小楷，透露出此時的他正疲於應付謁選之事而無心作書。

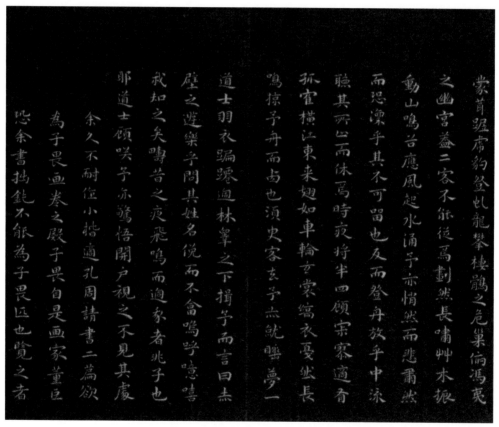

圖2-54　《前後赤壁賦冊》（局部）

　　五十五歲以後的小楷作品尚有：

　　《毛珵妻韓夫人墓誌銘冊》（圖2-55），冊頁，烏絲欄界，現藏於首都博物館。書於嘉靖三年（1524），祝允明時年六十五歲。該墓誌由邵寶撰文，胡纘宗撰蓋，其主人爲督查院右副御史毛珵的夫人。此卷隨意中顯端嚴，筆劃瘦勁挺拔，楷法中行意較濃。讓人感受到一種無法言說的悲情。

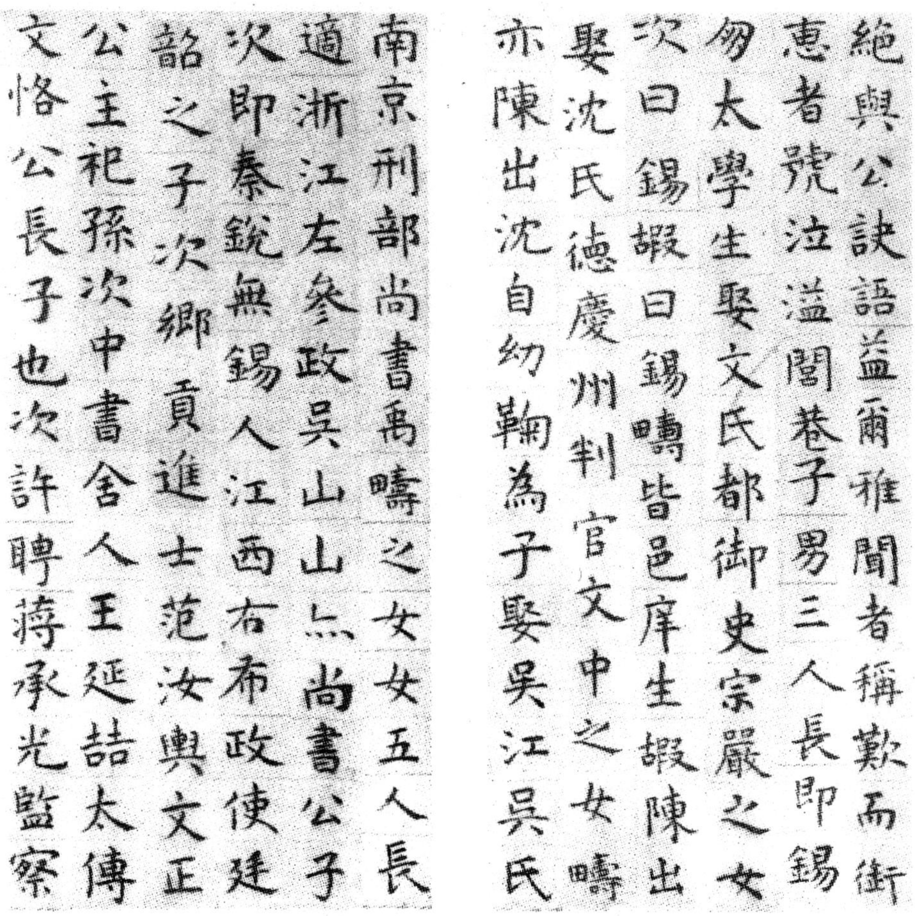

絕與公訣語益爾雅聞者稱歎而衛
惠者號泣溢閭巷子男三人長即錫
幼太學生娶文氏都御史宗嚴之女
次曰錫蝦曰錫鵬皆邑庠生蝦陳出
娶沈氏德慶州判官文中之女蝦
亦陳出沈自幼鞠為子娶吳江吳氏

南京刑部尚書禹疇之女女五人長
適浙江左參政吳山山△尚書公子
次即泰銳無錫人江西右布政使廷
詔之子次鄉貢進士范汝興文正
公主祀孫次中書舍人王延喆太傳
文恪公長子也次許聘蔣承光監察

圖 2-55　《楷書毛珵妻夫人墓誌銘》（局部）

　　《秋風辭》（圖 2-56），十一行，見於《停雲館法帖》拓本，與行草《榜枻歌卷》同附於《古詩十九首》後，書於嘉靖四年（1525），為其去世前一年所書，款題：「作行草後尚餘一紙，因為此二章，聊試筆耳，不足存也。」結體仿歐，重心在字的中間略下，筆劃較歐書纖細，通篇勁挺峭拔，端整嚴謹。

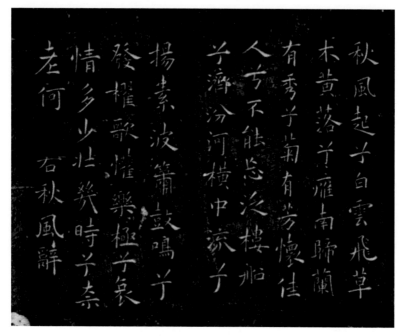

圖 2-56　《秋風辭》

　　雖說鍾、王是祝允明小楷立身之本，但從上述分析，可以看出祝氏書法各個時期的不同風格，糅合古代多家楷書筆意，是其常見風貌。

二、小行楷之變化

　　小楷寫起來需要寧心靜氣，一筆一點不可苟且，但是，往往也會出現越寫連帶越多的情況，即小行楷的面貌。有時這也是寫字興到順勢的自然節奏變化。祝允明也有一大類小行楷作品。

　　祝允明早年小行楷一個最主要的特徵是「以尖鋒取態」〔註46〕。《唐宋四大家文卷》（圖 2-57）小行楷書，款題：「余見前輩手錄古文百數，蓋謂親書一過，當得其大略也，映窗展冊，足以興起後人，允明有志未逮，偶得佳紙，乃錄四大家文各一篇，聊以自適，安得擬前輩好學之勤哉？成化二十三年秋七月朔日，枝指祝允明。」成化二十三年（1487）祝允明 28 歲。該卷書寫速度較快，屬於興來之筆，連續抄寫唐代韓愈《燕喜亭記》、柳宗元《戴氏堂記》，

〔註46〕顧復曾批評晚明清初學習祝允明書法的末流：「舉世以尖峰取態為工，禿穎崛強為古而擅名者，奚啻天淵也哉！」可見「以尖鋒取態，以禿穎崛強為古」，是那些學習祝氏書法者最易抓住的特徵。

宋代歐陽修《豐樂亭記》、蘇軾《喜雨亭記》，洋洋灑灑數千言而無一懈筆，通篇皈依鍾繇體式，而尖鋒、連筆甚多，秀媚中逸態自生。類似作品還有弘治三年（1490）八月所書《離騷經卷》（圖 2-58），亦是尖鋒取態，但風格更爲駁雜，似鍾繇、唐宋人筆意皆有，個人隨性書寫多有體現。日本內藤湖南曾跋此卷云「有《墓田丙舍》遺意」〔註 47〕，似較牽強。另外書於弘治九年（1496）五月的《三暢詠》、書於正德十二年（1517）六月的《越臺諸遊序》等作，亦與《離騷經卷》用筆頗類，但行書意味更濃些。

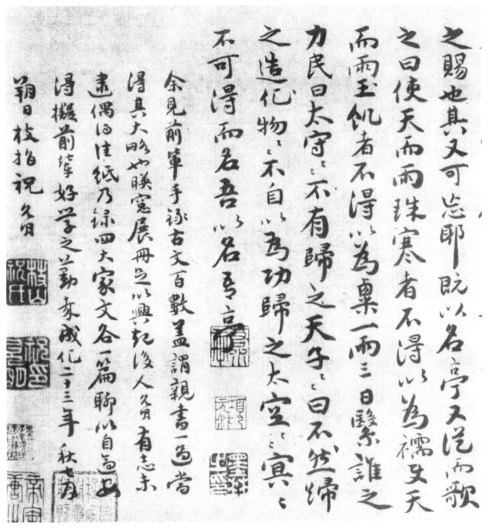

圖 2-57　《唐宋四大家文卷》（局部）

〔註47〕見葛鴻楨，《中國書法全集・祝允明卷》，頁331。

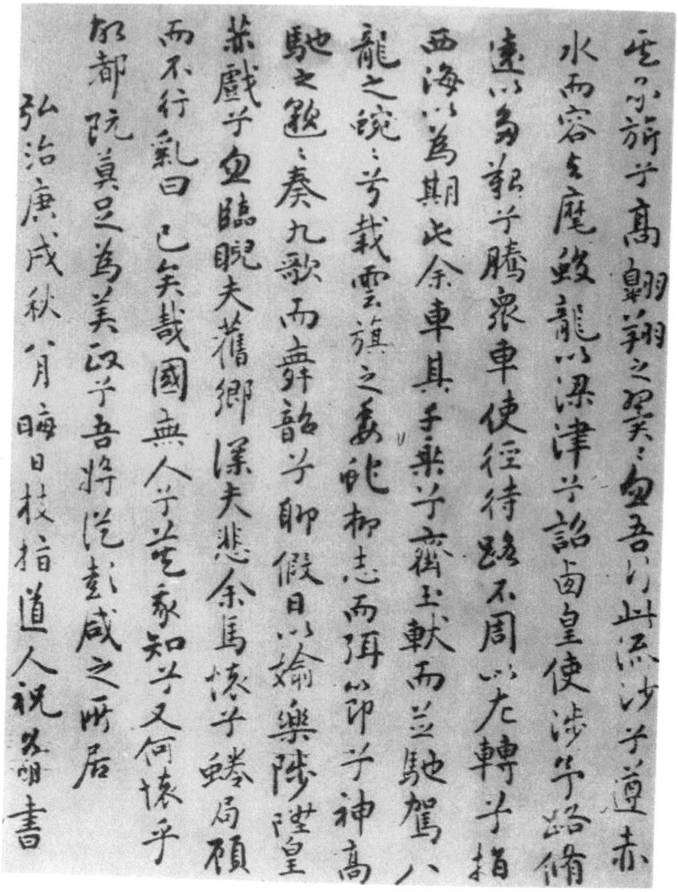

圖 2-58　　《離騷經》（局部）

弘治十四年（1501）八月，祝允明於嘉禾舟中作《行楷自書詩卷》（圖2-59），錄《遠遊》（二首）、《少年行》、《江南曲》、《擬古》、《鄧攸論》〔註48〕、《夜坐記》等詩作，款題：「弘治辛酉八月既望，有事於嘉禾，舟中岑寂，偶篋中有素卷，遂漫□此卷，小舟搖盪，無足亂也，枝山祝允明記。」後有彭年、伊秉綬（1754～1815）、息老人題跋。細審此卷，通篇字形結體向左上欹側，筆意亦以唐人為多。息老人跋云：「京兆此卷，四十二歲書，故筆力勁挺，鋒發韻流，與尋常摹鍾、王書者迥不相同。吾嘗謂待詔書不變，京兆書善變，皆不可及。」息老人指出此卷與尋常摹鍾、王書者不同，說明他並不認同此書出自鍾繇、羲之。此作伊秉綬於小玲瓏山館亦曾寓目，並題有觀記，但並

〔註48〕鄧攸，字伯道，晉襄陵人。為河東太守，沒於石勒，契家出走，過泗水，途中遇賊，度不兩全，因其兄早亡，棄兒存姪。事見《晉書》。

未作跋語。今觀此卷，楷中帶行，筆劃多有腫脹之處，結體雖有歐陽詢行楷遺意，但以個人面貌爲主，並非精品之作，誠如其自言，乃爲在書寫條件不佳的情況下所作。

圖 2-59　　《自書詩》（局部）

　　正德十一年（1516）五月二日，祝允明在縣署之念茲齋畏暑獨坐，檢得舊作《擬詩外傳》數篇，遂書之數卷，是爲《行楷書擬詩外傳》（圖 2-60），款云：「不特謂古人之作字忘暑，亦可徵縣治之堪羅雀也。」後有顧文斌小楷題跋：「米襄陽書爲宋代之冠，得其滴髓傳者，草則吳雲壑，楷則祝枝山。余所藏米小楷《崇圖公墓誌》、《千字文》兩種，與此卷並幾對勘，運筆結體，惟妙惟肖，不啻叔敖之優孟，中郎之筆虎賁也。《擬詩外傳》亦復異曲同工。枝山天分既高，學力又粹，故於古人詞翰無所不學，亦無所不肖也。」顧文斌云此卷行楷宗米芾，今細審之，風貌實在唐宋人之間，個人面目亦較多。此作與同年十二月二十九日所書的《正德興寧志稿本序》（圖 2-61）風格迥異，二者相比，《行楷書擬詩外傳》楷意更濃，而《正德興寧志序》偏行，前者略有虞世南楷書的遺意，而後者更多己貌。

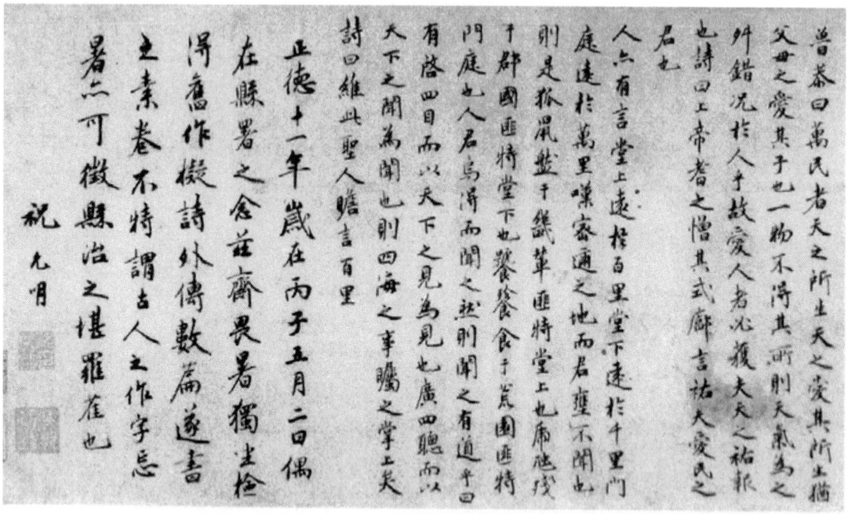

圖 2-60　《擬詩外傳》（局部）

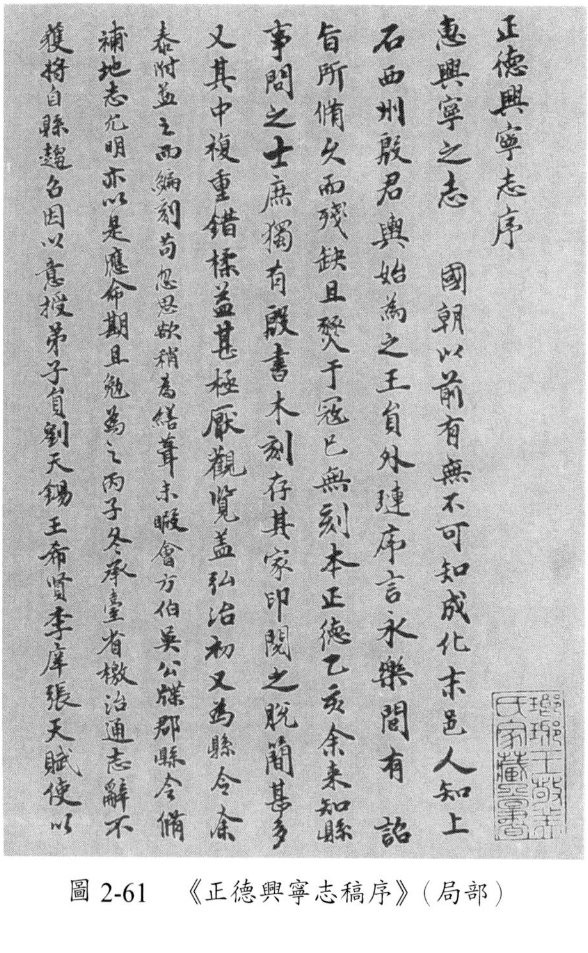

圖 2-61　《正德興寧志稿序》（局部）

《行楷書子夜四時歌》（圖 2-62），款題「雜詩數篇，稿似堯民孝廉，請賜刪潤，允明頓首」，乃祝氏抄錄自己新作詩文請朱堯民指正之草稿。因是詩稿，故小楷略帶行意。卷後有彭年、許初、袁尊尼（1526～1574）、韓詩、袁□、沈荊石、袁夢鯉、王澍、張□□題跋。其中許初跋云：「昔人作豔詩，婉麗而不過其則者，唯《玉臺集》所載擅稱。今觀京兆先生諸作，酷似之，而加以晉書小楷，尤足尚已。」言其書宗晉人。韓詩跋云：「枝山翁書法妙備諸家，其小楷則恒祖鍾傅。右豔詞十三章，則又參以晉唐人矩度，翩翩翥動，宛如騎氣御風，無纖毫塵俗態，信奇翰也。予觀近世刻唐宋人書，固善矣！及睹真跡，則神會處不能無失。吳中刻翁書頗多，出輒珍重，此卷顧不尤宜寶哉。」言其書宗晉唐。王澍跋云：「有明書家林立，莫不千紙一同，惟祝京兆書變化百出，不可端倪。余見京兆書以百數，莫有同者，信有明第一手也。此豔詩一十三，柔閒蕭散，韻絕塵外，與子敬寫洛神同一風格。又京兆書之最上者。」言書宗獻之《洛神賦》。然細審是卷，《洛神》筆意並不純粹，雜有唐宋人筆法。

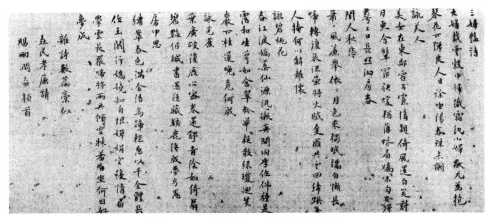

圖 2-62　《子夜四時歌》（局部）

六十五歲所書《行楷先母陳玉清墓誌稿》（圖 2-63），「豈不痛哉」四字與《蘭亭序》幾為一致（表 2-10），而個別字形又明顯受到歐陽詢影響，通篇結體峭拔。類似書作還有弘治十七年（1504）秋七月望後，於謝雍樓中所書《離騷卷》（圖 2-64）。此卷展舒自然，確如桐江所跋「飛揚舒卷，盡態極妍」，然不似前卷險峻。另有正德五年（1510）所書《夢草記》等，既有歐書影子，又參以宋元風味。

表 2-10　祝允明書《陳玉清墓誌》與《蘭亭序》同字對比

<table>
<tr><th>《蘭亭序》</th><th>《陳玉清墓誌》</th></tr>
<tr><td>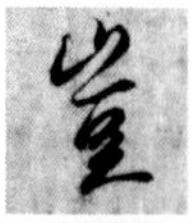</td><td rowspan="2">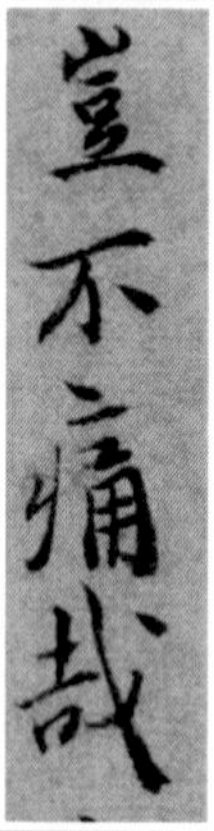</td></tr>
<tr><td>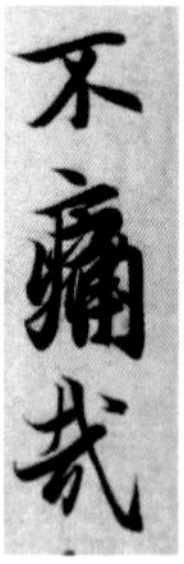</td></tr>
</table>

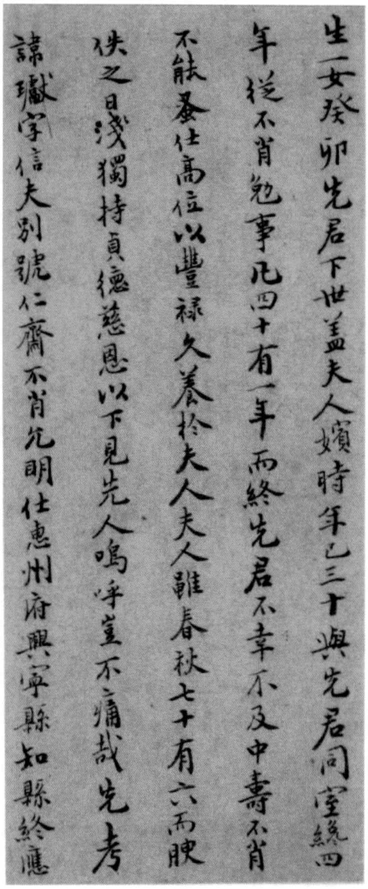
生一女癸卯先君下世蓋夫人嬪時年已三十與先君同室纔四
年從不肖勉事凡四十有一年而終先君不幸不及中壽不肖
不能蚤仕高位以豐祿久養於夫人夫人雖春秋七十有六而腴
佚之日淺獨持貞德慈恩以下見先人嗚呼豈不痛哉先考
諱瓛字信夫別號仁齋不肖允明仕惠州府興寧縣知縣終應

圖 2-63　《陳玉清墓誌稿》（局部）

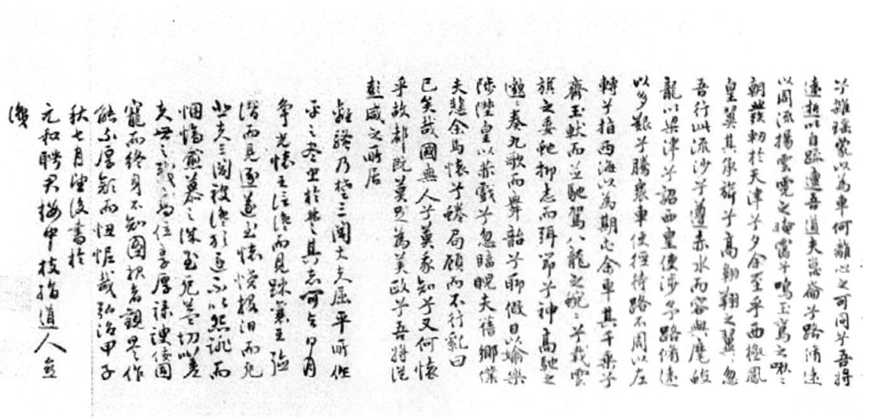

圖 2-64　《離騷》（局部）

　　嘉靖五年（1526）秋八月既望後六日，祝允明久病初起，作《行楷殷簡亭記》（圖 2-65），楷中帶行，筆意、結體糅合鍾繇及唐宋元楷書，諸家風格汩汩流出，毫無矯揉造作之態。

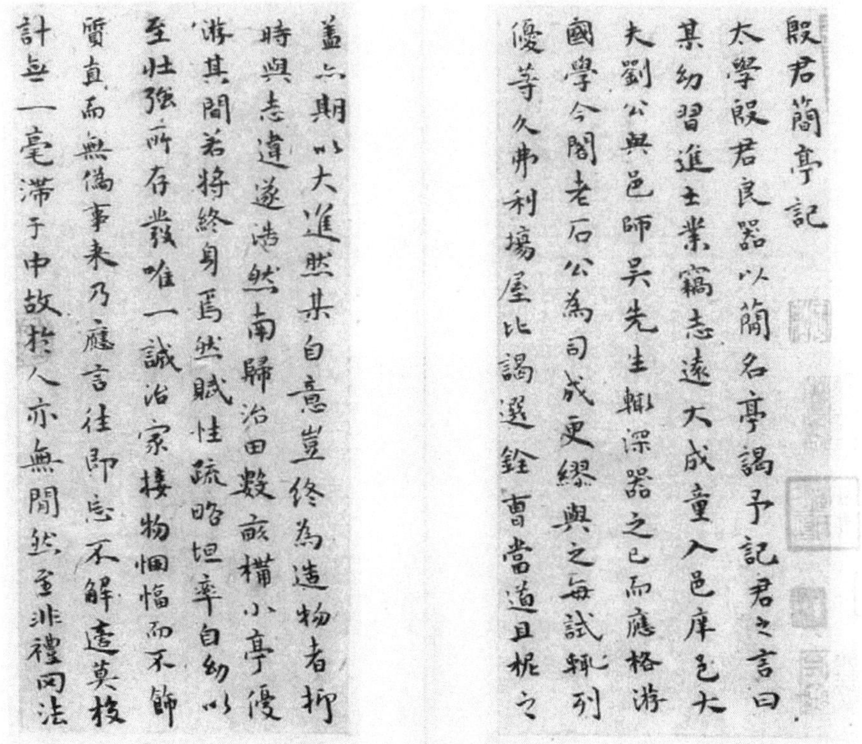

圖 2-65　《殷君簡亭記》（局部）

　　《陶淵明閒情賦冊》（圖 2-66），字的重心偏上，「撇」和「捺」畫故作長勢，字形四周呈輻射狀，既有黃庭堅行楷書的筆意，又有鍾王小楷的痕跡。

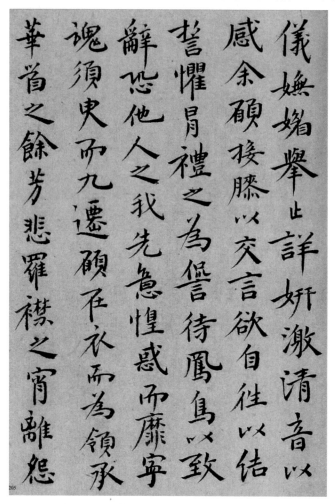

圖 2-66　《陶淵明閒情賦冊》（局部）

　　祝允明生活在明代初期，明初小楷由於服務朝廷的需要，臺閣體盛行。沈度、解縉等人皆能寫工細的臺閣體小楷。這種小楷工穩舒展，姿態婉麗，但要寫出脫俗的氣息則非常難。祝允明以其摒棄近人深入晉唐的實踐，在臺閣體外獨樹一幟，在當時影響了王寵等人的小楷書風。因此，祝允明可以說是明代書法發展的拐點，在他之前，學書者皆難以擺脫「近人」面貌。祝氏的書學觀點和實踐對明代中後期的書法發展產生了深遠影響，直到今天，學書者仍在臨摹其書作。

第三章　祝允明草書

　　在祝允明書作中，草書占有突出地位，黃勉之嘗作歌評云：「枝山草書天下無，妙灑豈獨雄三吳」〔註1〕。且祝氏草書風格多樣，大草、小草、章草均有作品傳世，其中又以大草最多，也最具代表性，從根本上奠定了祝允明在書史上的地位。

第一節　創變黃庭堅

　　前人對祝允明草書之「點」法多有論述。祝書之「點」，不但以各種形態構成草書字形，同時也是章法的一個重要組成部分。這是祝允明從黃庭堅得到的啓示，但黃草法唐，多纏繞，而祝允明根本王羲之，故其草書不重纏繞，而參以章草，以線、點爲主，尤其以靈活的「點」法出人意表，這是祝允明草書模古出新的地方。此外，草書最重章法。黃庭堅以「行扭」出眾，而祝允明又在此基礎上出之自然。如果說黃庭堅草書行扭配之纏繞筆劃是其獨創的話，祝允明則在此基礎上更加「短拼快」，在爽利的線條中調節了布字穿插。

　　以下探討祝允明取法黃庭堅的作品，因爲這類作品在其草書作品中數量最多。理清這類作品，即可論清祝允明與黃庭堅的淵源。在祝允明規模黃庭堅草書作品中，成功的有很多，不成功的亦有不少。此處擇其精品予以分析。

〔註1〕　見於張鳳翼跋祝允明《自作詩詞卷》。

1. 《前後赤壁賦卷》（圖 3-1）

此卷贈汪子西山。後有黃省曾、文徵明、文嘉、文從簡、文震亨等人題跋。黃省曾的跋作於嘉靖十一年（1532），云：「祝子希哲，神契永和，時以三昧，妙作旭素。此卷龍回鳳翥，幻變奇化，尤多前彥所未發。」所謂「三昧」，代指黃庭堅，黃氏曾自云「草書得長沙三昧」〔註 2〕。黃省曾爲希哲老友，曾託付其子黃姬水跟隨祝氏學習書法，他評價祝氏草書時常調和黃庭堅、張旭、懷素三人。嘉靖十三年（1534），文徵明分別於仲春和閏二月兩題此作，前爲小楷，後爲草書，內容相同，中間只有個別字有所變動。文嘉的跋與其父幾乎作於同時，云：「枝山此書，點化狼藉，使轉精神，得張顛之雄壯，藏眞之飛動。所謂屋漏痕、折釵股、擔夫爭道、長年蕩槳等法意咸備，蓋其晚年用意之書也。」〔註 3〕文嘉所云皆爲溢美之辭，並推測該作爲祝允明晚年所書。細審此作，短點運用較多，長線筆劃分明，應是祝允明成熟時期的作品，文嘉推測接近事實。

天啓三年（1623），文從簡跋此作云：「張伯高性嗜酒，每作書，叫呼疾走方落筆。一日大醉，濡墨作字，既醒觀之，自以爲神，不知枝指翁於曲生何如？泚筆時，當亦有神耶？王弇州評翁書云『一展視間，太行諸山，忽若奔動』，余閱此卷亦然。」文從簡在跋中提到張旭酒後疾書，云希哲此卷亦應有神，然該卷草法謹嚴，幾無懈筆，而祝允明大醉後所書長卷水平往往一般，因此此卷爲醉後所書的可能性較小。文震亨亦跋云：「虞卿既藏先公赤壁二賦及圖，而復得京兆所書，別爲一卷。蓋先公於準繩之中，全露生動；京兆於生動之中，不失準繩。離則雙美，合尤競奇者也。先公跋有眞行二種，其推服京兆殊至，可見先輩殊懷善下，足令近時妄自標緻者，如野狐禪見眞佛說法，通體汗下矣！」文震亨跋語亦重在推許其先公徵明，評祝允明「生動之中不失法度」，可謂知言。

諸人所跋，除文徵明、文震亨是在通過跋文推許自家以外，其他皆多多少少提到此卷從張旭、懷素、黃庭堅而來。此卷的字形如「客、也、乎、上」等字確與黃庭堅草書一致；章法上，行與行的擺動、字與字的組合，皆受黃庭堅影響較大；筆劃的線條感覺也與黃較爲接近而略帶張旭筆意，懷素的影

〔註 2〕 見姜夔，《續書譜》。

〔註 3〕 值得一提的是，文嘉此處所跋內容與王寵所跋《草書杜甫詩絕句》文字幾無差別，這中間似有蹊蹺。

子幾乎沒有。因此古人所跋，有時也未必可信，他們或許爲名家自言，或許
另有其他目的。此卷深得黃庭堅草書優游之感，章法、字形的扭曲又有所緩
和，是祝允明草書臻至化境之佳作。

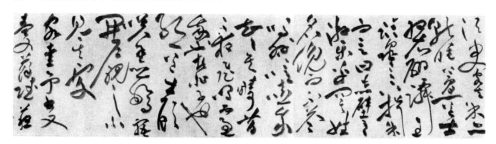

圖 3-1　　《草書前後赤壁賦卷》（局部）

2. 《詩帖》（圖 3-2）

墨色較淡。錄《鍾山》《金陵眺古》《虎丘》《秋夜》《太湖》《包山》《崑
山清眞觀》《錢塘江觀潮》《雨中句容道上喜看山色》等自作詩。無年款。個
別字如「古、打、水、寒」等與黃庭堅字形相似，然筆劃感覺上更多自己面
目；章法安排上亦類黃庭堅，但搖擺欹側遠不及之；短點、長線兼有，行筆
舒緩，屬於祝允明草書成熟時期的佳作。

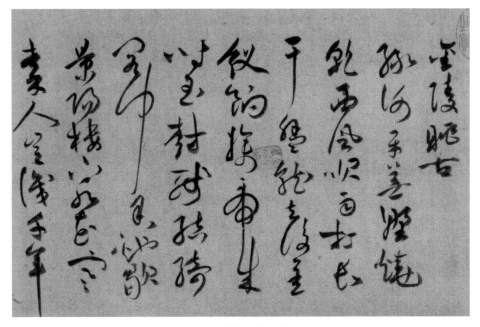

圖 3-2　　《詩帖》（局部）

3. 《雜書詩帖》（圖 3-3）

　　錄曹植詩《箜篌引》《美女篇》《白馬篇》《名都篇》四首，未署年。自題「冬日烈風下寫此，神在千五百年前，不知知者誰也？」可見祝允明對此卷的自信，認爲其神氣可與一千五百年前的張芝媲美。

　　細審此卷，章法安排上出於黃庭堅而更顯天成，字組隨意擺放而毫無抵觸之感，行與行的擺動蛻盡火氣，字與字、字與行、行與行之間，互有顧盼又無造作；從筆意上來看，略微帶有黃庭堅的遺意而更多的是自己的筆墨語言，「名都篇」三字筆劃粗壯，乾濕變化軌跡明顯，筆毫的飛白處根根可數，甚至可以此推測出枝山所用毛筆的大小；下一行「名都多妖女」五字，又細筆疾書，書風頗似黃庭堅而又去其抖擻，兩行對比，既帶來了強烈的視覺衝擊力，又容易引起觀者探索其背後「書寫內涵」的興趣。此卷雖作於冬日烈風下，但細膩的筆觸仍然被表現的淋漓盡致，是祝允明草書卷中不可多得的精品。作者自云可與張芝神會，並非自誇之語。

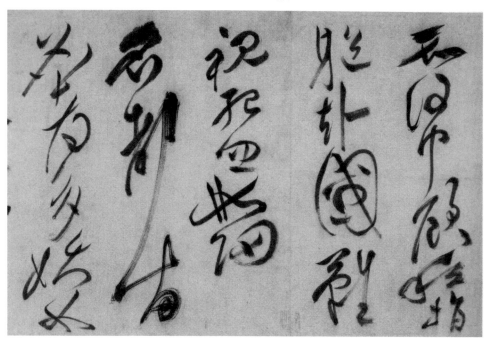

圖 3-3　《雜書詩帖》（局部）

4. 《七言律詩四首》（圖 3-4）

　　嘉靖五年（1525）秋日，祝允明酒後於叢桂堂書錄《閒居秋日》《宿茅峰》

《宿金山寺》《句曲道中》詩四首。其時年已六十六，離其去世僅有一年多的
時間，是其最晚年精品。觀此件作品，雖時有用「點」，但並不誇張，不似其
他大量用點的作品，顯得冗餘突兀；行筆迅疾如飛，個別筆劃如長槍大戟，
猶有黃庭堅行草書的遺意，如「少、衣」等字；章法上越往後筆觸的表現越
細膩，「微、霧」等字與柳公權《蒙詔帖》（圖 3-5）頗有同工之妙；「山中長
史」四字一筆直下，連綿不絕，略帶素師筆意。自家意趣揮灑的同時，也流
露出年邁的力不從心。

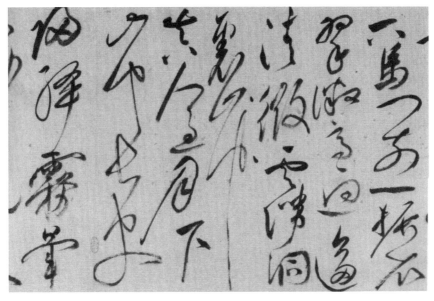

圖 3-4　《七言律詩四首》（局部）

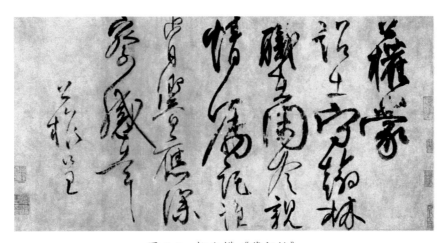

圖 3-5　柳公權《蒙詔帖》

5.《謁韓愈廟等詩》（圖 3-6）

　　未署年。結字、章法純仿黃庭堅，尤與《諸上座》《廉頗藺相如列傳》神似。類似作品尚有嘉靖二年（1523）閏四月二十五日所書《自書詩》（圖 3-7）等作，但不似前者純粹，己意較多。

圖 3-6　　《草書謁韓愈廟等詩》（局部）

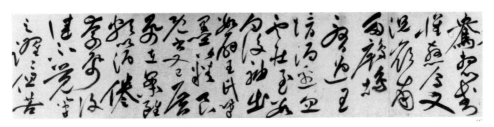

圖 3-7　　《自書詩》（局部）

6.《自書詩卷》（圖 3-8）

　　正德十五年（1520）七月既望，祝允明在夢椿從一堂中飲酒，醉後作書贈之，錄舊作詩《太湖》《包山》《虎丘》《棲霞寺》《悲秋》《句曲道中》《失白鷳》《盧溝橋》《秋日閒居》《秋夜》《寫懷》十一首。卷後袁鑒跋云：「前明祝京兆草書詩卷，筆意天矯，波折圓勁，腕間靈氣勃勃，是深於晉法者。」推許甚高。今觀此卷，時有用點，章法狼藉，個別筆劃雖帶有黃庭堅遺意，但主要面貌還是以祝允明的隨性書寫為主，間有失筆，屬酒後應酬之作。

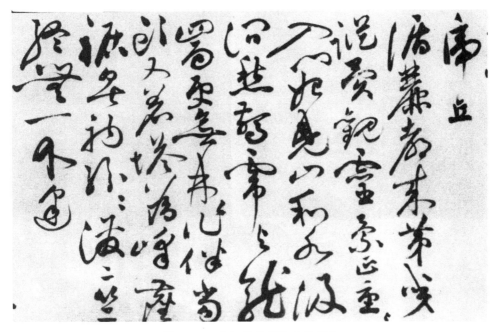

圖 3-8　《自書詩卷》（局部）

7.《濟陽登太白酒樓卻寄施湖州》（圖 3-9）

窮款，字形、章法純仿黃庭堅。較祝允明其他皈依黃氏風格的作品，此作顯得更爲純粹，如「遊、岳、蔽、施、湖、洲、馬」與黃庭堅的行草字形幾乎一致；章法擺動自然，又無抖擻之病，與黃庭堅的草書相比，顯得更加圓渾自然。此類作品還有《自作詩詞卷》（圖 3-10）等，錄《春日醉臥》《寶劍篇》《濟陽登太白酒樓卻寄施湖州》《夏日城南郊行》《過林頭看修竹數里不斷》等詩文，款題「數詩寫似約卿親家」，未署年。後有明人莫雲卿（1537～1587）、張鳳翼、王穉登（1535～1612）、陸士仁，清人張孝思、沈德潛（1673～1769）跋文。此卷中《濟陽登太白酒樓卻寄施湖州》一詩與前卷內容相同，章法上扭曲擺動較前卷更加明顯，苦筆飛白亦時有增加。其中張鳳翼跋：「祝京兆書，每以放縱自雄，故言雖稱說二王，而落筆多師顚、素，既此卷可見矣。」言此卷出自張旭、懷素。沈德潛跋：「此卷俱從二王法書中出，騰空超逸，全在有意無意，深此藝者，必不河漢予言。」云此卷出自二王。然觀此卷，二王、張旭、懷素的影子並不明顯。

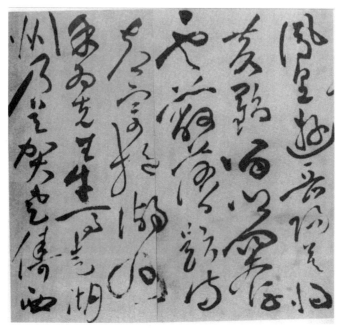

圖 3-9　《濟陽登太白酒樓卻寄施湖州》（局部）

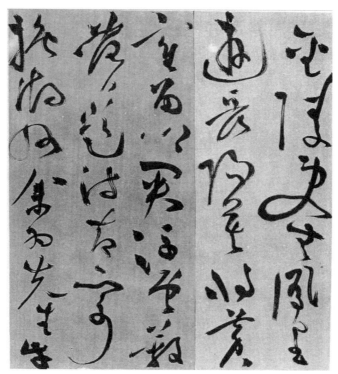

圖 3-10　《自作詩詞卷》（局部）

　　此類風格作品還有，嘉靖五年七月（1525），酒後爲九疇書《謝莊月賦》一冊（圖 3-11）。自云作於宋經箋上，用莊氏筆甚佳。卷後有文徵明、周天球、王世貞題跋。周天球跋云：「此卷藏毛氏，不克見。嘗見其刻本，細驗於點畫，皆正鋒也。丙寅冬，獲觀手跡，竊謂所鑒不謬。」萬曆癸酉（1573）秋日，王世貞題云：「希哲生書法波靡，時乃能用素師鐵手腕，參以雙井逸趣，超千載而上之，尤可貴也。」〔註4〕今觀此卷刻本，筆劃剛勁有力，確是正鋒居多，略帶黃庭堅遺意，然素師筆意似乎較少；章法安排上亦出自黃，行氣森然。書此卷時，祝允明年已六十六歲，距其離世僅有一年，是晚年草書代表作品。

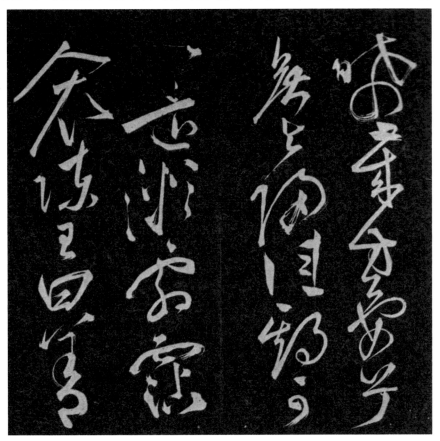

圖 3-11　　《謝莊月賦冊》（局部）

　　從上述佳作可以看出，祝允明學黃得其精髓，豪縱奔逸之氣不可羈勒。除黃庭堅影響外，祝允明草書作品中還有大一類型是王羲之一路。

〔註4〕清・卞永譽，《式古堂書畫匯考》。見《中國書畫全書》第六冊，頁 588～589。

第二節　根柢王羲之

如果說祝允明學黃盡所皆知的話，而他對王羲之的用功則往往容易被忽略。以下分析其學王以及張旭、懷素一路的草書代表作。

《臨王羲之帖冊》，款題正德十一年（1520），祝允明六十一歲，乃應姻親沈津所請而臨寫，歷時一年零三個月，除四箚為行書以外，餘者皆為草書尺牘。觀祝氏所臨（圖 3-12、3-13），雖力求形似，然時時露出個人的書寫習慣，且明代傳世的羲之行草書多為刻本，其臨本不免有刻板之氣。祝允明三十五左右所臨王獻之《廿九日帖》，收在《臨魏晉唐宋人冊》中，與原帖相比（圖 3-14、3-15），臨本章法略有變動，但字形連帶、結構、墨色皆與原作保持一致，體現了他青年時期臨「王」工夫的深入。

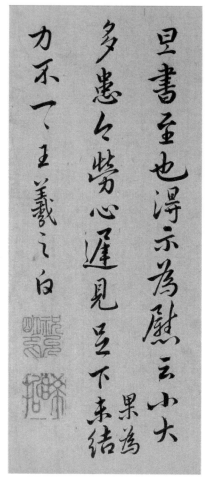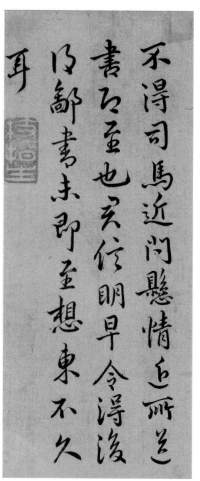

圖 3-12　《臨王羲之尺牘》行書尺牘（其一）　　　（其二）

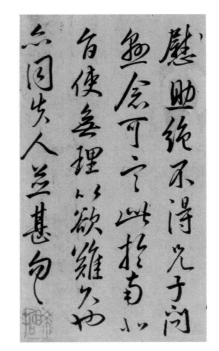

圖 3-13《臨王羲之帖冊》草書尺牘（其一）　　　　　　（其二）

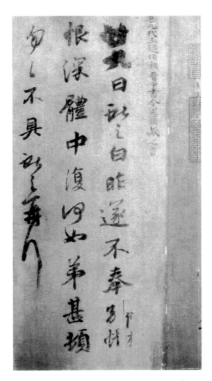

圖 3-14　王獻之《廿九日帖》

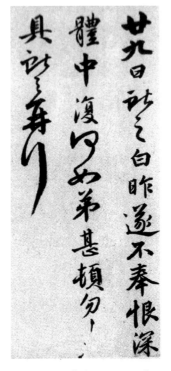

圖 3-15　《臨廿九日帖》

　　祝允明小行草亦有不少從《十七帖》、《書譜》化出。嘉靖元年（1522）
春三月，於友人處觀趙文敏所書陸士衡《文賦》，感其用筆精到，歸家後於燈
下作《小草文賦》（圖 3-16），自云：「老人□明，不及前時，筆劃不工，徒自
□苦，可發一笑。」是作雖云受趙孟頫啟發而作，然觀其字形及字間連帶，
頗在《十七帖》與《書譜》之間，風神亦極近之。同月望後又於從一堂所作
的《行草懷知詩》（圖 3-17 或為偽作），亦與之類似。

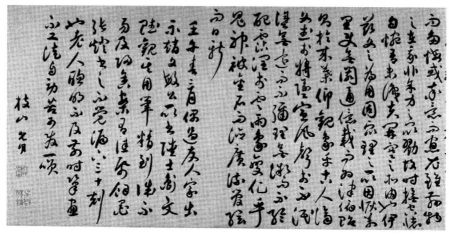

圖 3-16　《文賦》（局部）

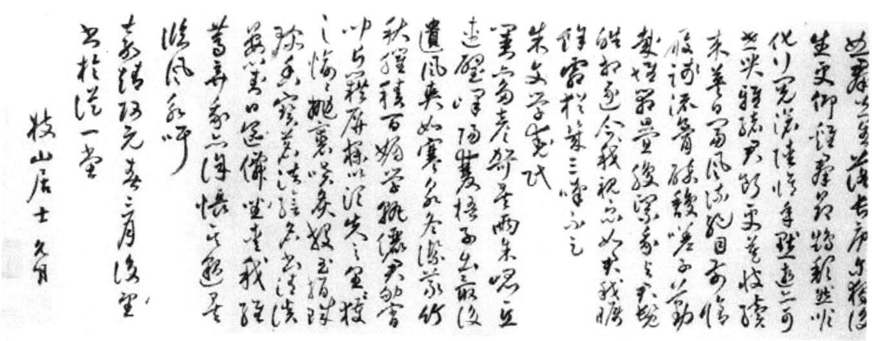

圖 3-17　《懷知詩》（局部）

　　此類作品尚有作於弘治元年（1488）秋月的《和陶飲酒二十首》（圖 3-18
或為偽作）；癸未（1523）閏四月望後，於謝雍雲莊樓酒後所書《千字文》，
兼有智永遺意；嘉靖二年（1523）閏四月所作《懷知詩》行草部分（圖 3-19
或為偽作），字形、筆法頗得二者之妙，許多字形幾於《書譜》一致；甲申秋
八月（1524）望夜，宴後於燈下所書的《行草前後赤壁賦》（圖 3-20），贈文

貴孫子緣，深得大王小草之妙，用筆、結構、章法皆可與《十七帖》相媲美；嘉靖四年（1525）三月又於夢椿從一堂書《行草七言絕句》（圖 3-21），風格與《行草懷知詩》較爲一致；爲延卿尊舅所作的《懷知識》（圖 3-22），錄爲「錢元抑、王履吉（二首），葛汝敬，湯文守，謝元和、蔣允暉」六人所寫之詩；《行草書懷知詩》（圖 3-23）；以及《草書永貞行》（圖 3-24）等。

　　此類作品不及祝氏研習趙孟頫書所至精深，且被疑爲僞作的較多。

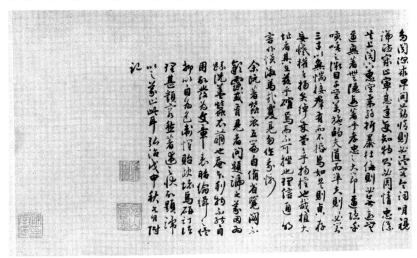

圖 3-18　　《和陶飲酒二十首》（局部）

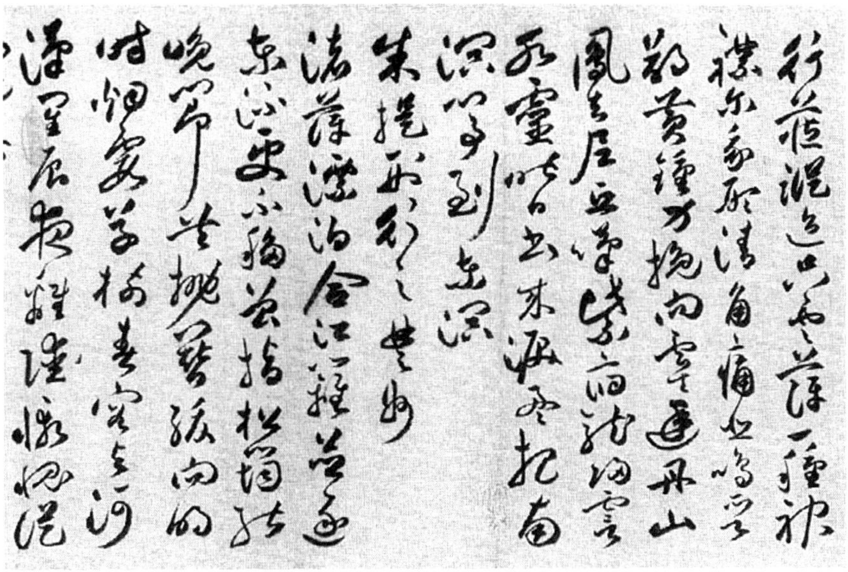

圖 3-19　　《懷知詩》（行草部分）

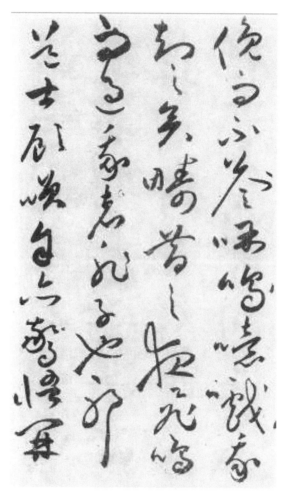

圖 3-20　《前後赤壁賦》（局部）

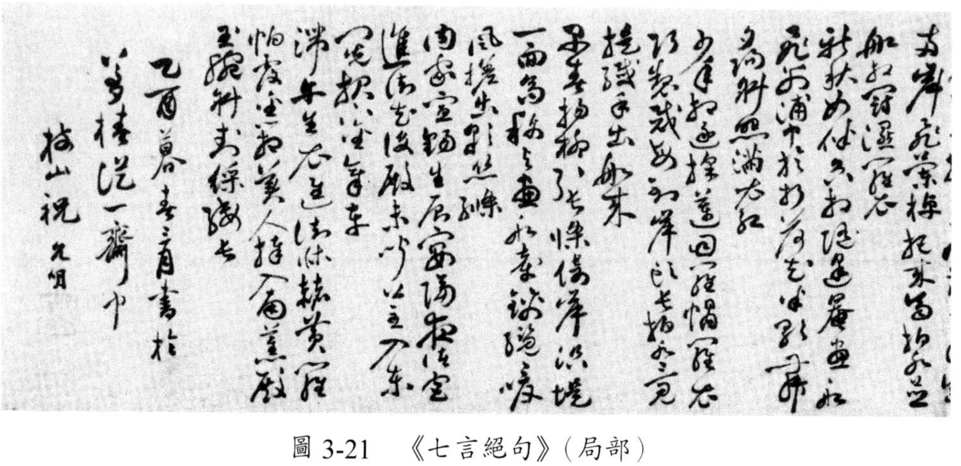

圖 3-21　《七言絕句》（局部）

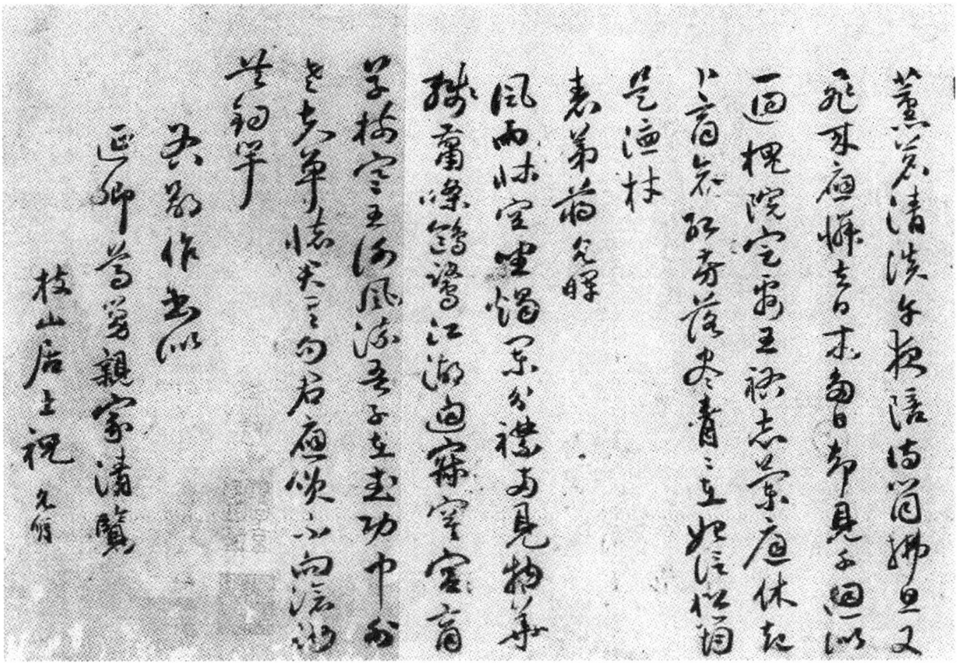

圖 3-22　《懷知識》（局部）

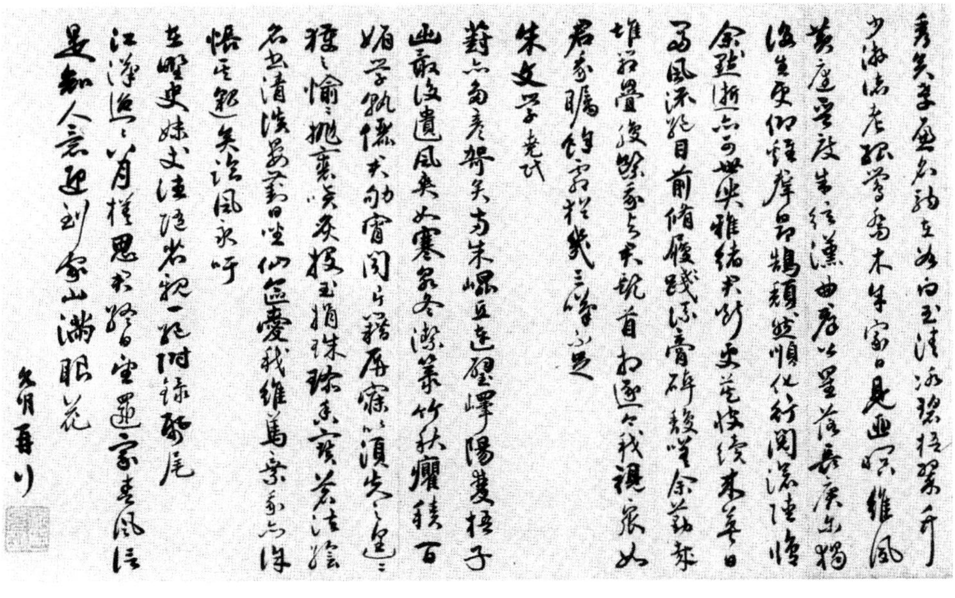

圖 3-23　《行草書懷知詩》（局部）

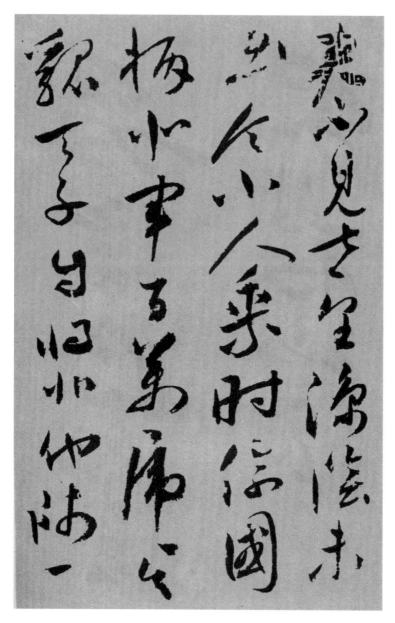

圖 3-24　《草書永貞行》（局部）

　　嘉靖四年（1525）九月，祝允明過文嘉讀書房，見案上墨和筆精，拈紙
得高麗箋，漫寫《古詩十九首》（圖 3-25）。是作曾收入文徵明《停雲館刻帖》。
從文氏刻本看，不論單字結體，還是字間連帶，皆與王羲之《十七帖》（圖 3-26）
極為相似，深得大王小草「簡約」之精髓。

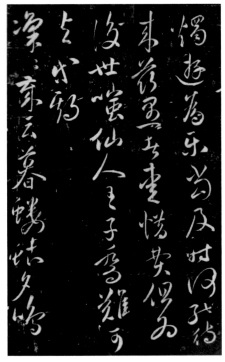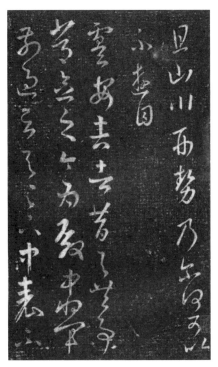

圖 3-25　《古詩十九首》（局部）　　　圖 3-26　《十七帖》（局部）

　　除王羲之的影響外，祝允明還有一些取法唐人的草書風格。《草書桃花賦、梅兄請名說冊》（圖 3-27），是作中鋒行筆，懷素筆意較濃，但用點頗多，顯得蕪雜而不爽利。

　　《跋唐寅秋山靜樂圖》（圖 3-28），未署年款。葛鴻楨依據此跋語上之起首印「枝指生」，款尾印「允明」、「祝希哲」，與 1507 年所作《憶摹趙文敏書唐集七十首》完全相同；其落款「枝山居士」與《詩翰卷》中《追和皮陸夏景沖澹偶然作》、《眼兒媚》相比較，結字、用筆顯然爲同一時期所作，而此兩幅恰恰也可能是 1507 年左右所作，並因此推斷此跋當作於正德二年（1507）。然而，有些印章往往會伴隨書家一生，以此作爲推論根據恐怕站不住腳；且祝允明《詩翰卷》之《追和皮陸夏景沖澹偶然作》（即《行草「追和皮陸」》）、《眼兒媚》（即《行草「梯架」》）亦未署年款，雖然此卷書多是寫與辨之，但未必盡在一年之中，比較三者的題款，其風格、字形也不同（表 3-1）。因此筆者認爲，推斷此跋作於正德二年（1507）的理據是不夠充分的。細審祝允明此跋，用筆多中鋒行之，結體慣於纏繞，連帶亦頗多，屬於其規模懷素筆意的典型作品。這類作品與明代前期學習懷素的時代風貌暗合，顯示出

祝允明草書也受到時風的浸潤。

　　類似作品尚有《正德興寧志手稿》卷後半部分，纏繞連帶極多。是作書於正德十一年（1516），由於是祝允明抄書的稿本，比較真實地反映了其日常實用書寫狀態。

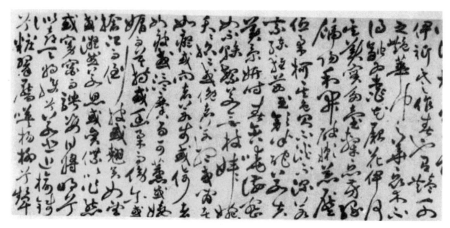

圖 3-27　《桃花賦、梅兄請名說冊》（局部）

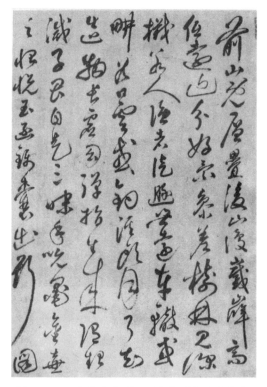

圖 3-28　《跋唐寅秋山靜樂圖》（局部）

表3-1　《跋唐寅秋山靜樂圖》、《追和皮陸夏景沖澹偶然作》、《眼兒媚》
　　　　題款比較

跋唐寅秋山靜樂圖	追和皮陸夏景沖澹偶然作	眼兒媚

　　《草書杜甫七絕詩卷》（圖3-29），款云爲酒後所書，卷後王寵跋云：「枝山此書，點畫狼藉，使轉精神，得張顛之雄壯、藏眞之飛動。所謂屋漏痕、折釵股、擔夫爭道、長年蕩槳等，佳意咸備，蓋其晚年得意之書也」；文震孟跋：「希哲先生書法出自天全翁，故用筆皆不離其家規，此書乃專師張顛，更覺風神道舉，便欲凌誇百代，恐不當在羊、薄下也者。」細觀此卷，字形較大，每行僅有兩字，少者僅一字，結體行草參雜，用筆狠壓重按，筆劃粗重有力，迴異於允明他書。其使轉處，宛如曲鐵，粗細對比分明，確有張旭筆意。但從章法上看，此卷並不高明，張旭《古詩四帖》爲連綿大草，章法安排匠心獨運，允明此卷較爲隨意，尤其最後四行，與前七行相較更覺神氣鬆散，似爲隨手之作。王寵跋語允爲「晚年得意之書」，文震孟跋語以爲「不在羊、薄下者」，恐爲溢美之辭。

圖3-29　《草書杜甫七絕詩卷》（局部）

正德十二年（1517）四月一日作《草書琴賦》（圖 3-30），自云仿李懷琳腕下布置，虛擬古人用意所在，署「暢哉居士允明」。後有吳寬跋，云「此卷《琴賦》，卓犖不凡，起前人於今日，當不過是。余齒長矣！自愧筆法已定，展此徒許望洋之歎耳！」今以此卷與傳爲李懷琳〔註5〕所書的《嵇康與山巨源絕交書》（圖 3-31）對比，二者風格確實較爲一致。此類風格作品還有作於正德十五年（1520）三月三十日的《草書唐詩卷》（圖 3-32）等。

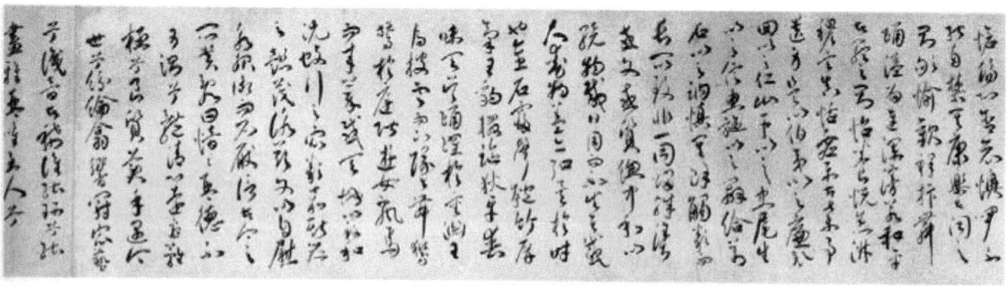

圖 3-30　《琴賦》（局部）

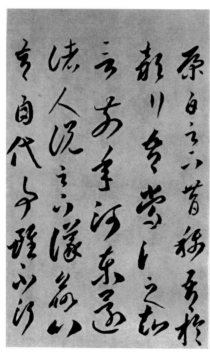

圖 3-31　（傳）李懷琳《嵇康與山巨源絕交書》（局部）

〔註5〕唐張彥遠，《法書要錄》：「李懷琳，洛陽人，國初時好爲僞跡。其《大急就》稱王書，及七賢書假云薛道衡作敘，及竹林敘事，並衛夫人『咄咄逼人』，嵇康《絕交書》，並懷琳之僞跡也。」

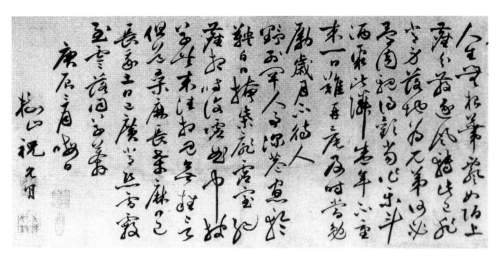

圖 3-32　　《唐詩卷》（局部）

　　綜上所述，在不同的風格之間，祝允明多有參雜，古人筆意在其筆下顯得並不純粹，且這種雜糅在多數情況下是無意識的。如正德十一年（1516）書《草書滕王閣序並詩》（圖 3-33），兼有黃庭堅草書和懷素草書的特點：結構變形和欹側不若黃庭堅強烈，但章法顯從黃而來；通篇線條的表達又帶有濃重的懷素筆意。草書《岳陽樓記》（圖 3-34）也是如此，似又加入張旭線條剛硬的感覺。再如正德十五年（1520）書《和陶飲酒二十首卷》（圖 3-35），從筆意看，從二王行草書化出，間有黃庭堅影子，初看多從己意，細品筆筆皆自古人出，這正是其超人的工夫所在。

圖 3-33　　《滕王閣序並詩》（局部）

圖 3-34　　《岳陽樓記》（局部）

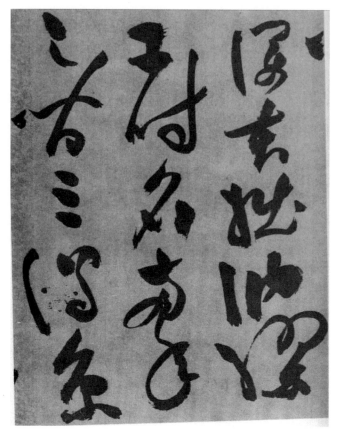

圖 3-35　《和陶飲酒二十首卷》（局部）

第三節　幅式與風格之關係

　　祝允明草書形式多樣，以長卷爲主，條幅和扇面傳世較少。從其大量長卷作品來看，精品少而水平一般者多，許多狂草長卷是酒宴醉後應朋友索請而書，款尾多自題有謙詞，有些用辭幾乎成爲一種套話。以下按作品幅式進行歸類分析。

一、長卷

　　弘治七年（1494）秋八月望日，祝允明作《草書山水障歌卷》（圖 3-36），此作用點頗多，書寫多用己意，然筆劃臃腫，時有敗筆，如「趣、對」等字的末筆；有些字結體不合規律，如「堂」字長橫較爲笨拙，整個字因此顯得並不美觀；「赤」字下部分的寫法亦較怪異，尤其一豎畫直下，末端尖刻，雖

有三點橫向串聯，仍然讓人感覺突兀；「興」字上半部分過於疏瘦，與下半部分相較，整個字顯得並不協調；「畫」字中間使轉處亦顯怪異；「無、毫」等字中間長筆劃與整個字相比頗顯不協調。章法上有所安排卻顯得稚嫩，如「怪」字的書寫位置並不自然；行與行參差不齊，長行與短行之間的過渡也不協調；「合、底、霧」等字的長撇簡單重複，頗顯牴觸；「江、山」，「臨、江」之間的連帶也顯得牽強。此作書於祝允明三十五歲之時，此時其草書尚未吸收到黃庭堅草書精髓，無論從字法還是章法上都尚處在摸索的階段。

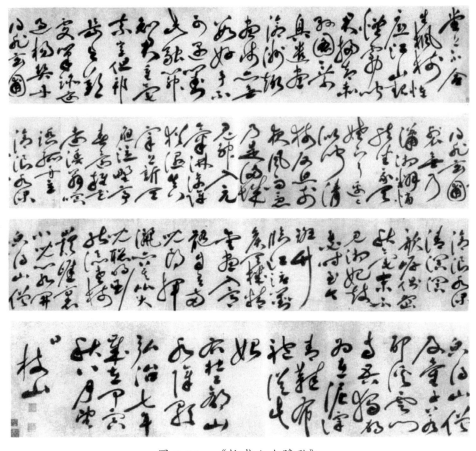

圖 3-36　《杜甫山水障歌》

　　正德十五年（1520）十一月十日，祝允明於新居小樓爲謝雍書《草書詩卷和陶淵明飲酒十五首》（圖 3-37），是作用「點」多，章法茂密，然亦時有敗筆。類似作品還有正德五年（1510）八月既望爲廷用所書《千字文》等（圖 3-38），自謂「予愧拙陋，無一字稱懷」。

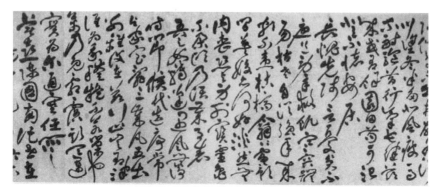

圖 3-37　　《草書詩卷和陶淵明飲酒十五首》（局部）

圖 3-38　　《千字文》（局部）

　　《草書杜詩卷》（圖 3-39）錄《杜甫詠懷古蹟》五首，行距較爲疏朗，與上述作品形成鮮明對比，但書寫仍以己意爲主；此類作品尚有《草書春夜宴桃李園記》（圖 3-40），款題「枝山允明書於傳香亭中」，每行僅兩三字，單字較大，用筆飛動，亦多用己意；《草書將歸行詩》（圖 3-41）行距亦較寬，雖連帶較多，然章法安排並不高明。

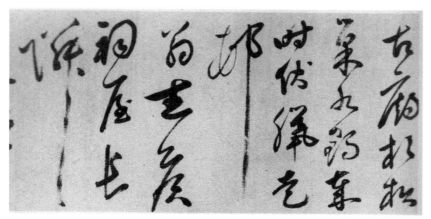

圖 3-39　　《杜詩卷》（局部）

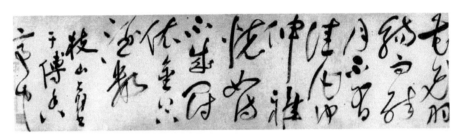

圖 3-40　　《草書春夜宴桃李園記》（局部）

圖 3-41　　《將歸行詩》（局部）

　　嘉靖二年（1523）暮春三日，於逍遙亭中作《草書自書詩》（圖 3-42），錄舊作《寫懷》《悲秋》《虎丘》《窮吟》《飛蓬仕女》《贈孫山人》《秋夜》《宿僧院》《□山》《和座主太原相公白蓮韻》《中秋》等詩。是作屬於祝氏書法的「本色作品」，筆意稍近二王，用點極多；同類作品尚有嘉靖三年（1524）五月作《草書詩詞》（圖 3-43），錄《臥病懷所知》《清平樂》，亦用「點」多，筆意化自二王，遣驅自如，無絲毫敗筆，章法自然，是同類作品中少見的精品。

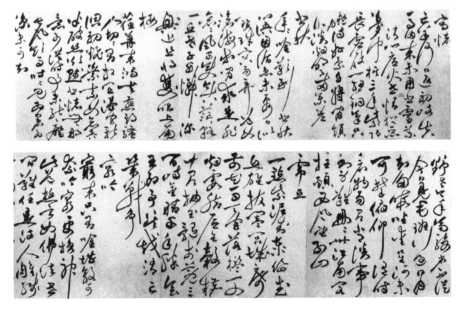

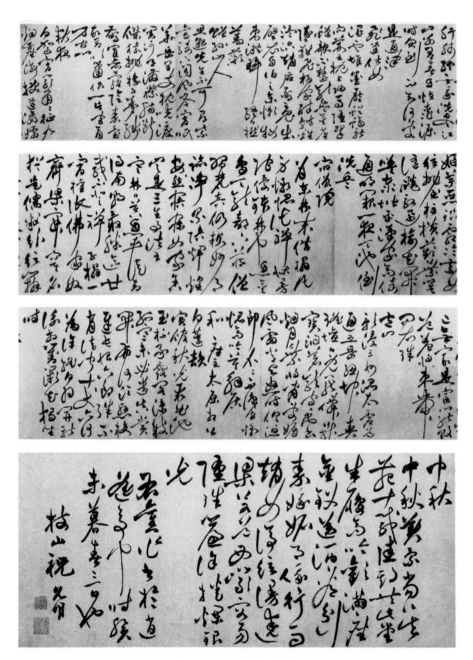

圖 3-42　《自書詩》

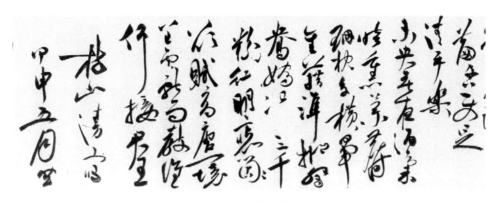

圖 3-43　　《草書詩詞》（局部）

　　嘉靖五年（1526）仲冬，祝允明於平觀堂作《後赤壁賦》（圖 3-44），該卷書於《文徵明赤壁圖》後，蓋應藏者所請而題。此卷書寫時距其離世僅有幾個月的時間。從作品看，除一如既往的用「點」多之外，並未因為年老而顯得筆力衰弱，用筆依然爽利乾淨；章法上行與行較為緊密，與黃庭堅草書有較大差別。

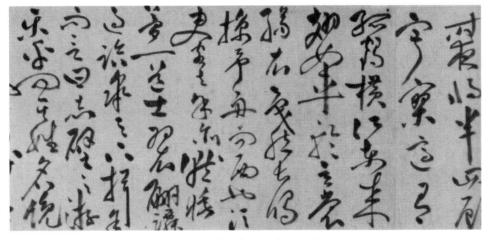

圖 3-44　　《後赤壁賦》（局部）

　　《草書唐詩》（圖 3-45），錄《別賦》《關山月》二詩，用點較多，筆觸豪放中見細膩，屬於祝允明自創草書長卷中不可多得的精品。

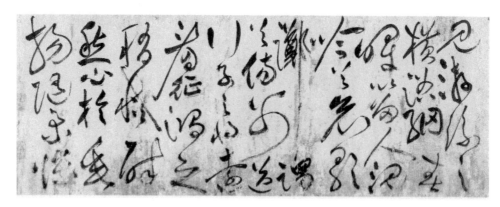

圖 3-45　《草書唐詩》（局部）

　　《草書卷》（圖 3-46），錄自作詩《舟行江口》《嘉禾道中》《宿杭州玄妙觀》《西山曉行》五言律詩四首。款題：「枝山書於從心堂中」，未署年。此作用筆迅疾，章法茂密。頻繁的用點更增加了這種茂密之氣。類似作品有《草書遊句曲虎丘詩》（圖 3-47），錄《句曲道中》《虎丘》詩兩首，亦無署年。

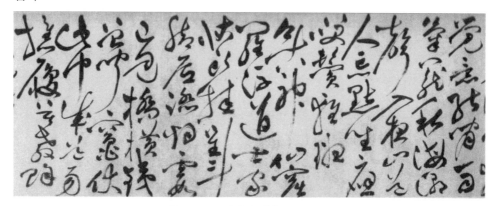

圖 3-46　《草書卷》（局部）

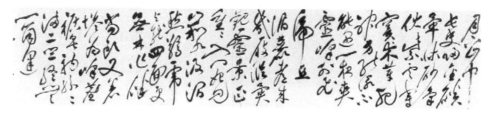

圖 3-47　《草書遊句曲虎丘詩》（局部）

二、條幅

　　相對於長卷來講，祝允明條幅作品要遜色許多，數量也遠不及前者。祝氏的草書條幅從風格講，大致可以分為三類，一類是從黃庭堅草書化出，但黃庭堅沒有草書條幅傳世，祝允明只是襲用黃之筆意和字形，在章法上並無較大改變。

　　《摸魚兒詞軸》（圖 3-48），書自作詞一闋，未署年，葛鴻楨云約書於弘治十七年（1504），理據似並不充分；以及款同題「癸未閏（1523）四月望後一日」的《草書韓愈五言古詩軸》（圖 3-49）和《草書柳宗元梓人傳》（圖 3-50）。這三件作品字形較小，雖有不少黃庭堅的字形筆劃，但筆意中又略帶有懷素的感覺，且章法濃密駁雜，反覆出現的斜勢筆劃頗為扎眼，降低了作品的格調。

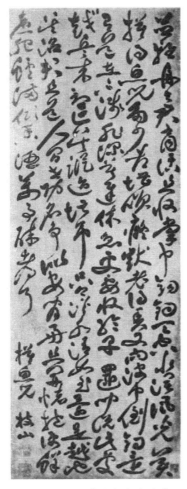

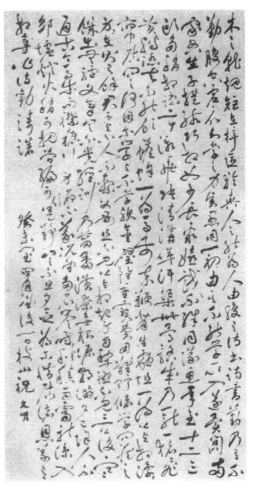

圖 3-48　　《摸魚兒詞軸》　　　　　圖 3-49　　《韓愈五言古詩軸》

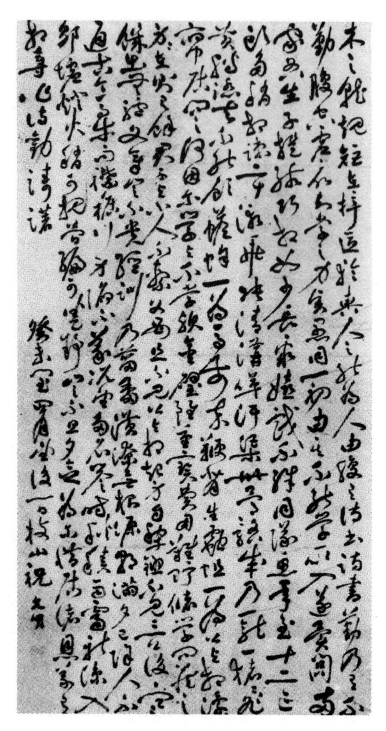

圖 3-50　　《柳宗元梓人傳》

　　《草書七律詩軸》（圖 3-51）、《草書七律詩》（圖 3-52）和《杜甫詩軸》（圖
3-53），這三幅作品書寫雖以個人習慣行之，但黃庭堅的筆意較多，且字形更
大。前兩幅章法較爲疏朗，行氣相對分明。後一幅行與行之間有穿插，較爲
濃密。這表明·祝允明爲了尋找適合自己的草書條幅創作方法，對黃庭堅草
書做了各式各樣的「調和」。

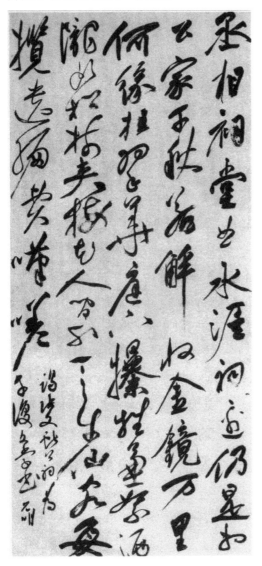

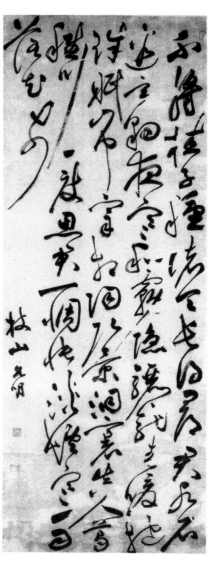

圖 3-51　《七律詩軸》　　　　　　　圖 3-52　《七律詩》

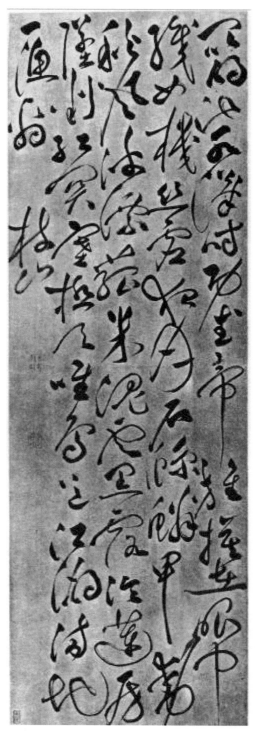

圖 3-53　《杜甫詩軸》

祝允明嘗試把黃庭堅寫行草書的方法運用到條幅創作上，顯示出其超前的創新意識，這比同時期那些一味規模旭素末流的作品要高明得多，但是從其探索的這些作品可以看出，尚沒有找到一條合適的、能融匯黃庭堅筆意的行草書條幅創作方式，因此這些作品顯得並不成功。雖然如此，祝允明的探索仍然是有價值的，其條幅作品無疑給稍後的張瑞圖、王鐸等人提供了「範式」參考——他們二人皆不約而同地捨棄了企圖融合黃庭堅行草書筆意的條幅創作方法，而另尋別的路徑，在「行的搖擺」和「軸線的運動」〔註6〕上各自找到了適合自己的筆墨語言。

《七言訪友詩軸》（圖 3-54），款題「北郭訪友一首，書廷儀軸子」，《中國書跡大觀》第三卷書後解說寫道：「祝氏此件草書軸，筆意縱橫，才情奔放，狂而不張。因兼工眾體，故評者多以爲其書『駁雜不純』。但以此件草數軸觀之，似以黃書筆意爲多，可知他雖力學懷素，然多得力於黃庭堅。」〔註7〕今觀此條，個別筆劃確實自黃庭堅行草書而來，然用筆騰挪跳蕩，並無黃氏的「抖擻」之感，卻在神氣上頗爲相通；且筆穎表現細膩，連帶自然，章法渾成。在允明爲數不多的草書條幅作品中，屬於稀見之作。

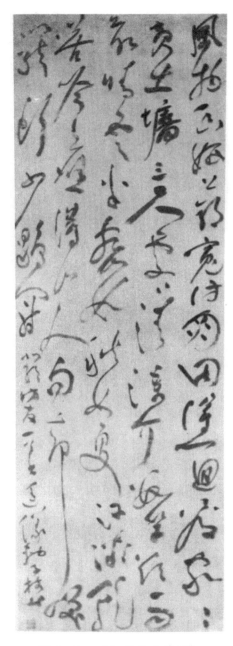

圖 3-54　《七言訪友詩軸》

〔註6〕　參看邱振中，《書法的形態與闡釋》，中國人民大學出版社，2011 年版。
〔註7〕　《中國書跡大觀》第三卷，頁 209。南京博物院等編，1993。

一類行距較爲分明，如《草書杜甫奉和賈至舍人早朝大明宮詩軸》（圖
3-55）、《草書唐賈至早朝大明宮詩軸》（圖 3-56），此類作品書寫多用己意，由
於行距疏朗，不通暢的感覺有所較少。

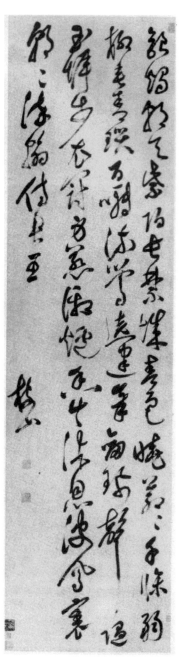

圖 3-55 《杜甫奉和賈至舍人早朝大明宮詩軸》　圖 3-56 《唐賈至早朝大明宮詩軸》

　　祝允明還有一部分草書條幅，書寫水平較爲一般。如《草書詩軸》（圖3-57），字形上「釣、了」二字結體局促，章法上第二行「中、利、餌」三字皆有長豎，頗顯突兀。爲王寵所書《草書五古詩》（圖 3-58），通篇充滿斜向的長勢筆劃，雖用筆連綿迅疾，也難以掩蓋眾多重複筆劃所造成的視覺瑕疵。

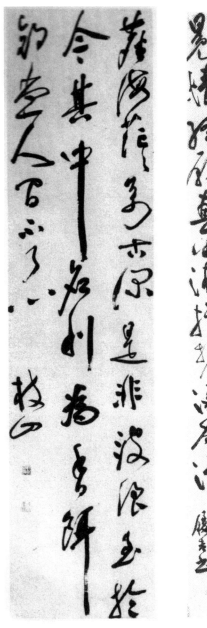

圖 3-57《詩軸》　　　　　　　圖 3-58《五古詩》

　　嘉靖二年（1523）孟秋爲礪庵先生所書《行書七律詩》（圖 3-59），算得上祝允明行草條幅中的佼佼者，此作字形欹側，章法虛靈，與晚明行草條幅盛行時期的作品相比亦不遜色。

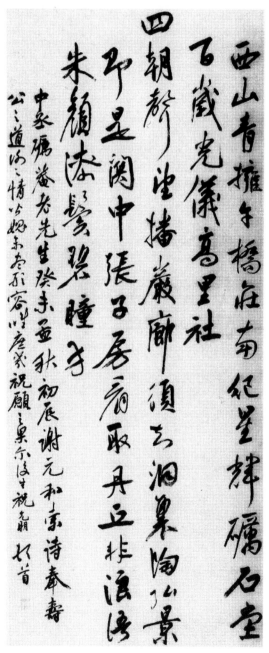

圖 3-59　《行書七律詩》

　　總體上看，和橫卷相比，祝允明行草條幅精品偏少。他雖然針對條幅作品進行了各種嘗試，但尚未真正找到適合自己的表達路徑。

三、扇面

　　祝允明草書扇面一如其行草長卷，於方寸之間能見萬千氣象。但由於扇面的特殊形制，所以變化更多。如《七律詩扇面》（圖 3-60），窮款，行中帶草，筆觸細膩，章法渾然天成，讀之不忍釋卷。《草書七言絕句扇面》（圖 3-61），用筆多厚重，氣象宏大。《草書七絕扇面》（圖 3-62），連帶頗為怪異，如「杏、花，出、竹、山，收、清」之間的轉接顯得較為牽強，「必、清、陰」等字結體也顯得不自然。

　　此類作品另有《五言詩扇面》，錄孟浩然「歲暮歸南山」詩一首，中有「不才明主棄，多病故人疏」句；《草書步出城東門扇面》，窮款，錄王維詩一首，其文：「步出城東門，試騁千里目。青山橫蒼林，赤日團平陸。渭北走邯鄲，關東出函谷。秦地萬方會，來朝九州牧。雞鳴咸陽中，冠蓋相追逐。丞相過列侯，群公餞光祿。相如方老病，獨歸茂陵宿。」書風以祝允明自我面貌為主，氣象更為宏大，是其書扇的精品。

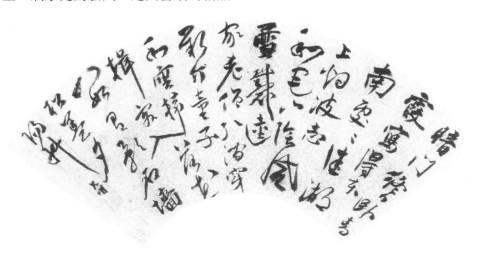

圖 3-60　《七律詩扇面》

圖 3-61　《七言絕句扇面》

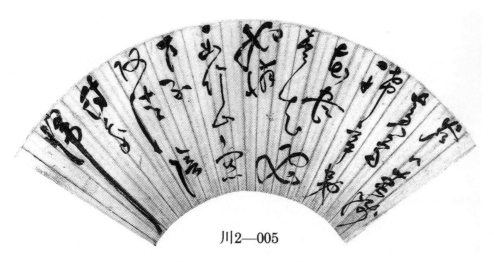

圖 3-62　《七絕扇面》

　　《行草書舟過陳湖扇面》（圖 3-63），款題「枝指道者」，從二王行草化出，連帶自然，字形流媚。《行草詩扇》（圖 3-64）和《五言律詩扇面》（圖 3-65）則多用己意。

　　此外祝允明還有《行楷書岳陽樓記扇面》（圖 3-66），小字行楷書，氣息古雅姿媚，在晉唐之間。

圖 3-63 《行草書舟過陳湖扇面》（局部）

圖 3-64 《行草詩扇》（局部）

圖 3-65　《五言律詩扇面》

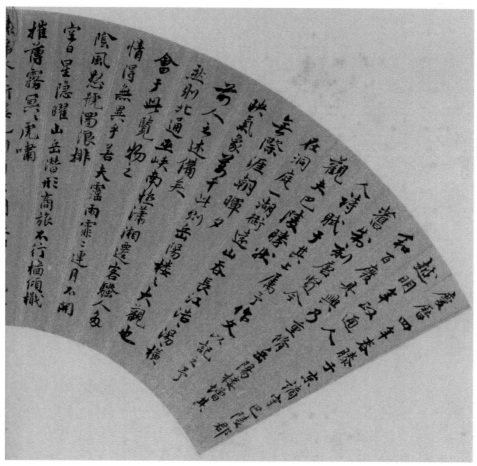

圖 3-66　《行楷書岳陽樓記扇面》（局部）

祝允明的扇面以行草爲主，精品較多。大字求其宏大氣象，小字求其精美流麗。他擅長狂草長卷書寫，因此駕馭扇面遊刃有餘。

四、尺牘

尺牘書法多爲言情說事，所以隨手寫來，風格自然。如祝允明《致尊親家丈尺牘》（圖 3-67），筆劃秀潤，小行草體勢頗與趙孟頫行草相類，尤其「府前、府中、秀才、限在、果然、隨即收」等字的之間的連帶，頗得趙書之妙。

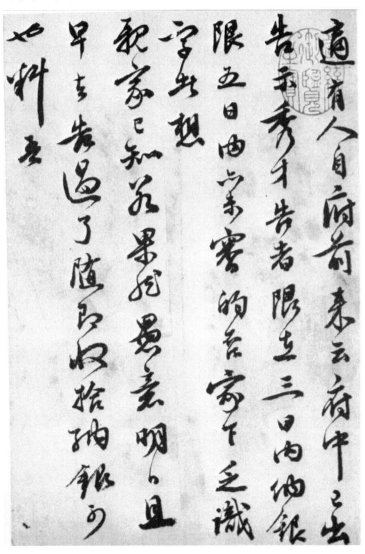

圖 3-67　《致尊親家丈尺牘》

　　《致廷璧兄契丈尺牘》（圖 3-68）、《致敬心老弟茂異尺牘》（圖 3-69），則一派米書的風貌，騰挪跳躍之間，筆法表現頗為豐富。

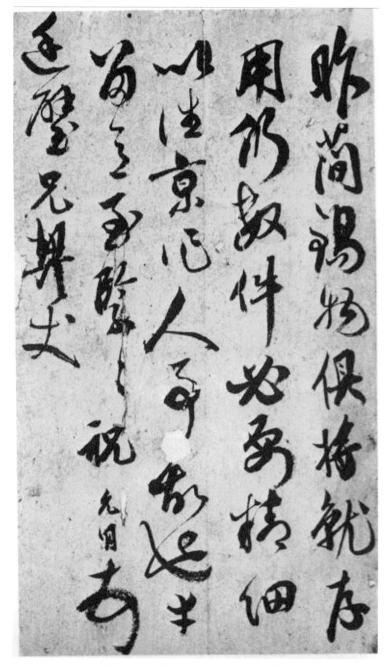

圖 3-68　《致廷璧兄契丈尺牘》

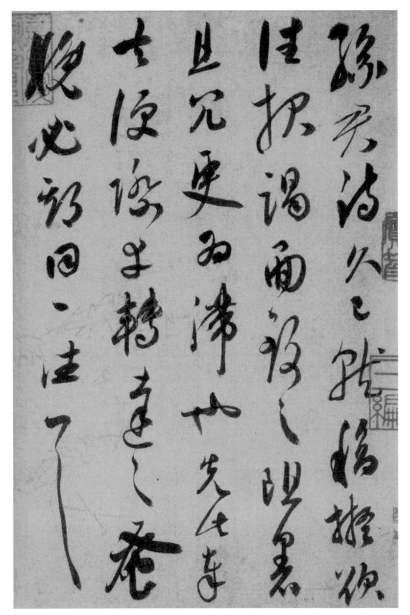

圖 3-69　　《致敬心老弟茂異尺牘》

　　其他如《行草尺牘》（圖 3-70）、《致元和道茂尺牘》、《致應齋年兄尺牘》（圖 3-71）、《致懷德老弟尺牘》、《致子魚賢甥尺牘》、《致元和手箚》、《行草致伊老大人先生尺牘》（圖 3-72），皆體現出平時書寫的特點，極具參考價值。

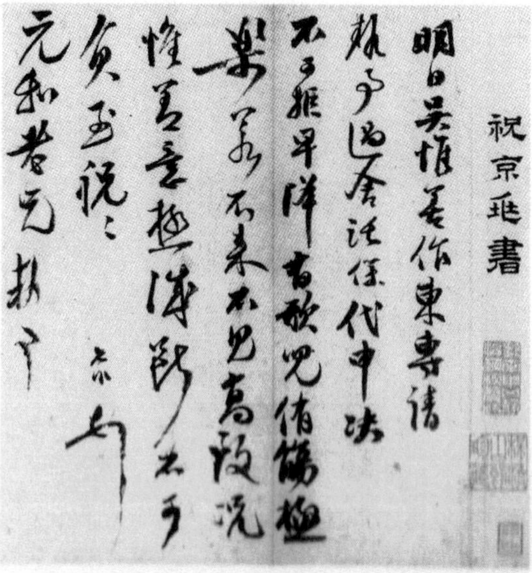

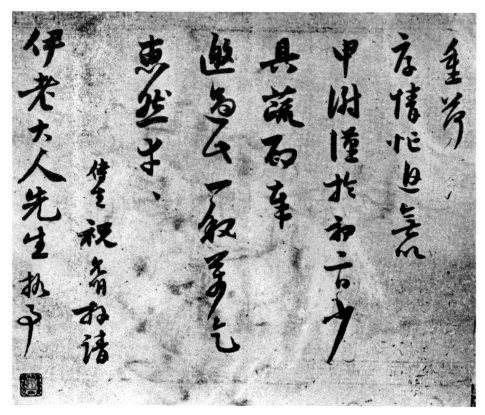

圖 3-70　《行草尺牘》 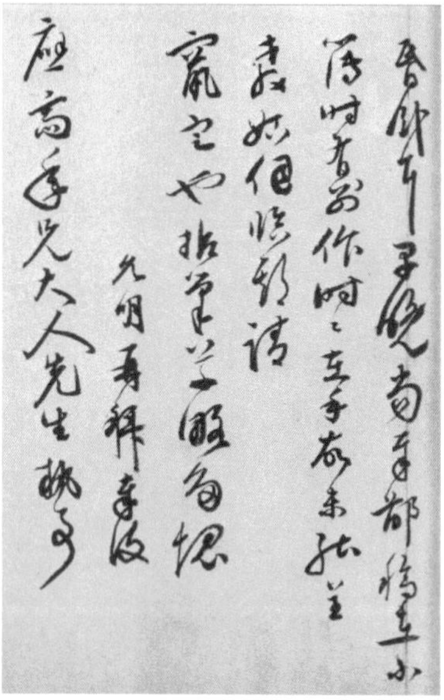　　　圖 3-71　《致應齋年兄尺牘》（局部）

圖 3-72　《致伊老大人先生尺牘》

五、題畫

　　祝允明有不少題畫書作。因爲是字寫在圖卷上，所以往往隨勢布行，隨寫隨調節，有很多意外之趣。如《題唐寅對竹圖卷》（圖3-73）、《題唐寅畫班姬團扇》（圖3-74）、《跋趙孟頫春山閒眺卷》（圖3-75）等。

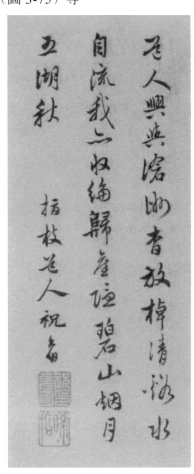

圖3-73　《題唐寅對　　　圖3-74　《題唐寅畫　　　圖3-75　《跋趙孟頫春山閒眺卷》
　　　　　竹圖卷》　　　　　　　　　班姬團扇》

　　《題徐熙花卉草蟲卷》（圖3-76）、《題龔開鍾進士移居圖》（圖3-77）、《題沈周畫芝蘭玉樹軸》（圖3-78）、《題陸探微五嶽圖》（圖3-79），則己意較多。其中《題徐熙花卉草蟲卷》署款書於正德十四年（1519）三月，其時允明尚在廣東。

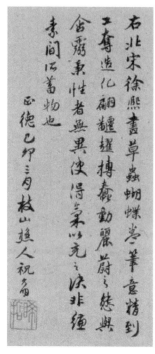

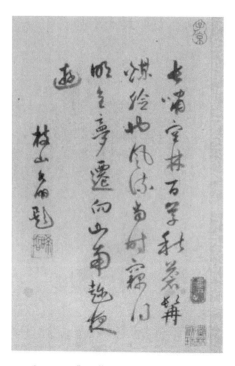

圖 3-76《題徐熙花卉草蟲卷》　　圖 3-77《題龔開鍾進士移居圖》

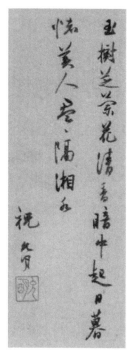

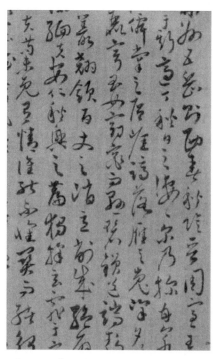

圖 3-78《題沈周畫芝蘭玉樹軸》　　圖 3-79《題陸探微五嶽圖》（局部）

第四節　雜書卷

　　祝允明喜歡書寫雜書卷，這些雜書卷大致可以分爲兩類，一類是把楷書、行書、草書甚至章草書寫到同一卷作品上，構成不同書體混雜載體；另外一類則是在一種書體中，比如行草書體中，用不同書家的風格來書寫相關內容，使觀者在一卷之中得見古人各家的書法風貌。有的雜書卷還爲臨作，直接把古代不同書家的作品臨寫到同一卷書法作品上。

　　正德五年（1510）正月十五日，祝允明作《楷行草三體雜詩》（圖 3-80），第一段小楷書《春女賦》，仿虞世南，略帶歐陽詢風格；第二、三段行草《蓮花洲辭》、《武帝傳》，有懷素筆意，還略帶有章草遺風；第四、五段行草《足夢中句》、《無論》，草意更濃，字亦略大；第六段行書《金陵懷古》，帶黃庭堅筆意；第七段《小米山水》，逐漸向大字行草過渡，字形仿米，而略帶大令筆意；至第八段《秋夜》已變爲狂草，其中「凝香拂」一行之「拂」字最後一筆，從上到下，直插兩端，筆意頗爲瀟灑。全卷從首至尾，書體、書風跨度明顯，可見此卷的書寫前後變化之大。款題：「雜詩數首，似仲瞻文學，聊付一笑。」

　　王文治跋此卷云：「此卷眞行草書，隨意揮灑，而氣韻淡雅，脫盡平時窠臼。吾嘗謂前朝若無香光，則希哲自當獨步，觀此種書乃信。」王氏評價此卷「隨意揮灑」，可謂到位，該卷並非刻意安排的經營之作，雖然所書寫內容在之前的場合允明也曾寫過，但此卷仍可視爲一次性書寫的作品。前後書寫一氣呵成，從楷到行，從行草再到大草，無不是平素書寫狀態的自然流露。然王氏所云此卷「脫盡平時窠臼」，則不合實情，實際上，此卷與祝氏平素的書寫特點頗有一致之處。枝山所長乃爲長卷狂草，香光所長乃爲小字行書，王文治書出於《聖教》，又浸淫香光多年，受到董其昌影響很大，因此處處推許董氏。

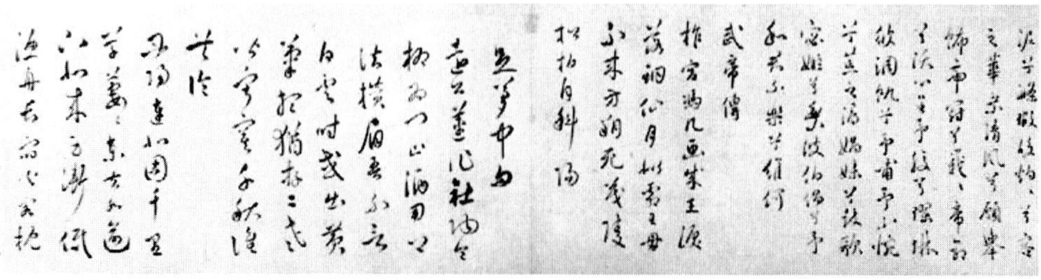

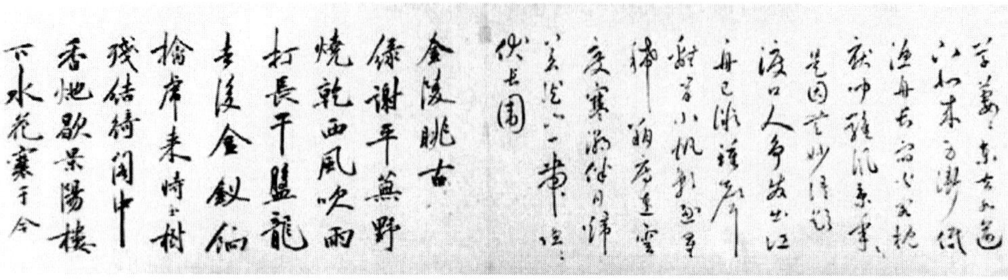

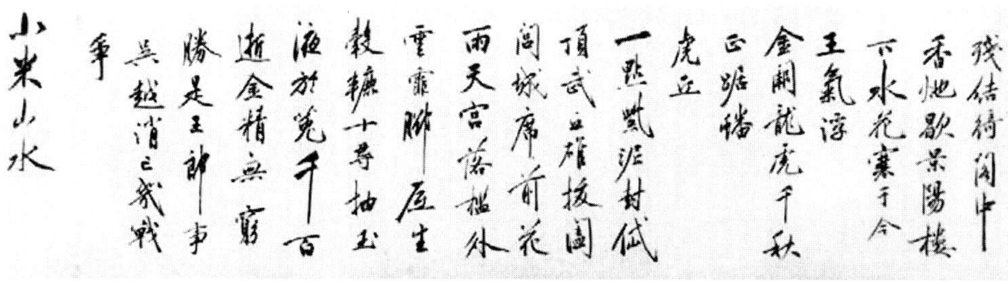

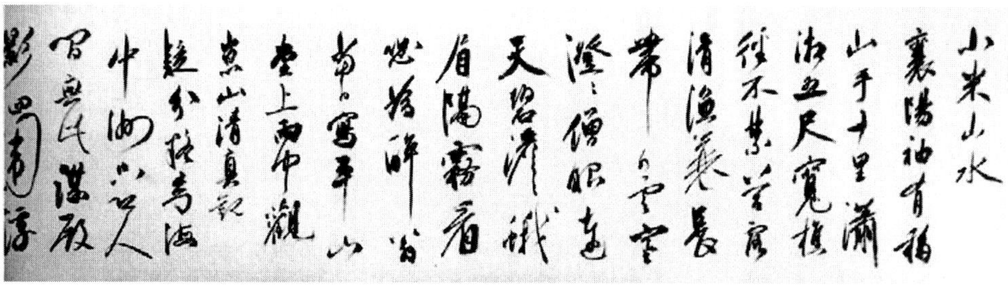

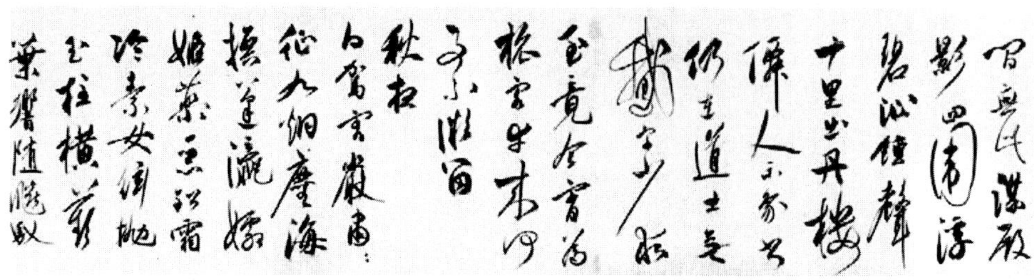

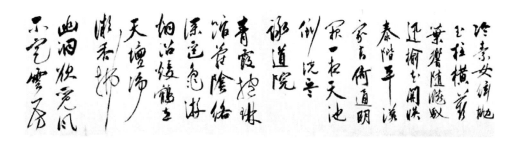

圖 3-80　《楷行草三體雜詩》

　　祝允明、文徵明《四體千字文》（圖 4-3），第一部分為祝允明小楷千文，烏絲欄格，款題「壬申夏五月既望書於宜逸堂」，書略有唐人風貌而多帶己意；第二部分為允明小草千文，字有殘缺，窮款，從字的體式看，為王羲之、孫過庭小草書一類；第三部分為徵明小隸書千文，款題「甲戌夏五月既望書於玉蘭堂」，隸書平整工穩，為文徵明隸書的典型面貌；第四部分為文徵明小篆書千文，其風貌為李斯鐵線篆一類，款題「甲戌歲秋十月五日書於停雲館」。壬申年為正德七年（1512），甲戌年為正德九年（1514），二人書寫的跨度時間並不長，且文徵明的兩幅作品前後相差僅五月，或許祝允明小草千文的書寫時間亦不會與此太遠。好事者能同時集起祝允明、文徵明的四體千文，恐非一般人所能為，此卷能集二人所長於一體，且真草隸篆俱全，應是有意經營方能為之。

圖 3-81　祝允明、文徵明《四體千字文》

　　《行草書詩詞》（圖 3-82），此卷分爲三個部分，第一部分爲祝允明自題引首「翰墨遊戲」四個大字；第二部分乃小行草書，錄《秋日□院雜題》《卞將軍廟》《孔明》《京館》《劉道士遊仙》等詩；第三部分爲大字行草，錄《眼兒媚》《鳳凰閣》《鳳銜杯》《南柯子・墨菊》等詞。

　　款題「余記交於了庵尊，宿有所□應，詩文常借其『居山亭』助興。暇

日獨坐亭中，了庵曰『吾見之作字，甚愛之，雖煙雲過眼，不必留□，而子獨無意於我耶？』予未答而其法孫西之已步紙、筆案前矣！遂草草如右，蓋不值法眼一勘。所望者正在它日所作所書，可校今日之進退耳。了庵觀之。丙辰（1496）中秋後三日。」從允明題款可知，此卷乃作於了庵先生之「居山亭」，乃是一遍書寫而成。

　　觀此卷書作，卷首所題「翰墨遊戲」四個大字，蒼勁有力，尤其「戈勾」如曲鋼筋，有雷霆萬鈞之勢，與王世貞跋《祝京兆卷》中所提到「上有京兆書，作擘案大字，怪偉動人……」〔註8〕頗有同工之妙；第二部分小行草為枝山行草的一般風貌，允明每在類似場合的書寫往往是如此面目，這種小行草略帶二王行書的筆意而結體稍加寬博，單字之間亦常伴有連帶；第三部分大字以行書為主，個別字為草字，字形多向左上欹側，從時時出現的「長豎、彎鈎及戈勾」不難看出，該部分的風格從黃山谷而來。然若比之於黃庭堅的大字行書，其差異也是明顯的，黃庭堅大字行書幾無連帶，允明此書連帶較多。若與黃庭堅草書相較，其章法布局也差異較大，黃書章法布局強調擺動，允明此作則增加連帶，而布局上並無左右搖擺。

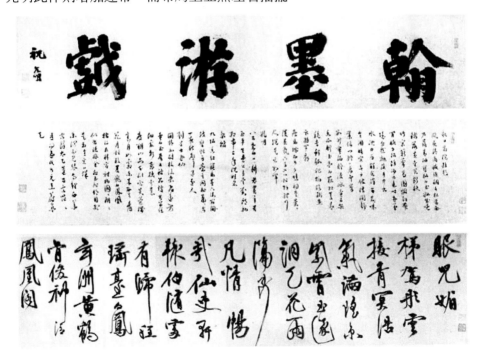

〔註8〕　王世貞，《弇州山人題跋》上，卷五。浙江人民美術出版社，2012 年版，頁122。

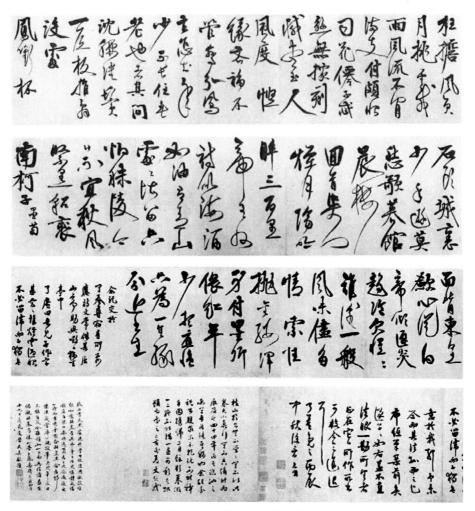

圖 3-82　《行草書詩詞》

　　嘉靖四年（1525）三月望日，酒後爲子明作《行草書詠蘇臺八景詞》（圖3-83），第一部分爲小行草，錄《虎阜晴嵐·蝶戀花》《蘇臺夕照·點絳唇》《上方春色·八聲甘州》《包山秋月·憶秦娥》《越溪漁話·摸魚兒》《甫里帆歸·憶王孫》《橫塘曉霽·西江月》《寒山晚鐘·尾犯》八首詞，歌詠蘇州地區的八個景點，從體勢看，屬於枝山平素行草的一般風貌；第二部分爲草書詩；第三部分爲小行草錄《遊仙詩》；第四部分爲小楷書《公子吟五首》；第五部分草書自作詩；第六部分草書自作詩，字略大；第七部分爲草書自作詩；第八部分行草自作詩；第九部分行草自作詩，字稍大；第十部分草書自作詩，字略大。此卷雖字體大小、書法風格力求多樣，然畢竟是醉後書寫，水平較爲一般。

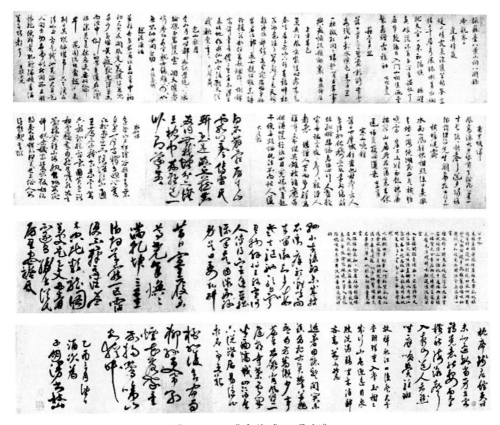

圖 3-83　《詠蘇臺八景詞》

　　嘉靖元年（1522），祝允明酒後爲姻親沈津作《六體詩賦卷》，錄《古風》、
《節遊賦》（圖 3-84）、《幽思賦》、《長門賦》、《遠別離》、《關山月》、《清平調》
等文。除第三部分《幽思賦》（圖 3-85）仿蘇軾行書、第四部分《長門賦》章
草書寫、第五部分《遠別離》仿黃庭堅行書確如葛鴻楨所言〔註9〕之外，其餘
第一部分《古風》，第二部分《節遊賦》，第六部分《關山月》、《清平調》並
不能清晰地分辨出所仿爲某家風格。就第三、四、五部分而言，仿寫水平也
較爲一般，祝允明款中自言「再次拒絕對方仍然堅持索書，」可見，是極其
不情願下的應付之書。

　　卷後有歐大任（1516～1596）、莫是龍、王世貞、王稺登、張鳳翼題跋，
多爲溢美之辭。劉九庵先生亦云：「這有別於其早年《臨魏晉唐宋人書帖》十
家的各體風格，而集中反映了允明晚年書法變化不似之似的藝術才能。」是

〔註9〕　見葛鴻楨，《中國書法全集・祝允明卷》，書後「作品考釋」。

卷確實表現了祝允明習古的不同風格，但這種不似之似的書寫水平較爲一般，並不值得讚揚。

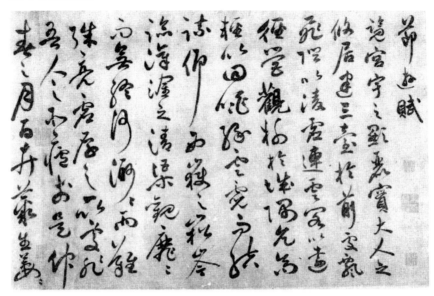

圖 3-84　《六體詩賦卷》之《節遊賦》部分

圖 3-85　《六體詩賦卷》之《幽思賦》部分

《墨林藻海》（圖 3-86），鈐有「乾隆御覽之寶」、「嘉慶御覽之寶」、「養心殿鑒藏寶」、「宣統御覽之寶」等印章，表明其曾經清代內府收藏。是卷款題「丙子（1516）十月二十二日，吳郡祝允明書於興寧縣齋」。祝允明在款中還記載了此卷的來歷，大抵鄭敬道索書，「請舉各家體貌爲之」，派來的使者立階下不去，然乏佳筆墨，允明勉強爲作此書。引首有廖杶題四大字「墨林藻海」，並題識云：「是卷也，……臨仿諸體，藻墨之豪也。入目之頃，如游林觀海，應接不暇，何君天分、學力之兼到也？」

雨泉居士（鄭效）順治六年（1649）長跋：「……公既已貌二王行草，乃復仿《黃庭》、《洛神》者，想亦不自得於前作，故以此補之。章草古拙中精彩奕奕。魯公、率更，貌肅而神清。眉山極古極拙而中有秀傑之氣，與黃、米俱稱神合，既合起三公而自爲之，政未知孰得孰失也。趙承旨書本精媚，而此更出以蒼茫，微帶蘇家風骨。……記一首。首答贈七言近體四首，前後題名八十三字。次臨二王行草五言古三首並題百六十三字。次率更楷書七言近體一首、題名六字。次虞世南七言一絕、題名七字。次《黃庭》小楷擬騷一則並題之，五十七字。次《蘭亭》小楷四言古並題三十二字。次《洛神》小楷《蕭齊賦》一首，四百七十四字。次急就章草《吳豔谷二首》並題百二十二字。次眉山古近體四首並題，四百一十五字。次豫章古近體二首並題三百四十七字。次襄陽五、七言近體七首並題，三百七十九字。次子昂絕句三首，皆七言，題名六字。評元末國初書百六十六字，又縱跋百七十四字，而公之書盡於此矣！計此卷修五丈有六寸，池不予焉，詩二十九首、騷一、賦一、夕一、評跋各一，乙丑九月雨泉居士鄭郊野人識於峨眉堂。」詳述所仿各家的情況，並對允明所仿古人的書一一作了評價，多精辟之語。誠如鄭效所言，在此卷中，祝允明模仿了從魏晉到宋元所有著名書家的書寫風格，這些書家涵蓋鍾繇、王羲之、王獻之、歐陽詢、虞世南、顏眞卿、蘇軾、黃庭堅、米芾、趙孟頫等人，甚至還涵蓋了章草書體。

在這卷作品中，祝氏仿書的本質不同於明末清初的傅山，傅山的雜書卷往往是把不同的書體書寫在同一書卷上，如《嗇盧妙翰》。允明此類的雜書卷相對集中了古代不同風格楷書、行草書的特點，且能在不同的風格之間進行自如轉換，這種變化容易引導讀者在比較中領悟古代書家的特點。它的積極意義在於：對書寫者而言，這種做法更能提高自身融通古代各家的能力；對觀者而言，這種形式更方便讓讀者迅速體會到古代不同書家之間的風格差別。切中書法學習過程中的要害之處。

圖 3-86　《墨林藻海卷》（局部）

　　有時候在小楷和章草之間，祝允明也有穿插。其嘉靖四年（1525）所作
的《和陶飲酒詩冊》，主體以鍾繇風格的小楷爲之，中間則雜有一小段帶有章
草筆意的小行書（圖 3-87、3-88）。款題：「向得舊紙，久藏笥中，興至則隨意

作數行，乃生平之戲耳。觀者勿謂老翁更多兒態也。」允明自言此作斷斷續續作了很長時間，乃平素的遊戲之作，可見祝氏如此的安排並無特指的內涵和寓意，僅僅是興來如此而已。後人評價這段章草云：「以流暢的行書筆意融合楷書與章草，絲毫無明初章草書的生硬突兀。用筆沉穩利落，結體疏密有致，字形變化錯落，行氣搖曳，爲明代章草的佳作」〔註10〕，不免有捧之過高的嫌疑。

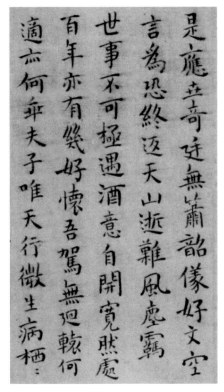

圖 3-87《和陶飲酒詩冊》小楷部分

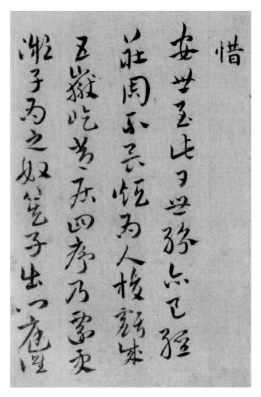

圖 3-88《和陶飲酒詩冊》章草部分

《臨魏晉唐宋人書冊》，款云：「右諸帖若干種，余閒中偶而戲臨，幾欲付之水火矣！吾友彭寅甫見而喜甚，意欲持去。余不能辭，輒以贈之。並記其後，觀者當謂祝生多兒態也。弘治甲寅（1494）仲秋。」可知約書於三十五歲之前，是卷遍臨鍾繇、王獻之、歐陽詢、虞世南、褚遂良、薛稷、蔡襄、蘇軾、黃庭堅、米芾書家名帖，把眞行草書臨寫在到同一卷中。所臨以王獻之《廿九日帖》，蘇軾《武昌帖》、《桃源帖》以及米芾《元日帖》（圖 3-89）

<hr>

〔註10〕見何炎泉編《毫端萬象──祝允明書法特展》，頁375。

最為得神，餘則雖皆盡量忠實於原作，但不似此四帖之精（圖 3-90）。據祝氏所云可知，這些臨作是允明平時的練習之作，友人見而求索，允明才題款贈之。可以想見，祝允明平素家居，類似這樣的臨作是常有的。

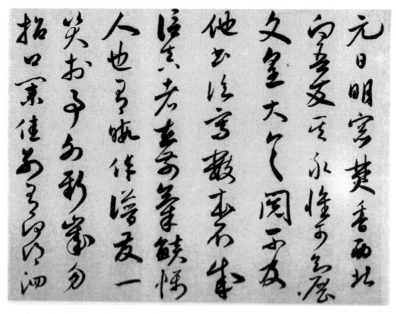

圖 3-89　《臨魏晉唐宋人書冊》之臨米芾《元日帖》

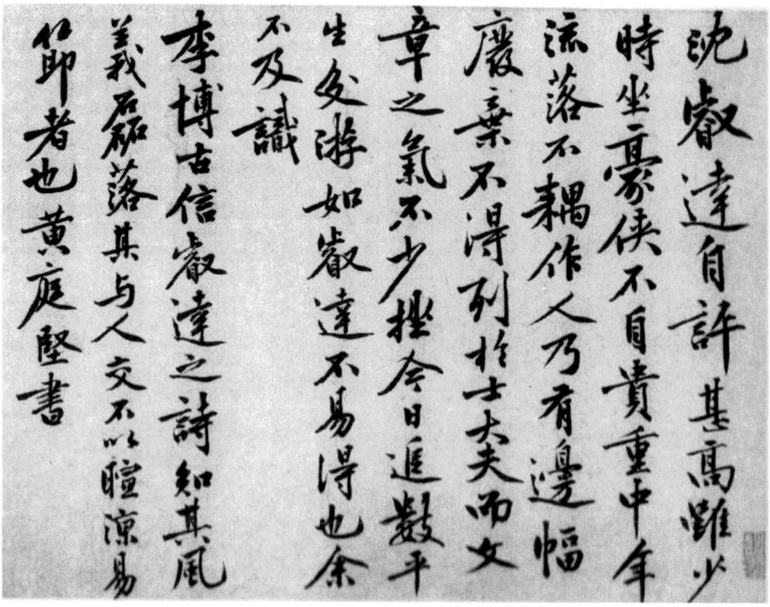

圖 3-90　《臨魏晉唐宋人書冊》之臨黃庭堅《沈睿達詩評》

　　《楷書詩詞》（圖 3-91），錄《楊柳花》《春莫曲》《彩雲東飛月向西》《沈先生溪山雨觀圖》《有所思》《投釵吟》等詩，題為「癸丑仲春允明為國卿書」，是年為弘治六年（1493），允明三十四歲。第一部分《楊柳花》為鍾繇體式小楷；第二部分《春莫曲》、《彩雲東飛月向西》已見唐人筆意；第三部分《沈先生溪山雨觀圖》更是闌入宋元人筆意；第四部分《有所思》、《投釵吟》又多自己的面貌。據張靈跋：「祝先生書一卷，凡三段而每改，各具一體，以歸國卿。國卿，有志於書者也，得此卷，亦復於萬管千定中求之。」可知此卷乃允明為國卿學書所作的樣本，其於一卷之中展現多種風貌，蓋有意為之。

圖 3-91　《楷書詩詞》

第四章　祝允明書學觀點

　　祝允明並沒有專門的書學論著，他的書學觀點，主要體現在他的《評書》、《書述》和《奴書訂》這三篇文章裏。另在其爲古人法書所作的題跋中，也有較多體現。

　　《評書》是祝允明爲程星初所書，程氏曾向允明問及筆法，祝氏抄此評書之語贈之。《評書》的大部分內容引自古人，多爲評述前人的書法，應該是祝允明比較認可的觀點。偶有一二自家評論，兼及學書體驗。所述對象尙未涉及到明朝書家。《書述》乃是祝允明檢校故紙堆，發現有草書《書述》一段，於是重新錄之，自云「不記誰作，或自作」。所論及的書家從唐迄於明代中期，其中對唐、宋、元書家一帶而過，重心落在對本朝書家的評述上。這兩篇文章還間有涉及到對書法本體的認識。《奴書訂》則是針對當時「書壇」出現的一種脫離書法傳統、一味講求創新的學書觀點的批判，旗幟鮮明地提出了反對「奴書之說」的觀點。

　　這三篇文章在所論述的對象及內容上，層層推進，有邏輯上的遞進關係。

第一節　書法史觀

一、「書理極乎張、王、鍾、索」

　　祝允明在其《書述》第一段開言便對書法風格的演進給予了定性：

　　　　書理極乎張、王、鍾、索，後人則而象之，小異膚澤，無復改

　　變，知其至也。〔註1〕

_____

〔註1〕 《祝氏集略》卷24。

　　張芝、王羲之、鍾繇、索靖分別對應草書、行書、楷書與章草四種書體，祝允明認爲張、王、鍾、索之後，書寫的方法、道理已經發揮到了極致，後人只能在他們的基礎上進行風格創變，而無法脫離傳統。這個觀點是祝氏最根本的書學觀，顯示了他對書學傳統的獨到認識，也是他反對「奴書之說」的理論依據。

　　接著，祝允明論述了唐、宋、元不同朝代的書法特點並對其代表書家進行了評論，云：

>　　適逮唐氏，遵執家彝，初焉微區爾我，已乃浸闊步趨。

>　　宋初，能者尚秉昔榘。爰至中葉，大換顏面，雖神骨少含晉度，九往一居，在其躬尚可爾。來徒靡從，瀾倒風下，違宗戾祖，乃以大變。千載典模，崇朝敗之，何暇哂之？亦應太息流涕耳！暨夫海濱殘趙，顛繆百出。一、二守文之外，怪形盈世。吾於是不能已於痛哭矣！

>　　元初數子，未定甲乙（虞、巙等輩可爾，樞、鄧與餘人無足語）。吳興獨振國手，遍友歷代，歸宿晉唐，良是獨步，然亦不免「奴書」之眩。自列門閥，亦爲盡善小累。固盡美矣！饒周之屬，且亦可觀。

　　祝允明認爲唐代書法雖有古意，然至於中、後期千人一目，不似初唐各家有不同面貌。北宋初期尚有古法，中期面貌大變，至晚期古法已經蕩然無存。南宋書法充斥著奇形怪狀，更加不忍卒讀。元代趙孟頫得晉唐古意最多，他的書法挽救了前朝脫離書統的奇怪現象。虞集、康里巙巙、饒介、周伯琦亦尚可，鮮于樞、鄧文原不足論。

　　從祝允明的評價標準來看，以對「書法傳統的傳承」這一主線來評價唐、宋、元三朝書法，其中尤對宋代的「尚意」書風嗤之以鼻，基本持以否定的態度，甚至連蘇、黃、米、蔡的名字都沒有提，這說明作者的態度傾向於反對創新，而褒揚傳承。

二、「時趨律縛、償浮俗媚」的臺閣體

　　臺閣體書家多爲中書舍人〔註2〕，他們爲內閣提供繕寫服務，書風必須迎合皇家口味。這種書風實際上是書法實用功能的極致發揮，它主要體現在小

〔註2〕 始設於洪武七年（1374）。

楷方面，媚和俗是其書法風格的主流特徵。但大多數臺閣體書家也作行草，因此這種審美趨向對當時的行草書風也產生了一定的影響。

祝允明在《書述》中對「臺閣」書家進行了批評，他說：

> 詹、解鳴於朝，盧（熊）、周（砥）守於野（如滕公等尤多，未遑繁舉，非棄之也）。朝者乃當讓野。而希原幹力本超，更以時趨律縛耳。自餘彬斑甚眾，夫則不暇。二沈蜚耀墨林，昌辰高步，自任人推，皆謂絕景。大君宸譽，遂極袞華，抑在一時，誠亦然耳。學士功力深篤，其所發越十九，在朝乃亦薄有繩削之拘，非其神之全也，或有閒窗散筆，輒入妙品，人罕睹爾。棘寺正書傷媚，行草傷輕，因成僞浮，自遠大雅，危帽輕衫，少年球鞠，又如豔質明妝，倩笑相對。朱、夏榜署紛紜，易於馳譽（孔暘、仲昭），下及廷暉、養正之流，煙煤塞眼，悉俗工也。其間太常（夏）稍近清潤，吏部（蔣）頗主沉雄，惜乎不肯自脫孔暘掾史手耳，養正吾不知也（不知當時何以得列書苑？）。二陳：璧傷矜局，登略上之。

詹希元、解縉（1369～1415）爲宮廷書家，盧熊（1331～1380）、周砥爲民間書家，宮廷書家不及民間書家。詹希元爲時代所壓，不能高古。沈度（1357～1434）、沈粲的書法得到帝王的喜愛，尤其是沈度，曾榮極一時，然而他爲官方所書寫的文字卻有拘束之感，不如他私下的隨意之筆；沈粲的楷書媚俗，行草輕飄，不及其兄沈度。朱孔暘、夏昶以榜書名世，稍涉俗，下及蔣暉、黃蒙等人，不過是寫字的工匠罷了。其中夏昶稍清潤，蔣暉稍沉雄，然終不能脫去臺閣之氣。陳璧傷於格局太小，陳登略好。

在這裡，祝允明對臺閣體書家提出了尖銳的批評，認爲他們的書法藝術水準被官方的審美趣味所束縛，且此類書風由於受到皇家青睞，導致時人爭相模仿，對書法發展產生了不良影響。祝氏激賞沈度的「閒窗散筆」，並對夏昶的「清潤」、蔣暉的「沉雄」加以褒揚，而反對「俗、媚、浮、熟」的書法，這說明‧祝允明重視書寫的趣味，而非把書法看作簡單的實用抄寫。

在明代前期，臺閣體書法風行，大多數有影響的書家皆被裹挾進來，不能擺脫時風的羈絆：一部分書家受到這種風氣的影響又渾然不知，而另外一部分書家由於身居官場也未能對這種書風進行客觀反思。祝允明以其敏銳的眼光一針見血地指出這種書風傷於俗媚，阻礙了書法的健康發展，這在同時期無疑是最超前的「書學理論」，顯示了他書學思考的深度。

三、「幡然飄肆」與「捨文武而攀成康」：對松江、吳門書家的認識

針對當時被臺閣體籠罩的書法風氣，相應的出現了兩種書學道路：一是極端的反對「隨人腳踵」，主張脫離傳統，自行其是；一是取法宋人，獨守一家面貌。祝允明對這兩種取法也進行了批評，他說：

> 洎乎近朝所稱，如黃翰、二錢、張汝弼皆松人也（松人以沈氏遺聲，留情豪墨，迄今猶然，然荊玉一出而已）。小錢大致亦可。翰與東海，人絕薰蕕，而藝斯魯衛。張公始者尚近前規，繼而幡然飄肆，雖名走海宇，而知音歎駭，今且以人而重，與黃人行伎俱下，非吾徒也。又有天駿者，亦將婢學夫人，咄哉！樵爨廝養，醜惡臭穢，忍浼齒牙，恐異時或得其名、失其跡，妄冒誤人。

到了近朝，松人黃翰、錢溥、錢博、張弼（1425～1487）皆以書名，屬於「二沈」的遺響，然如曇花一現，不能長久。錢博尚可，黃翰與張弼不辨善惡，藝術水準也接近，張弼書最初尚有古法，後來一味纏繞，雖有書名，但知書者無不感到驚駭，現在其書雖以人而重，實際上他與黃翰人品都不行，跟我不是同一類人。張駿書學黃翰、張弼，為醜怪惡箚，恐怕將來會貽害後人。

客觀講，張弼草書在宗旭素方面取得了一定的創新，他脫離了元人的末流，在取法上與宋克、陳璧、二沈有別，書法面貌以自得為多。但由於書寫速度過快，泯滅了草書用筆的痕跡，習氣很重。張駿的書法又承襲張弼的末流而來，油滑庸俗。祝允明在這裡對他們的二人的草書提出了尖銳的批評，說明他並不認可這種入古不深的自我創新。這在他對岳父李應禎的評價裏有更為明確地體現：

> 太僕資力故高，乃特違眾，既遠群從（宋人），並去根源，或從孫枝翻出己性，離立筋骨，別安眉目，蓋其所發「奴書之論」乃其胸懷自憙者也。（《書述》）

李應禎的書法與大家都不一樣，他既不學宋人，又未上溯晉唐，而是從元末明初的末流翻出自己的面目，他所提倡的「奴書之論」，不過是他個人的喜好罷了。言辭之間頗見批評之意。祝允明對張弼、李應禎等人的批評，與他反對「奴書之論」的觀點是一脈相承的，他認為這種脫離傳統的創新是不可取的。

針對當時蘇州地區不少書家專學宋人的情況，允明也提出了自己的看法，他說：

> 談者謂：「任道遜、姜立綱及邇日周文通宜攀詹、沈」，蓋亦依稀若徐武功、劉西臺、吳文定、李太僕，咸爲近士瞻望（吳公不負書名，故非當家，愛人及烏，貴在起雅去俗，斯亦牽筆，勿訝不倫）。徐、劉與吳並馬刑部、蕭黃門（愈、顯），亦皆師模宋元之撰而已（徐仿米、劉趙、吳蘇、馬亦米，蕭自成狀而近彥修）。於中劉無一筆失步，亦可慨捨文武而攀成康也。

有人說任道遜（1422～1503）、姜立綱及周文通應該向詹希元、沈度學習，就像近來習書者應該向徐有貞、劉玨、吳寬、李應禎學習一樣。徐有貞、劉玨、吳寬、馬愈、蕭顯多是取法宋元之書而已，徐、馬仿米芾，吳寬仿蘇軾，劉玨仿趙孟頫、蕭顯自成一體而近彥修〔註3〕。吳寬雖有書名，但非當家，貴在不俗。劉玨用筆謹愼，遺憾的是取法乎中，未能上溯。這些書家中，較爲極端的是吳寬，他的書法純仿蘇軾，餘者幾乎一步不趨。祝允明對這種局限於取法宋人的學書道路感到惋惜，認爲他們好比捨棄文王、武王而學習成王、康王那樣，有舍本逐末之嫌，未能眞正的上溯書學傳統。

祝允明對明初以來的書家的分析，大多比較中肯，符合書史上的實際情況。這不僅顯示了他對明初以來書法發展現狀的不滿，也表明了他對當時書法發展的缺陷有著清醒地認識。這種高出時人的理解，最終促使他闖出了一條獨特的書學道路。

四、對書史上重要書家的認識

（一）對二王書法的認識

祝允明認爲王羲之的書法爲古今不二之書，對其推崇備至，正德三年（1508）三月，他在停雲館跋文徵明所藏的《王羲之七月帖》中說：

> 若此書，既盡美而復盡善，誠千載一人，後世雖有作者而欲與之抗衡，眞不可得，豈非人品資格之不同而世代之愈趨愈下也！〔註4〕

推王氏爲千載一人，後世沒有能與之抗衡者。祝允明認爲王羲之、王獻之的書法是後世一切書法風格（指行草）的源頭，他一再表明唐、宋、元的

〔註3〕　梁乾化時人，擅草書。
〔註4〕　明末清初・吳升，《大觀錄》。《中國書畫全書》第八冊，頁143。

書法在本質上是二王書法某一特點的延伸發展。正德二年（1507）仲春一日，他在爲光祿尙古華公《題二王帖》中說：

> 王氏先後皆書苑宗家，何復贊爲？自李唐來，如河南率更、永興、顚素、徐揚、眉山、豫章、襄陽、莆陽以及近代吳興諸子，皆王家游夏一支之至者也。此帖乃顏、冉之具而微者也，學者之求師也，從支乎？從具乎？姑以是爲初涉藝圃者言之云爾。〔註5〕

明確點明歐陽詢、虞世南、懷素、蘇軾、黃庭堅、米芾、趙孟頫等人，皆是對二王書法某一特點的進一步發展。祝允明曾反覆重申這個觀點，他在《題老米臨蘭亭》時說：

> 禊序眞本，自溫韜棄擲人間，雖淳化之君購募而不得，故不列於閣帖。當時士大夫，各以所見本臨拓，各因其材所遍近者而得之。然每批閱，未嘗不見右軍之一斑，蓋如大成之聖，爲其徒者具體一支，皆有益於後人。〔註6〕

祝氏認爲《蘭亭序》猶如「大成之聖」，當時的士大夫各以所能見到的不同版本臨拓，又賴於不同的技術和材料，所以面貌會不盡相同，但他們都在某一方面不同程度地傳達了王書的面目，對後人皆有裨益。正是基於這種認識，祝允明在《題草書後》強調說：「學者只當從逸少，他皆可自致之。」〔註7〕

（二）對唐人書法的認識

1. 張旭、懷素

祝允明認爲張旭的書法似有鬼神之助，他在《評書》中引宋潛溪跋張旭《酒德頌》之「出幽入明，殆類鬼神雷電」，來說明張旭草書的不可端倪。張旭的書法，祝允明見過《濯煙》、《春草》二帖，正德十六年（1521）十二月既望，他又得見《四詩帖》，云此帖與《濯煙》多肥，而《春草》瘦勁。祝氏認爲用「奇怪百出肥瘦」來評價張旭的草書尙不能完全盡其意，而蘇軾的「肥瘦之論」〔註8〕概括的更爲精闢。祝允明指出草書到得意之處，就像一條騰飛的墨龍，無拘無束，自由自在，而肥瘦應該各隨其態。允明認爲張旭的草書

〔註5〕 明・王世貞，《古今法書苑》。見《中國書畫全書》第五冊，頁705。
〔註6〕 明・王世貞，《古今法書苑》。見《中國書畫全書》第五冊，頁583。
〔註7〕 《懷星堂集》，卷26。
〔註8〕 即「短長肥瘦各有態，玉環飛燕誰敢憎。」

正具備這種特點，他非常佩服。〔註9〕而這種對狂草的認識，在祝允明的草書書寫中也多有體現。

祝允明對懷素的草書有更爲細緻的研究，他的岳父李應禎家藏有懷素一帖，允明曾經寓目，弘治十四年（1501）二月望日，他又得見顧方岳所藏《藏眞千文》，並題有跋語。〔註10〕祝允明還曾閱素師石刻千文，云其「極其清瘦」，在另一次題懷素墨蹟千文時，他說墨蹟本「運筆似不經意，而較刻本頗似覺肥腫。蓋緣翻勒者過於模仿，乃至失眞。」對其版本進行詳細比對，並評墨蹟云「縱橫馳驟，絕無形跡意態可索。」〔註11〕

祝允明對明代初期師法懷素草書的末流深惡痛絕，他在《跋黃庭堅草書太白詩卷》中批評這種時風說：「今之師素者大率魯莽，求諸其外，動得狂妄，又是優孟爲叔敖，抵掌變幻，眩亂人鬼，只能惑楚豎子耳，亦獨何哉？」〔註12〕批評時人學懷素只求外在的皮毛相似，徒有纏繞變化，一味魯莽狂妄，其實去懷素甚遠。他讚賞黃庭堅書「積功固深，所得固別，要之得晉人之韻，故雖形貌若懸而神爽冥會歟？此卷馳驟藏眞，殆有奪胎之妙，非有若據孔子之貌也，其故乃是與素同得晉韻然耳。」〔註13〕從現今明代書法史研究的成果來看，祝允明的這種批判和認識無疑是正確的，遠遠地高出時人。明代初期的行草書風貌，用筆和結體介於趙孟頫和康里巎之間，劉基（1311～1375）、宋濂（1310～1381）無不如此，宋克因糅合了章草的用筆，在氣息上稍勝一籌。而宋廣（生卒年不詳）、宋璲、陳璧（1368～1398）、沈度、沈粲（1357～1434）之流，皆受臺閣書風的束縛，行草書雖曰學旭、素，實多襲其皮相，而乏瘦勁之骨，面貌雷同一致，甜熟軟媚，已經走向誤區。張弼（1425～1487）、陳獻章（1428～1500）曾試圖變革，然又苦於找不到正確的方法。〔註14〕當時的書法實際上已經走進了一個死胡同，欲皈依旭、素又難以擺脫時風的限制，想突破創新又沒找到合適的路徑。亟需一種正確的書學理論來從實踐上歸正各種混亂的學書思潮。

〔註9〕　參看祝允明，《跋張長史四詩帖》。見明末清初吳升《大觀錄》，《中國書畫全書》第八冊，頁164。

〔註10〕　《懷星堂集》卷25。

〔註11〕　明·張丑，《眞跡日錄》。見《中國書畫全書》第四冊，頁429。

〔註12〕　清·梁章鉅，《退庵所藏金石書畫跋尾》。見《中國書畫全書》第九冊，頁1034。

〔註13〕　清·梁章鉅，《退庵所藏金石書畫跋尾》。見《中國書畫全書》第九冊，頁1034。

〔註14〕　黃惇，《中國書法史·元明卷》下編第一章「明代前期的書法家」，頁187～227。

2. 虞世南、褚遂良

對於唐楷名家虞世南與褚遂良，祝允明所論不多，他在跋《虞世南奏章》中云：

> 虞世南奏章真跡中云，「伏蒙聖慈，以臣進呈孔子廟堂記石本，特賜臣晉右將軍王羲之黃銀印一顆，臣已祗受」，蓋在貞觀七年十月。後有宋人題名及賈丞相悅生印，今藏宜興徐氏，乃閣老公故物也。世南所書廟堂記，予碑跋中嘗及之，但羲之有黃銀印，太宗以之而賜世南，此皆後人之未知者，故表而出之。〔註15〕

此處並未對虞世南的書法作出評述，但談及王羲之黃銀印的流傳，說明祝氏對王羲之法書的流傳情況比較關注。在跋華公所藏的《王方慶進唐臨晉帖》中，祝允明指出描摹之手為「冉閔」，但不知何據，冉閔亦不知何許人。〔註16〕祝允明還說曾在碑跋中論述過虞世南的廟堂碑，此跋或許對虞世南楷書有一些不同的見解，惜未見原文。

祝允明在《評書》中引方遜志題褚遂良《哀冊》云：「古人所為，常使意勝於法，而後世常法勝於意。」可見他對唐楷的一味重法而走向極端並不是完全贊同。祝允明還曾跋金陵人家所藏《褚摹右軍枯樹賦》，定為元人翻拓本，云其「甚多似而多遺恨者」，亦不太滿意。而對書後晁補之所跋之語加以激賞，謂晁書「辭氣筆勢，皆極超拔，矯然遊龍，不知其精絕如此也！」〔註17〕這說明祝氏對宋人的意趣書寫也有激賞的一面，而非一味重法。前文曾經論述，祝允明認為北宋前期書法尚有古意，而中後期則古法全無，晁補之這種出於傳統的創新正是允明認可的學書之道。

（三）對宋人書法的認識

1. 蘇軾

正德五年（1510），祝允明得觀朱子儋所藏蘇軾《六帖合冊》，帖中提及海南蠔之美味，令其子叔黨不要「宣傳」，以免北方官員紛紛求謫海南，允明在題跋中推測東坡這樣說是為了寄託其高逸之韻，就像「啖荔枝」一樣，未必確是日食荔枝三百顆，並云東坡人品宏大，目中皆是與自己志向相近的君

〔註15〕明·王世貞，《古今法書苑》。見《中國書畫全書》第五冊，頁346。
〔註16〕《懷星堂集》卷25。
〔註17〕《懷星堂集》卷25。

子，尤可敬愛。〔註 18〕祝允明此跋對蘇軾的書法隻字未提，而只關注了帖中某一個自己感興趣的事件，從他所關注的焦點來看，他羨慕東坡爲人灑脫、不計較個人榮辱得失的心態。

《東坡王仲儀哀辭》，據祝允明跋爲《蘭亭》行書，淡黃綾界，前題有「武寧軍節度推官蘇某」，允明評云：「體度莊安，氣象雍俗，中和大成，書之聖者也。」〔註 19〕蘇軾的行書，現今所見到的皆與《蘭亭》面目相差較大，並且風格也較爲一致，多用筆爽利果斷，字勢欹側，鋪毫重筆與牽絲對比強烈，祝允明此處用「體度莊安，氣象雍俗」形容蘇書的特點尚可，而「中和大成」似難以理解。然而祝氏離蘇軾更近，或許東坡確實對王羲之《蘭亭序》下過工夫，並有仿書，亦未可知。

祝允明還曾在練川沈文元處得觀《東坡草書千文》，跋云：

> 北鄙之夫，居鄰大閱之場，旬朔，見大將軍帥數百士入場校獵，數騎張弓發矢，馳馬迴旋幾匝，鼓進而金退，頃刻而止，曰「戰陳如是已」，甚則彎桑折柳效之，自以爲不大相遠。一旦此將軍統十萬眾出塞，橫行匈奴中，魚麗鶴列，噏忽開闔變化若神，戈矛弓矢之具，擊刺向背之法，與向來故步如不相關者。鄙夫見之，然後魄隕魂越，始知兵法乃如此。今之學坡書者，故未嘗見其稿法，使觀此帖，其隕越失措，何可勉也？何日相與請正於閣老延陵先生，必有教吾二人者。〔註 20〕

蘇軾此帖蓋爲草稿之書，相對於那些用心之作，更能體現其平時書寫的特點。祝允明跋語用「俗人折桑柳模仿將軍排兵佈陣，自以爲相差不遠，而後得見將軍戰場殺敵之驚心動魄，始知二者間差距甚大」，這樣一個故事來說明模仿和實戰的巨大差異，強調草稿書對後人學東坡書具有不同尋常的意義。

2. 黃庭堅

祝允明對黃庭堅的詩文書法始終充滿敬畏之感，他曾自言少年時每每見到魯直詩文，「未嘗不斂衽起敬」〔註 21〕。正德七年（1512）八月十二日，祝

〔註 18〕 祝允明跋《眉山六帖合冊》。見明末清初吳升《大觀錄》。《中國書畫全書》第八冊，頁 233。

〔註 19〕 祝允明跋《東坡王仲儀哀辭》。見明王世貞《古今法書苑》。《中國書畫全書》第五冊，頁 391。

〔註 20〕 明·王世貞，《古今法書苑》。見《中國書畫全書》第五冊，頁 391。

〔註 21〕 祝允明，《題黃庭堅自書詩卷》。見清梁廷枏《藤花亭書畫跋》。《中國書畫全

允明與邢與庵、周羨夫、王樂耕等人在無錫華夏處同觀《黃庭堅自書詩卷》，題云：「此卷節氣凜凜，殆非悠悠者所識，眞使人可望不可即者也。」〔註22〕弘治十六年（1503）九月既望，祝允明在汪宗道處觀《黃山谷書釋典卷》，評曰「眞所謂神品矣，捕龍蛇，搏虎豹，承風霆而上下太清，誰得爾襲其蹤跡也？」〔註23〕以至於「賞歎彌日」，不忍釋卷。祝允明還曾在刑部馬抑之處得見《山谷書後漢陰長生詩三首》，在海虞錢士弘處得見《山谷與趙景道帖並絕句詩八首》，並均有題跋。他題前者不僅涉及到賈似道「悅生印」及長字印的考察，還指出其後三跋中之「石湖居士」者爲同鄉范文穆；〔註24〕題後者感歎陰長生「詩辭旨高古而人間少傳」，並親錄其詩二首。〔註25〕

尙古光祿先生所藏黃庭堅名跡《草書李太白詩卷》，祝允明也曾得見並有跋語，他說：「卷跡英氣橫發，於其本書，故是平生神品，噫！老谷不死之神在華氏矣！」〔註26〕黃庭堅曾自言「草書得懷素三昧」，允明是認同這一點的。他讚賞黃庭堅草書「積功固深，所得固別，要之得晉人之韻，故雖形貌若懸而神爽冥會歟？此卷馳驟藏眞，殆有奪胎之妙，非有若據孔子之貌也，其故乃是與素同得晉韻然耳。」黃庭堅的草書雖然在皮相上與懷素面貌不同，但在書寫的線條律動及書法的整體氣息上與懷素草書非常接近，黃氏沒有刻意模仿懷素圓瘦的線條質感，而是找到一種略帶震掣的線條語言來表現草書的章法之美。如果說懷素的草書是飛動圓轉線條發揮的極致，那麼黃庭堅的草書則是優游方折線條成功運用的典型，二者的共同點乃是瘦勁的筆劃，雖形制不同，但於內在的氣息上是相通的。理解了這一點，才能理解爲何黃庭堅會自言「得懷素草書三昧」，而祝允明又是緣何如此敬仰地推崇其學習懷素的方法。

3. 米芾

祝允明對米芾書法評價也較高，並且從中所得甚多。他曾在汪宗道家觀

書》第11冊，頁1004。

〔註22〕祝允明，《題黃庭堅自書詩卷》。

〔註23〕清・卞永譽，《式古堂書畫匯考》。見《中國書畫全書》第六冊，頁296。

〔註24〕祝允明題《山谷老人遺墨》。見明王世貞，《古今法書苑》。《中國書畫全書》第五冊，頁393。

〔註25〕祝允明題《山谷書陰長生詩》。見明王世貞，《古今法書苑》。《中國書畫全書》第五冊，頁393～394。

〔註26〕祝允明，《跋黃庭堅草書太白詩卷》。見清梁章鉅《退庵所藏金石書畫跋尾》。《中國書畫全書》第九冊，頁1034。

看《蜀素帖》，跋云「南宮帖余見數本，每見未嘗無所得，此卷尤爲精粹。」
〔註 27〕並感歎「余作有意學米，安得常對面也！」〔註 28〕他希望自己能有一
本《蜀素帖》，以便經常學習。

　　雖然如此，祝允明對米芾的書法，始終持有一種比較謹愼的態度，他一
方面欣賞米芾學書癡心、對待書藝專心不二，另一方面又認爲米書特點過於
明顯，學之者宜謹愼。祝允明在題跋中屢屢提及米芾「一詩凡書三過、三四
次寫」等等，如《跋米元章九帖後》云：「米九帖中，其一乃所作海岱樓望月
絕句，三四云，『天上若無修月戶，桂枝撐破向東輪』，一詩凡書三過。最後
者，又繞書其旁云，『凡四、五寫，方有三、兩字佳，信書一亦難事，其用意
如此。』海岱即海嶽之謂，又知嘗有此樓，東字旁又作西，猶自未定。」〔註
29〕跋《米海嶽草書九箚》云「海嶽翁此卷嘗入紹興秘府，後有其子元暉題識，
蓋海嶽平生得意書也。其中有登海岱樓詩一首，下小字注云，『三四次寫，間
有一兩字好，信書亦一難事。』」〔註 30〕米芾對書寫的這種嚴謹、追求完美的
態度讓祝氏佩服，他說「夫海嶽書可謂入晉人之室，而其自言乃爾，後之作
字者當何如耶？」〔註 31〕我們知道，米芾的書法此時已經達到了很高的水平，
然而他對待書寫還這麼用心，以至於反覆修改，一首詩要寫三四遍，並且自
認爲只有一兩個字可觀。祝允明認爲米老的這種態度值得後世警醒，他感歎
學書的頂級高手尚且如此，後世的書家該如何著手呢？

　　祝允明曾在無錫錢昌言處得見米書《天馬賦》，題曰「舒玩未終，第覺法
度森出，與尋常之論大異」〔註 32〕，他認爲此書法度謹嚴，而與廣泛流傳的
說法並不相同。他跋道：「南宮與眉山、豫章、莆陽，擅聲宋室，近時學者寡
師王氏宗祖，必先事四家。」〔註 33〕委婉地批評了當代學書者多取法宋四家
而少法二王的普遍現象。他接著說自己也傾心米芾書法，但是感覺「資、力
兼乏，殊不容易」〔註 34〕，並常以此來告誡書友。祝允明敏銳地指出「爲襄

〔註 27〕 明末清初・吳升，《大觀錄》。《中國書畫全書》第八冊，頁 241。
〔註 28〕 明末清初・吳升，《大觀錄》。《中國書畫全書》第八冊，頁 241。
〔註 29〕 明・王世貞，《古今法書苑》。見《中國書畫全書》第五冊，頁 396。
〔註 30〕 明・王世貞，《古今法書苑》。見《中國書畫全書》第五冊，頁 396。
〔註 31〕 明・王世貞，《古今法書苑》。見《中國書畫全書》第五冊，頁 396。
〔註 32〕 明・王世貞，《古今法書苑》。見《中國書畫全書》第五冊，頁 396。
〔註 33〕 明・王世貞，《古今法書苑》。見《中國書畫全書》第五冊，頁 396。
〔註 34〕 明・王世貞，《古今法書苑》。見《中國書畫全書》第五冊，頁 396。

陽之學者，大抵步入狂狠」〔註35〕，所謂狂狠，意指欹側太甚而一味盲用蠻力。這個觀點對於當時，以及稍後的晚明，乃至於今天，都具有典型的啓示意義。書史上的學米書者，晚明王鐸可謂是一個成功者，但明清以來的書論中也有不少批評他的聲音，其中很多就是針對他的盲用蠻力。如清人梁巘評價他「學米南宮蒼老勁健，全以力勝，然體格近怪」〔註36〕，字勢欹側再加上盲用蠻力，書法的面貌很容易會產生「戾氣」。祝允明還說：「南宮自謂其爲刷字，當自言其用筆之迅勁耳。而人多以偏欹槎枒間求之，如璽帚之掃壁，老顚有知，寧無撫几絕叫耶！」〔註37〕對米芾的「刷字」之說，書史上有很多不同的解釋，祝氏指其爲用筆迅勁，而今人學之者多像用掃帚掃牆壁一樣，一味追求偏欹槎枒，實際上與米書相隔越來越遠。

祝允明對米芾書法的關注，主要的著眼點在於當代，他題《老米臨蘭亭》說：

> 老米此本，全不縛律，雖結體大小亦不合契，蓋彼以胸中氣韻
> 稍步驟乃祖而法之耳，上下精神相爲流通，吾輩誠窺其同異之際，
> 必有可言者，此正輪扁妙處也。今欲拈出，噫！欲識柳下季，只看
> 魯男子。〔註38〕

米芾所臨《蘭亭》，結體大小與原本並不相同，但內在精神相通，祝氏認爲這些異同點對當代書法有一些借鑒意義。換句話說，祝允明認爲米芾所臨的《蘭亭》並不僅僅是拘泥於外在皮相相似，而是在氣息上把握其相通之處，這正是當時學習旭、素以及宋四家書法風氣的普遍缺點，允明意在用米芾的學書方法來警示當代的習書者。弘治十六年（1503），祝允明題黃令君家藏《米南宮九帖冊》，中有「麝煤鼠尾，薰染終歲，所成若此，今之學者亦知之乎？」〔註39〕用米芾學書所下的苦工來提示當代人應加倍努力，而不是僅僅停留在形似的仿寫上。

4. 蔡襄、蘇舜欽

米芾曾評蔡襄書「如少年女子，訪雨尋雲，體態妖嬈，行步緩慢，多飾

〔註35〕明・王世貞，《古今法書苑》。見《中國書畫全書》第五冊，頁396。

〔註36〕清・梁巘，《評書帖》。

〔註37〕清・戈守智，《漢溪書法通解》。見《中國書畫全市》第十冊，頁469。

〔註38〕明・王世貞，《古今法書苑》。見《中國書畫全書》第五冊，頁583。

〔註39〕明・汪珂玉，《珊瑚網》。《中國書畫全書》第五冊，頁764。

鉛華。」大概是說蔡襄的書法行筆優游，結構優美。祝允明在《評書》中曾
引用米芾這段對蔡襄書法的評價，說明他認可老米的說法。祝氏進一步評價
說，「蘇子美似古人筆勁，蔡君謨似古人筆圓。勁易而圓難也。」蘇舜欽和蔡
襄的書法都是從古法而來的，蘇書用筆爽勁，我們看其所補的懷素《自敘帖》
前幾行，確實是運筆迅疾，深得素師草書遺意。祝氏說蔡襄的書法筆圓，以
今天的眼光來度之，發現未必盡然。以蔡襄《京居帖》（圖 4-1）爲例，用筆
雖以中鋒爲主，但偏鋒亦時有之。就行筆速度來講，蔡書確是比蘇舜欽要優
游得多，或許祝允明所云的「筆圓」另有所指也未可知。

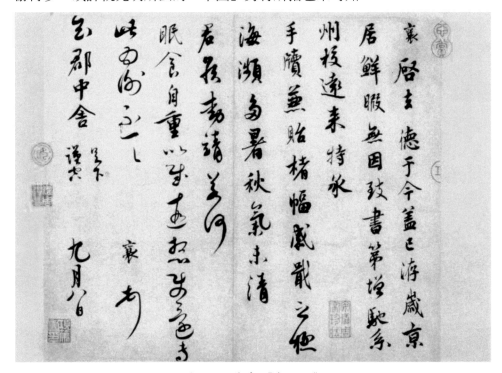

圖 4-1　蔡襄《京居帖》

　　祝允明在跋《蘇滄浪草》中云：「子美尤稱獨步，贊者謂『花發上林，月
混淮水』。此帖董良史氏所藏，今在中丞陸君家。允明在南京，中丞出示，撫
玩竟日，平生眆見之耳，意謂根本大令，而得於張長史爲多，第前人未嘗論
如此。如其鋒穎秀削，清勁動盪，則『花月』二語亦頗得之。」〔註40〕直指
蘇舜欽大草根本王獻之，而得張旭最多。祝允明以「鋒穎秀削，清勁動盪」

〔註40〕明・王世貞，《古今法書苑》。見《中國書畫全書》第五冊，頁 374。

來評價蘇舜欽書，不僅是對蘇氏狂草的的評，也同時透露出了他對優秀草書作品內涵的理解。

（四）對元人書法的認識

1. 趙孟頫

祝允明對趙孟頫的書法是非常服膺的，他在《評書》中引用虞文靖對元初書法書家的評價，云：「大德、延祐間稱善書者，必歸巴西、漁陽、吳興。謂鄧文原、鮮于樞與趙榮祿也。然鄧書太枯，鮮于太俗，豈能子昂萬一也。魏晉以來，未嘗不通六書之義。吳興公書冠天下，以其深究六書也。」推舉趙孟頫書爲元初第一，遠在鄧文原、鮮于樞之上。祝允明在跋《趙書團扇賦》中說：「精微妙麗，所謂不能贊一辭。」〔註41〕認爲孟頫此書精密細微、巧妙秀麗，已經到了無法用語言來讚美的程度。趙氏作爲宋朝宗室的遺民，入元後進入新朝爲官，「內心始終伴有一種欲仕欲隱的矛盾心態」，〔註42〕他一生小心翼翼，「所作所爲始終很有分寸，以免引起蒙古人的猜忌和排斥」。〔註43〕祝允明評價其「周旋中禮，從容中道，其書之聖者也」〔註44〕，不僅是對其書風的概括，更是對其人格精神的提煉。在《評書》中，祝允明又引用方遜志先生的話云趙孟頫書如「程不識將兵，號令嚴明，不使毫髮出法度外，故動無遺失。」可見，他把趙孟頫人格和書法聯繫起來進行論述，認爲二者之間有一種比較模糊的對應關係。

祝允明還引用劉有定之子劉能靜對「法」的論述，來說明趙孟頫對回歸古法的貢獻。劉能靜云：「庾、謝、蕭、阮守法而法在；歐、虞、褚、薛竊法而法降；爲黃、米諸公之放蕩，猶持法外之意；周、吳輩則慢法矣。下而至張即之怪誕百出。」劉氏說「庾亮、庾翼、謝安、謝靈運、蕭思話、蕭子雲、阮研等人尚能守晉法，歐陽詢、虞世南、褚遂良、薛稷所傳承的「法」已經與晉法有很大的不同。到黃庭堅、米芾猶有法的遺韻，至周□、吳琚則古法愈來愈少，張即之書法怪誕，古法已經不存。」需要注意的是，吳琚和張即之皆書宗米芾，在劉能靜看來他們不過是米書的末流。張即之以後，就到了趙孟頫的時代，他延續並實踐了南宋趙構、趙孟堅所提出來的「復古」路線，

〔註41〕明・王世貞，《古今法書苑》。見《中國書畫全書》第五冊，頁402。
〔註42〕黃惇，《中國書法史・元明卷》，頁13。
〔註43〕黃惇，《中國書法史・元明卷》，頁13。
〔註44〕清・吳榮光，《辛丑銷夏記》。見《中國書畫全書》第13冊，頁881。

以極大的功力深入晉唐傳統，影響了整個元代書風，同時也奠定了元代書法在書史上的地位。所以祝氏才發出「不有子昂，孰回其瀾」的慨歎。

　　祝允明跋尙古樓所藏趙孟頫書《張總管墓誌銘》：「沖素混含，而姿媚溢發，非他粗示地文者比。」〔註45〕認爲此書不單具備「沖和」之特點，更具備姿態和媚趣，遠超他書。對趙書的從心所欲，祝氏發出由衷的讚歎，他跋《趙書韓詩》說：「學士此筆，亦復襟宇跌盪，情度濃至，脫去平常姿媚百倍。譬如聖后封嶽省方，德容正大，琚衮和博，擯相明智，儀履安閒，所謂從心所欲不逾矩，可望不可學也。」〔註46〕祝允明對趙書的「姿媚」持一種相對認可的態度，而對其「俗」則明確表示了不滿，他說「孟頫雖媚，猶可言也。其似算子，率俗書，不可言也。」〔註47〕

　　祝允明認爲趙書所詣甚高，師法者很難逾越，他跋《趙子昂書襄陽歌》云：

> 太白聖於詩者，魏公書此，眞可謂詩之勍敵，後之學書者，雖奮力追之，吾知其不能及也。〔註48〕

這是針對當代的學書狀況所發出的感歎，祝允明認爲當代人就是奮力追摹，也難以趕上趙孟頫。明初以來的習書者多趨時貴書，盲目模仿時人，不深究其淵源所自，無法擺脫那種皮相介於趙孟頫和康里巎之間的末流書風，這種取法也使得宣德、正統、景泰年間的行草書百人一貌，已經到了非變革不可的地步。如何眞正的「深入傳統」實際上成了那個時代書法發展所面臨的第一難題。

　　從祝允明的書寫實踐中，可以明顯看出來他對趙書的學習。書論中亦有類似記載，吳德旋《初月樓論書隨筆》云：「勝國萬曆以前書家，如祝希哲、文徵仲之徒，皆是吳興入室弟子。」〔註49〕祝氏亦自云從趙孟頫的書法中得到東西很多，而不僅僅是書法之妙。跋《趙孟頫與中峰十一帖》，他說：「右趙承旨手牘十一紙，魏國夫人一紙，皆與天目幻住公者。承旨所云悉爲夫人歿後，與住商評欲修事薦嚴，時承旨老矣。音詞宛惻，讀之可爲興感，不知當時本老答語何以寫其憂也。夫人以書般若得公讚歎致謝云云，皈依之誠尤

〔註45〕清吳榮光，《辛丑銷夏記》。見《中國書畫全書》第13冊，頁881。
〔註46〕明・王世貞，《古今法書苑》。見《中國書畫全書》第五冊，頁402。
〔註47〕清・王士禎，《居易錄》卷32。
〔註48〕明・王世貞，《古今法書苑》。見《中國書畫全書》第五冊，頁402。
〔註49〕《歷代書法論文選》，頁590。

爲迫切。本之徒寧，通作一卷，今歸黃令公淮東書院藏之，間以相示，余謂三士咸從菩薩地來，所謂應以比丘宰官、信女身而得度者，因緣聚會乃如此，今皆還淨土矣！學士夫人不能釋然於現在之時，而余爲勘破於過去之日，相對一笑，摩挲移日，不獨以其翰墨之妙而已也。」〔註50〕他對趙孟頫、管道升的信箚摩挲多日，不單從中得到書法方面的體悟，更能從中瞭解趙氏夫妻平時生活的細節。誠如祝氏在跋《趙子昂書文賦》中所云：「觀古人文可得書法，觀書可得文法，此具目者之能事也。此卷所具亦多矣！」〔註51〕通過觀察此作，既能學到作文之法，又能啓發個人作書。祝允明有一卷《文賦》，即是在觀看趙書之後的興來之作。

在《評書》中，祝允明還曾引用方遜志先生的話，云趙孟頫的行草雖妙，「但所乏者格力不展」，這大概是祝氏對趙孟頫書一味守法的批評。

2. 對元代其他書家的認識

祝允明對元代的其他書家也多有評價，他在《評書》中引方遜志的話，云：「鮮于太常如漁陽健兒，姿體充偉而少韻度；康里公如鸑雛出巢，神采可愛而結構未熟。」「子山最善懸腕，行草逸邁可喜，所乏者沉著不足。」鮮于樞、康里巙皆爲與趙孟頫同時期的書家，方遜志一方面指出他們書法的可取之處，另一方面也點明了他們書法的不足。鮮于伯機和康里巙巙書皆帶河朔之氣，行草書寫迅疾而未能如趙孟頫那樣臻至完美，與趙氏相比，伯機所乏在韻，而子山病在結構。

陳繼儒的《妮古錄》收錄了祝允明對元人書法的評價，「虞集如鹵簿禮官，贊導應節，結束弄姿，稍遠大雅。鮮于樞如三河壯俠，長袖善舞，豪鷙自擅，時落胡俗。鄧文原如疊嶂層城，不勝沉實。饒介如時花沐雨，枝葉都新。張雨如道士醮詞，雖禮而野。倪瓚如金錢野菊，略存別韻。楊維楨如華譯夷語，自墮侏儷（《懷星堂集》作「吳歌楚些，時露方言」）。」〔註52〕在祝氏眼裏，虞集、鮮于樞、張雨、楊維楨的書法都沾染有少數民族的氣息，跟漢民族的傳統筆法始終隔著一層，不如鄧文原、饒介、倪瓚的書法顯得純粹。尤其倪瓚的書法因面貌獨特，另有一番韻味。

〔註50〕明末清初・吳升，《大觀錄》。《中國書畫全書》第八冊，頁284。
〔註51〕明・王世貞，《古今法書苑》。見《中國書畫全書》第五冊，頁402。
〔註52〕明・陳繼儒，《妮古錄》。《中國書畫全書》第三冊，頁1059。

第二節　反對「奴書之說」

　　「奴書」之說，書史上晚唐釋亞棲、北宋《宣和書譜》、南宋米芾以及元人張晏等人曾論述過。釋氏強調「通變」，云「若執法不變，縱能入木三分，亦被號爲『書奴』，終非自立之體。」〔註53〕顯然，他青睞創新而不屑於擬古不變。《宣和書譜》稱讚南朝書家陳伯智「作字勁舉，行草尤工，師其成心而自爲家學」，解釋「奴書」爲「蓋傳習之陋，論者以爲屋下架屋」，〔註54〕而伯智獨能擺脫。《宣和書譜》的觀點實質上與釋亞棲並無差別，也是強調獨創性，反對一味描摹古人。米芾則不僅強調書法面貌應與人不同，並進一步指出筆筆亦須不同，他尤其反感唐楷「安排費工」，〔註55〕把「一一相似」之書視爲「奴書」。張晏的觀點出自米芾，二人頗有相同之處，他在《跋李白上陽臺書》中云「謫仙書傳世絕少，嘗云歐、虞、褚、陸眞『書奴』耳，自以流出胸中，非若他人積習可到。」〔註56〕李白是否說過此話已不得而知，但張晏認爲歐、虞、褚、陸之書爲「奴書」的觀點表露無遺。歐陽詢、虞世南、褚遂良、陸柬之皆爲初唐楷書的代表人物，爲唐代書法尚法的發展方向奠定了基礎，米、張二人認爲他們的書法爲刻意經營而來，而冠以「奴書」之名，是有失偏頗的。唐楷筆筆送到，從不作虛筆，米芾所謂的「作書貴在把筆輕，自然手心虛，振迅天眞，出於意外。」〔註57〕主要是針對行書書寫，與唐楷有著書體區別，他以此批評唐人，雖有一定道理，但過於苛刻。

　　祝允明的岳父李應禎極力反對「奴書」。據文徵明晚年回憶，他早年曾隨李氏學書，一日，李應禎看到徵明作字有蘇軾筆意，便大聲斥責說「破卻工夫，何至隨人接踵？就令學成王羲之，只是他人書耳。」〔註58〕可知李氏反對沒有個性的模仿之書，極力強調創新。王世貞曾記載李應禎「往往誚趙吳興以爲『奴書』，故其玉潤亦不盡滿之」。〔註59〕趙孟頫書一生力求追古，爲智永以後入羲之堂廡最深者，其書法傳承古法的成分較多，而創新較少，李應禎因此目之爲「奴書」。與前述的四人相比，李應禎的觀點並不新鮮，但更

〔註53〕《歷代書法論文選》，頁 197。
〔註54〕《宣和書譜》，卷 17。
〔註55〕《歷代書法論文選》，頁 362。
〔註56〕《石渠寶笈》卷 13。
〔註57〕米芾，《自敘帖》。
〔註58〕文徵明，《跋李少卿帖二首》。見周道振輯《文徵明集》。
〔註59〕王世貞，《跋李貞伯遊滁陽山水記》。見《弇州山人四部稿》續稿卷 162。

爲徹底。祝允明說他作書「乃特違眾，既遠群從（宋人），並去根源，或從孫枝翻出己性，離立筋骨，別安眉目」，〔註60〕李氏的書法既與時人不同，又不模擬宋人，也不上溯晉唐書統，只是從末枝寫出自己的個性，面貌獨特，祝允明對此是不大認可的，他委婉地評價說，大概李應禎的做法，乃是一己所好吧。祝氏的《奴書訂》一文，並沒有提到岳父李應禎的名字，但從內容來看，乃是其全面否定「奴書之說」、給「奴書」翻案的關鍵證據，在允明的書學思想裏，具有重要地位。爲了進一步說明問題，對祝允明《奴書訂》略作評述：

> 舳笕士有『奴書』之論，亦自昔興，吾獨不解。此藝家一道，庸詎繆執至是，人間事理，至處有二乎哉？爲圓不從規，擬方不按矩，得乎？自粗歸精，既據妙地，少自翔異，可也。必也革其故而新是圖，將不故之並亡，而第新也與？

祝允明首先表示對「奴書」之論不理解，認爲書法作爲一門藝術，有其自身的特定規律，如果沿著這條規律略有所變化，那是可以的，但是如果背離了其根本，那麼書法這門藝術就已經不存在了，談何創新呢？筆者認爲，祝氏此處所講的規律即是叢文俊先生在書法史總論中所言的「書統」〔註61〕，這個「書統」指的是二王以後書法傳承的基本筆法規律，與米芾所謂的「得筆」、趙孟頫所謂的「用筆千古不易」有著相同的內涵。項穆在《書法雅言》也屢屢論及「書統」，不少書論著作還不厭其煩的羅列其傳承次序。祝允明此處開篇即點出「書統」這條亙古不變的規律，抓住了書學發展的根本。

> 故嘗謂自卯金當塗，底於典午，音容少殊，神骨一也。沿晉遊唐，守而勿失。今人但見永興勻圓，率更勁瘠，郎邪雄沉，誠懸強毅，與會稽分鑣，而不察其爲祖宗本貌，自槃如也（帖間固存）。迨後皆然，未暇遑計。趙室四子，莆田恒守惟肖，襄陽不違典刑；眉、豫二豪，齧羈躑躅，顧盼自得。觀者昧其所宗：「子瞻骨幹平原，股肱北海，被服大令，以成完軀。魯直自云得長沙三昧。」諸師無常而具在，安得謂果非陪臣門舍耶？而後人泥習耳聆，未嘗神訪，無怪執其言而失其旨也。

〔註60〕祝允明，《書述》。《懷星堂集》卷24。

〔註61〕參看叢文俊，《中國書法史·先秦卷》緒論部分。江蘇教育出版社，2009年，頁4～17。

在這一段，祝氏舉例說明了「書統」不可違背的性質。他說，從漢至晉，書體雖有所發展，但其「神骨」仍是一致的，晉唐以來的「書統」，後人必須傳承下去，然而時人卻只揪著虞世南、歐陽詢、顏眞卿、柳公權與王羲之的不同之處不放，而不能發現其中的書理是相通的。唐以後的書家更是如此，宋代的蔡京、米芾、蘇軾、黃庭堅皆在法度之內，四人所師雖有所不同，但「書統」還是被傳承下去。然而後人卻拘泥於道聽途說，不能在精神上與古人神會，難怪會被「奴書之說」所誤導了。

> 遂使今士舉爲秘談，走也狂簡，良不合契，且即膚近。爲君謀之，繪日月者，必規圓而烜麗，方而黔之，可乎？啖必穀，捨穀而草，曰穀者「奴餐」，可乎？學爲賢人，必法淵、賜；睎聖者，必師孔。達洙泗之裏曲，而曰爲孔、顏者「奴賢」、「奴聖」者也，可乎？
> 〔註62〕

這種誤解所導致的後果便是書法在今人眼中變成了神秘之物，筆法狂怪簡單、不合規則，面貌膚淺而雷同。祝允明一連用幾個反問來說明這種行爲的愚蠢，他說這就好比用方形工具來畫太陽、月亮；讓人捨棄五穀而改食雜草；學做聖賢而又罵師孔子、顏回者爲「奴賢」、「奴聖」的人那樣傻。整個論證前後嚴密，層層推進，把「奴書論之說」駁的體無完膚。

祝允明的這篇《奴書訂》辯證地分析了書法學習中繼承與創新的關係，具有很高的理論價值。其時的行草書多是李應禎一類的面目，強調「不取師古」〔註63〕、「離立筋骨」（《書述》語），似出於懷素，然慣於纏繞，又多雷同，實際上已經走入誤區。祝允明深刻批判了這種不注重入古而一味講求創新的學書方法，認爲它割裂了繼承與創新的關係。祝氏的觀點對當時及其後的學書軌程產生了積極影響，可以說，稍晚的董其昌、王鐸等人無不得益於這種學書思想。尤其是王鐸，他遍臨晉唐法帖，入古而能出古，眞正做到了在繼承基礎上的創新，把明代的行草書推上了一個前所未有的高度。

在祝允明之後，王世貞、孫鑛、馮班等人皆對「奴書之說」提出了異議，他們尖銳的指出李應禎本人的書法就是自古人而來，他何以把學古人的書法稱爲「奴書」呢？如王世貞《又題李貞伯書古選祝希哲音釋後》云：「第此老

〔註62〕《懷星堂集》，頁274。
〔註63〕王世貞跋《李貞伯遊滁陽山水記》。見《弇州山人續稿》。

畫法、碟法皆自虞永興來，而大罵人『奴書』，所不可曉」；〔註64〕跋《三吳楷法二十四冊》云：「李太僕貞伯凡二紙，一紙臨《蘭亭記》而行筆皆趙吳興。公生平以『奴書』誚吳興，何此也？」〔註65〕點出李應禎的書法受到虞世南、趙孟頫的影響，對他嘲笑趙書爲「奴書」表示了不滿。孫鑛跋《李範庵卷》云：「司寇公稱貞伯眼底無千古，至目趙吳興爲『奴書』，然余嘗見其數簡，大約從二沈來，亦間作賓之（李東陽）、原博（吳寬）腳手。夫學古人何名爲奴？……如今人恥先秦兩漢不學，或拾歐、蘇餘芳，乃自矜持捨筏，其失正同。」〔註66〕點出李應禎的書法大概是從沈度、沈粲兄弟而來，間學李東陽、吳寬，並指出「奴書之說」的失誤所在。馮班則進一步指出李應禎「奴書說」產生的不良影響，他在《鈍吟書要》痛斥道：「趙松雪書出入古人，無所不學，貫穿斟酌自成一家，當時誠爲獨絕也。自近代李貞伯創『奴書』之論，後生恥以爲師。甫習執筆，便羞言模仿古人，晉、唐舊法於今掃地矣！」〔註67〕

第三節　學書軌程

　　祝允明幼年時既有文字慧根，稟賦異常，顯現出書法方面的天分。吳寬跋《祝生文稿》：「祝生允明年七、八歲時，其大父參政公一日適爲文成，請客書之。予時亦在座，見生侍案旁，嘿然竟日，竊疑之，因指文中難字以問，無弗識者，益奇之，且料其他日必能事此也。」在由祝顥主導的師友聚會上，祝顥請客人書寫自己新作的詩文，年僅七、八歲允明不單能侍候在案，還能認全文中的難字，吳寬因此感歎他日後必能在書法方面有所成就。《明史》文苑傳記載祝允明「五歲既能作徑尺字，九歲能詩」，常常「當筵疾書，思若湧泉」〔註68〕。陸粲《祝先生墓誌銘》云：「先生少穎敏，五歲作徑尺字，讀書一目數行下，九歲能詩，有奇語」。〔註69〕諸多文獻都有類似的記載，說明並非附會之言。祝允明本身資質較好，再加上其內、外祖父皆當代名公魁儒，尤其是外祖父徐有貞，不僅擅長詩文，在書法方面也有極高的造詣，在明代

〔註64〕王世貞，《弇州山人題跋》上，卷五，浙江人民美術出版社，2012年，頁198。
〔註65〕孫鑛，《書畫跋跋》。載《明清書論集》上，上海辭書出版社，2011年，頁488。
〔註66〕孫鑛，《書畫跋跋》。載《明清書論集》上，上海辭書出版社，2011年，頁401。
〔註67〕載《明清書論集》上，上海辭書出版社，2011年，頁599。
〔註68〕《明史》卷286，列傳174，文苑二，徐禎卿傳附有祝允明傳。
〔註69〕陸粲，《朱先生墓誌銘》。《陸子餘集》卷三。

初期的「書壇」上頗有地位，其行草書在當時「首屈一指」。因此，祝允明學習詩文、書法很早就有模有樣，得到吳中地區官員、名流的賞識。

在學書方面，幼小的允明受到了其內、外祖父的諄諄教誨，他後來曾回憶年幼時先人對自己的書法教育說道：「僕學書苦無積累功，所幸獨蒙先人之教，自髫丱以來，絕不令學近時人書，目所接皆晉唐帖也。」〔註70〕六十六歲時在爲顧璘所臨《米、趙千字文、常清靜經》款識中亦云：「僕性疏體倦，筆墨素懶，雖幼承內外幾祖懷膝，長侍婦翁几杖，俱令習晉唐法書，而宋元時帖殊不令學也。」可見他在受到李應禎的影響以後，取法仍然是以晉唐爲主。外祖徐有貞所教起步即蕩去「時人」，這裡的「時人」，是指徐有貞及其稍前時期的「流行書風」，這種風氣承襲明代初期行草書風而來。而明初的行草書上接元代的趙孟頫、康里巎，其末流多是二者混合的產物，又受到隨之而來的「臺閣」書風的刺激，仿懷素不得其瘦勁，學張旭而遜其氣勢，雖慣於纏繞，然一味油滑，去晉唐之韻、法甚遠。徐有貞對這種書法的弊端有著深刻的認識，雖然他本人已難以擺脫「時風」的烙印，但他希冀自己的外孫能徹底避免這種末流的影響。祝允明少時的學書取捨及軌程，即深刻體現了外祖父徐有貞的書學意志和觀點。董其昌也看出了徐有貞的用意，他在跋祝允明《金剛經》中引用蔣一先的評語說：「希哲之翁不欲令其見近時人書，恐沿弱格，則淵源自深，宜其遊晉人堂奧，當代莫與抗衡也。」〔註71〕祝氏生活在這樣的家庭，耳濡目染，不離典訓，既有名師，又取法乎上，有條件觀賞學習大量的晉唐法帖，爲以後在書法方面取得成就打下了堅實的基礎。

一、遍友前賢，轉益多師

從祝允明的書法作品以及古人的題跋、書論中，大致可以得出他學習書法的路徑。祝氏幼年受外祖父徐有貞的影響，所學習的法帖多是晉唐古帖。在徐有貞去世時，他才十三歲，因此對允明而言，徐有貞潛移默化的影響恐怕要多於古人。雖然後來允明在主觀上不太願意承認其行草書有外祖父的影子〔註72〕，但具眼者還是看出了其早年的草法「實出於外大父」〔註73〕。徐

〔註70〕《寫各體書與顧司勳後》。《懷星堂集》卷26。
〔註71〕王文治，《快雨堂題跋》。見《中國書法全書》第十冊，頁800。
〔註72〕清·倪濤：「徐天全，眞書法歐陽率更，而加以飄動，微失之弱。行似米南宮。狂草出入旭、素，奇逸道勁間有失之醜怪者。希哲天全外孫，人謂書法從公來，希哲頗不以爲然」。《六藝之一錄》卷299。

有貞的嚴格要求在祝允明幼小的心中埋下了種子，這種取法乎上的學書道路使他受益終身。王文治跋《祝允明書冊》云：「祝枝山少時學書，其父不令其見近時人書，故筆端有魏晉人意，楷法尤古媚。」〔註74〕就把枝山楷書的古媚歸結於外父對其少時的嚴格要求。

祝允明十九歲時娶李應禎的女兒爲妻，此時的他更多受到岳父的影響。李應禎時爲中書舍人，是當時「吳中書壇」的執牛耳者（徐有貞已經去世），其時他的書法面貌尤其是楷書有臺閣體的特點，允明自然也受到影響。王世貞在評論祝允明弘治以前的書作時曾說：「法錯鍾、歐、吳興，不能盡脫滯俗。」〔註75〕即是說祝氏早期的小楷作品涉臺閣體。從第二章對祝允明小楷的分析可以知道，他在二十八歲左右的小楷多師法晉唐，但比較稚嫩，時有媚態，未能完全脫去俗氣。李氏後來書法觀念轉變，極力反對臺閣體，祝允明的小楷書也因之受到影響。岳父李應禎曾這樣評價祝氏這一時期的書法：「祝婿書筆嚴整，但少姿態」，可見此時他的書作尚處在規矩的學古階段。李應禎在祝允明三十四歲時去世，他對允明的影響主要集中在其十九歲至三十四歲之間。

李應禎去世以後，祝允明學習書法變得更加無拘無束，他開始深入地涉及宋元，對古人無所不宗，無所不臨，個人創作也呈現出一種更加自由的狀態，並最終在此基礎上形成了自己的風格。

從祝允明的作品來看，其小楷主要師法鍾繇、王羲之、王獻之；中楷主要師法歐陽詢、顏真卿以及虞世南、褚遂良；行草常常隨興而發，有時融入王羲之、黃庭堅、米芾、趙孟頫的風格；草書則宗懷素、張旭、黃庭堅，各家風格時有雜糅，有時又以自己的個性書寫爲主。

對於枝山的廣泛學古，不少題跋都曾反覆強調。如都穆《跋萬歲樂及感皇恩十六詞》云：「自古草書推張芝，楷則推鍾繇，至山陰父子，兼而有之。後世雖有作者，莫可及也。近代惟吾友祝希哲挺出，於諸體無所不學，無所不宗，以至行楷入妙，草法入神，眞可分山陰八九者矣！」文彭《跋祝書東坡記遊卷》：「我朝善書者不可勝數，而人各一家，家各一意，惟祝京兆爲集

〔註73〕文徵明《題祝枝山草書月賦卷》：「吾鄉前輩書家稱武功伯徐公，次爲太僕少卿李公，李楷法師歐、顏，而徐草書出於顚、素。枝山先生，武功外孫，太僕之婿也。早歲楷法精謹，實師夫翁，而草法奔放，出於外父，蓋兼二之美而自成一家者也。」《文徵明集》補輯，卷24。
〔註74〕王文治，《快雨堂題跋》。見《中國書法全書》第十冊，頁800。
〔註75〕王世貞，《弇州山人四部稿》續稿，卷163。

眾長，蓋其少時於書無所不學，學亦無所不精。」

　　古人的評論也提到枝山臨習諸家、轉益多師的軌跡。如：

　　　　……書法魏晉六朝、至歐、顏、蘇、米、趙，無所不精詣，而
　　晚節尤橫放自喜，故當爲明興第一。〔註76〕（王世貞題《祝允明像
　　贊》）

　　　　希哲生書法波靡，時乃能用素師鐵手腕，參以雙井逸趣，超千
　　載而上之，尤可貴也。〔註77〕（王世貞題《謝莊月賦冊》）

　　　　《擬古》以下四章擬《黃庭》，《春遊》二章擬《蘭亭》，差小。
　　若《閨懷》則《曹娥》、《洛神》之流耳。《朝元引》以下九章，擬眉
　　山。《秋夜》以下四章，擬雙井小米。《修夕詞》以下六章，結法與
　　《黃庭》並觀。〔註78〕（王世貞跋《祝京兆諸體法書》）

　　　　《演連珠並序十三首》、《卿巒風木行》，駸駸逼歐、褚。《勸農
　　圖記》又自超駸駸在趙吳興上。《赤壁賦》，勁挺從褚河南來，而結
　　法微佻。〔註79〕（王世貞《跋三吳楷法二十四冊》）

　　王氏所云大抵不離王羲之、王獻之、歐陽詢、褚遂良、張旭、懷素、顏
眞卿、蘇軾、黃庭堅、米芾、趙孟頫等人，與分析作品所得出的結論相吻合。
難能可貴的是，希哲臨仿古人，並沒有拘泥於對某一家風格的模仿，而是著
力於對古代各家筆法及風格的全面融合，並在此基礎上形成了自己獨特的書
寫特點。

　　　　祝京兆作書多似曼倩，高自許可，意在驚人，故每出人晉唐宋
　　間，未免弄一車兵器。然亦投之所向，無不如意。〔註80〕（張鳳翼
　　跋《祝枝山書》）

　　　　轉折盤紆，法度丰韻，無不精到。余視祝公書多矣！至是始服
　　其淵博，蓋胸中醞釀諸家妙處，不覺變現出沒如是耳。〔註81〕（李

〔註76〕孫寶點校，《懷星堂集》，頁647。
〔註77〕清・卞永譽，《式古堂書畫匯考》。見《中國書畫全書》第六冊，頁588～589。
〔註78〕孫鑛，《書畫跋跋》。《歷代書法論文選續編》，頁390。
〔註79〕《三吳楷法二十四冊》。《歷代書法論文選續編》，頁393。
〔註80〕張鳳翼，《跋祝枝山書》。見《處室堂集》後集卷五。《續修四庫全書》集部1353
　　　　冊，上海古籍出版社，1995年版，頁673。
〔註81〕李日華《味水軒日記》。《中國書畫全書》第3冊，頁1235。

日華題《祝枝山行草樂詞十六段》）

　　枝山先生賦性既高，工夫又妙，舉漢唐晉宋諸大家，若眞若草若隸若篆，摹之久，臨之熟，無不貫徹於心胸而湧躍於毫端，惟視興會所之所至耳。故臨池之際，或得乎神而爲行爲草，或出於端凝簡重而爲眞爲楷，得乎心、應乎手，惟筆興之所之耳。豈若庸庸之儒，專尚乎一家，以爲書有所長，不能無所短者耶！（倪泰跋《楷書松林記》）

　　祝京兆行楷書，四分初唐，六分六朝，七分大令，三分素師，三百年中第一人也。〔註82〕（楊賓《論祝允明書》）

以上諸家評論皆云枝山書法能集眾家之長，胸中蘊藉有古代諸家筆法，故能在書寫時汨汨流出。

此外，祝允明自題臨黃庭堅書跡卷後云：「予舊草書不甚慕山谷，比入廣，諸書帖皆不挈，獨《甲秀堂》一卷在，日夕相對甚熟，略不曾舉筆倣之也。昨來吳，知友多索書，因戲用此法，得者輒謂近之，亦大可笑也。此爲抑庵寫，寫過自視殊不佳，然而抑庵亦且以爲好也，知如之何？時爲辛巳（正德十六年，1521）六月一日，在天津宮舟雨中。」有觀點依據此條判斷祝氏早年不曾涉及黃庭堅書，這實際上不符合祝允明書作的實際情況。祝允明晚年的草書確實參考了不少黃庭堅的書寫方法，但他早年的行草書也偶有涉及黃書的筆意，只是在晚年，黃書在其作品中的體現更爲混溶，不漏痕跡。誠如劉九庵先生在所言：「從枝山早、中、晚臨寫諸家的作品之中，似未曾涉及臨張旭、懷素之跡。而在傳世的行草墨蹟中，運筆多宗黃庭堅、米芾遺格。如中期行草米法多於黃，晚年草書則黃意多於米。」〔註83〕

二、任才恣意，功、性並重

枝山學書，慣使才氣，這在他的臨作和創作中皆有體現，有時他信手一揮，皆成佳品。古人在題跋中也每每強調枝山的才氣，如陸士仁題祝允明《自作詩詞卷》云：「此卷信手揮霍，似不經意而天眞爛漫、周旋規矩，使二王復生，未必不爲之斂手矣！其得李之資，而天縱以神采者耶！」無錫孫竑禾跋

〔註82〕楊賓，《大瓢偶筆》。《歷代書法論文選續編》，頁534。
〔註83〕劉九庵，《祝允明草書自詩與僞書辨析》。刊於《收藏家》，1999年第6期。

《楷書松林記》云：「有書才者，不必模楷魏晉之□氏、唐宋之何碑，勒成一冊，真可問鼎汾陰，瞽者徒區區刻鵠何爲也？」

祝允明有大量的作品書寫是比較隨意的，體現了他的率性而爲。在給顧璘的一卷書法作品的款識中，允明說道：「僕學書，……不肖頑懶，略無十日力。今效諸家裁制，皆臨書以意構之爾。知者乃妄許爲能書，殊用愧恨而已。此在建康爲顧司所強，《黃庭》、《蘭亭》、《急就》、章草、二王、歐、顏、蘇、黃、米、趙、追逐錯離，時迫歸程，無暇豫之興，又乏佳筆，只饒得孺子態耳。」此處所謂的「今效諸家裁制，皆臨書以意構之爾」，不僅道出了其書寫此雜書卷的動因，也透漏了他臨習古人作品的方法，顧璘強求雜書卷，或爲當作自己學習書法的參考，允明當然難予拒絕，但此時的他並無心情作書（當時科考之後心情不佳），筆墨又不稱，於是便以隨意的仿書送給顧璘，自言只得古人皮毛，水平不佳，毫無掩飾之意，並非謙虛之辭。這在嘉靖元年（1522）祝允明酒後爲姻親沈津所作的《六體詩賦卷》中有更爲明確的體現，是卷錄《古風》，《節遊賦》，《幽思賦》，《長門賦》，《遠別離》，《關山月》、《清平調》諸文詞，款識云：「春日過則山親家山莊，置盛饌相款。飲至日銜西岫，尚未覺酣，則山命冢嗣設紙筆索書字式不同者六首。再辭不允，乘酒漫爲書之。但恐具目一覽，未必不爲嘲誚也。」此卷所仿作的水平也較爲一般，允明自言「再次拒絕對方仍然堅持索書，不得已才爲書之」，誠是在不情願情形下的應付之書，難以達到與古人盡和。

祝允明《行書養生論》款云：「余於書頗識畦逕，獨恨無工。每臨紙，意態橫出，前規溢瞳，落管便先，每自怫然。……此卷不省爲阿誰作，視他少愜意，亦不逮所思議也。來南六千里，久別四友，楊君得之，亦復偕六千里來閱之，怳然又有離合之感，識而還之，卷得楊君暫免醬缶之廢，不保其往也。」在這段話裏，祝氏對自己的臨摹狀態做了描述，所謂「意態橫出，前規溢瞳，落管便先」指的是一種無法克制的書寫慣性，在對祝允明的書法作品進行分析時，發現他大量的臨作都多多少少參雜有其他書家的書寫風格，顯得不夠純粹。這種習慣在作品創作中也時時體現，如明高世泰題《楷書松林記》亦云：「枝山之筆，奇妙縱橫，不可以尋文計，未見其規規學古也。」沈荆石跋祝枝山《行楷書子夜四時歌》云：「枝翁與先人交舊，故得作誌銘顏書。其字徑寸，別摹上石，因爲家寶。每侍翁磨墨，嘗戲之曰『汝亦好習字耶？』」……然翁之握筆及毫，不懸肘、不掌空、不正鋒，信手而揮，大小諸

體，神妙一矩，何哉？心所獨得，非易授受。信乎大匠之不能使人巧也。」這裡記載了兩個重要的信息，一是祝氏寫志文楷書宗顏，二是允明寫字的姿勢。所謂「握筆及毫，不懸肘、不掌空、不正鋒，信手而揮，大小諸體，神妙一矩」，正是允明書寫狀態較為隨意的體現。

心摹，也是祝允明學書的一個重要方法。他對黃庭堅草書的學習更多的是通過讀帖的方法，而非反覆的臨摹，透過讀帖，他先理解黃氏用筆的特點，然後再把自己記憶的「黃氏筆法」運用到書寫當中。祝氏之所以能具備這種能力，與他早年大量的臨摹古代法帖有關。

值得一提的是，祝允明也非常重視書寫功底，在其行書《論書卷》卷末，他說：「大要筆圓字方，傍密間豁，血穠骨老，斜藏肉潔，筆筆造古意，字字有來歷。日臨名筆，毋吝紙筆，工夫精熟，久自得之。」〔註84〕多臨古帖，達到精熟的程度，自然能在書寫中體現出來，這即是今天所謂的「手上工夫」。祝允明還強調創作不能脫離古人法度，他在題《顧司封藏舊人畫卷》中說：「舊人筆雖有高下，必走法度中，其下者凡耳。今人縱佳者，多以脫略法度，自為高沈，畦滅徑指，作意外境，直愚耳。凡可也，愚不可也！」〔註85〕祝氏還曾對執筆法有過相關論述〔註86〕，說明他關注與書寫相關的各個方面。

「性」，說的是書法的天趣、神采。祝氏的那些佳作，用筆率意、無拘無束，既不一味擬古，又非一味任性，使天趣與古法和諧統一於筆端。明人徐學謨評《祝允明楷書卷》云：「今觀卷中，盡一時率易之筆，而書法逼古，自非今人所及。」〔註87〕王世貞也激賞祝氏書法的這種趣味，他跋《真行雜詩賦》云：「京兆此詩是才情初發時語，此書是功力初透時筆，以故於用意不用意間，最得妙理，余絕傾賞之。」〔註88〕顧璘對祝允明能把天趣與古法完美的結合起來，也大加讚揚，他跋《祝允明十九首帖》云：「大抵構則乏天趣，縱則無法度，加之矜持又生俗氣不可觀。須完字具於胸中，則下筆之際自然從容中道。今人惟祝枝山、文衡山得此法，知音者希也。」〔註89〕祝氏書作的精品，正是準確地把握了這一火候，既能表現出個性、天趣，又不失規矩、

〔註84〕清・王杰等編，《秘殿珠林石渠寶笈續編》。
〔註85〕祝允明，《懷星堂集》。
〔註86〕明・潘之淙，《書法離鉤》。
〔註87〕明・徐學謨，《海隅集》。
〔註88〕明・王世貞，《弇州續稿》，卷163。
〔註89〕明・顧璘，《息園存稿》。

法度，做到了「功」與「性」的完美統一。再如其《草書月賦卷》，王世貞評云：「希哲生書法波靡時，乃能用素師鐵手腕，參以雙井逸趣，超千載而上之，尤可貴也」。此卷把懷素的「鐵手腕」與黃庭堅的「意趣」相融合，既出自懷素、黃庭堅，又有個性，不失晉韻，這樣的作品便有了「神」。這種「神」要比反對「奴書」者徹底拋棄傳統、只顧意態放縱的「自家面目」高明許多。

第五章　祝允明書法影響

祝允明在書法史上的影響，不在於從古到今有多少人直接模仿或借鑒其書法風格，而是主要體現在他對明初以來書學道路的扭轉上。

元代趙孟頫書法入古極深，但短於創新。元末明初以來，書家雖云學古，實則未脫趙氏藩籬，特別明初的行草書，面貌幾乎一致，至徐有貞時期已經墜入怪圈，又苦於找不到合適的突破路徑。李應禎提出「奴書論」，主張自我創新，但矯枉過正，容易步入脫離傳統的危險。祝允明與此針鋒相對，明確反對「奴書說」，並通過自己的書法實踐，以極高的才情和功力打入傳統，成功踐行了「取法晉唐、遍友歷代、入古出新」的學書方法，取得趙孟頫以後近二百年間入古最深的高度，並在此基礎上形成自家面貌，爲同時期及後世書家指明學習路徑和取法方向。

可以說，如果沒有祝允明在明代中期提出並成功實踐了這種出古入新的書學理念，後面就很難催生董其昌、王鐸等書家所達到的書史高度。

第一節　生前追隨者

祝允明書名在其生前就很顯著，吳門周邊甚至外省官員、文士紛紛以求得其文、書爲榮。這也使得祝允明書法在其親屬、門人以及外地文士中間產生了直接影響。

一、親屬

祝允明家族龐大，人丁興旺，內外親戚眾多，但熱衷書法的並不多，習

其書者更少。祝允明兒子祝續中進士較早，沒有材料顯示他對書法有濃厚的興趣。在親屬中與祝允明有書法來往的，也僅限於索字、贈別之類，比如姻親王觀、沈津皆有過求書行爲，表弟趙二赴廣州探親臨別時祝允明曾有贈送之作。親屬中模仿其書法者僅見其外孫吳應卯一人，祝允明有一些作品特別是草書是由吳應卯代筆的。後世所謂吳應卯現象，即是指其利用外孫身份代筆、僞造大量祝氏書作，這爲祝允明書法研究帶來困難。

吳應卯，字三江，無錫人。史傳所載其資料極少，僅有的幾條亦多有重複，其詳細生平已無從得知。

《書畫傳習錄》云：「（應卯）習允明書，頗能亂眞。畫小景，摹李嵩法。」〔註1〕《繪林伐材》云「亦能畫，作小景平湖遠嶼得李嵩家法，文嘉以爲過其草書。」〔註2〕從資料記載來看，吳應卯並無功名，之所以被關注是因其書畫之名。他書學其外祖，達到可以亂眞的地步。我們知道，由於祝允明大量的書寫屬於酒後任性揮灑，水平往往良莠不齊，其中也產生了一些藝術水準不佳的作品，這類作品水平有的甚至沒有吳應卯所書「更像」祝氏之書風。正以爲這些原因，在甄別祝允明書法僞作時，若單以風格論作爲鑒定依據，往往會產生偏差。

二、門生

祝允明生前，在他周圍聚集了不少吳地及周邊地區的士子跟隨其學習詩文、書法。據筆者考察，曾師從祝允明學習書法的門生有王寵、黃姬水、張靈、方坤、方翼、毛天民、王泰、方仲嘉等人。

1. 王寵

劉九庵在其文《祝允明〈草書自書詩〉與僞書辨析》一文中，引用文嘉致其門人浮玉穎箚：「枝山文乃區區求送酉室（王穀祥）者，眞跡寫得極精，至今爲酉室所藏。此紙乃雅宜（王寵）所摹，非元賓（王寵門人）也。《五憶歌》乃吳祈甫所書，寫得亦好，近人不能爲此」，認爲此箚內容表明，王寵和吳祈甫都曾臨摹過祝氏書跡，並推論王寵是祝允明僞作的作僞人之一。

林霄在其《陳淳、王寵師承祝允明的證據——以筆跡學方法鑒定祝允明

〔註1〕 明‧王紱，《書畫傳習錄》。《中國書畫全書》第 3 冊，頁 301。
〔註2〕 清‧王宸，《繪林伐材》。《中國書畫全書》第 9 冊，頁 955。

書法二卷》〔註3〕一文中，用其筆跡學理論證明王寵、陳淳等人的確學習過祝允明書法。王寵所跋祝允明《古詩十九首》中，也明確說自己對《古詩十九首》愛不釋手，曾反覆臨摹。他說：「祝京兆書，落筆輒好，此卷尤爲精絕，翩翩然與大令抗衡矣！寵從休承處持歸，臨摹數過。留案上三月，幾欲奪之，以義自止。休承其再勿假人哉！」陳淳雖不爲祝允明門人，但從其草書風格看確實也受到過影響。祝允明去世的次年（1527），王寵曾仿祝氏體例，在宋金粟山藏經紙上書寫《古詩十九首》。陳淳也有過類似舉動。王寵臨習祝允明書作，文伯仁《石湖草堂圖》款識中也曾述及：「雅宜先生書法特妙，嘗臨祝枝山先生所書《送楊侯入覲序》以俾元賓。元賓入京攜以自隨，閒囑余補寫小圖，蓋當時石湖草堂故事也。」

王寵對祝氏草、行、楷諸體都十分崇拜，他激賞祝允明書法的「頹然天放」，跋祝允明《楷美賦》寫道：「枝山翁書爲當代第一。然質性豪爽，不耐拘檢，故其作書多狂草大幀，至於小楷則僅一見之。此卷結構精密，而筆力矯健。」王寵沒有追隨祝氏恣肆的一面，他汲取祝書中的稚拙之意並加以強化，最終形成獨特的個人風格，王世貞目之爲「以拙取巧」。也正因爲此，王寵雖四十而卒，但在書法史上卻取得了較高的成就。

陳淳跋祝允明《書述》講述自己從遊文徵明時，文氏曾說到祝允明書法之不可及，他認爲，老師都這麼說，我輩何能望其什一！就祝、陳二人書風論，在草書之「逸」趣上，陳淳于祝氏寫法中得到不少啓示。

2. 黃姬水

黃姬水系黃省曾之子。黃省曾，號「五嶽山人」，是祝允明的好友。清人沈辰《書畫錄》記載：「黃姬水，字淳父，長洲人，五嶽山人省曾之子也。生而幼敏，山人出入必攜之俱，有所占屬，每令同賦。五嶽拙於書，命淳父學書於祝京兆，遂傳其筆法。」〔註4〕黃省曾書法拙劣，現存祝允明《前後赤壁賦》卷後有黃氏題跋一段（圖 5-1），章法布局工穩，筆筆一絲不苟，當是其用意之作；然字形非隸非篆非楷，似美術字而又略帶三種書體的遺意，與其後文徵明、文嘉、文從簡、文震亨等人題跋書法相比，差異立現，其不擅書於此可見一斑。正是因爲黃省曾拙於書，才命姬水拜祝允明爲師，學其筆法。

〔註3〕　載於范景中等編《美術史與觀念史》第 14 輯，南京師範大學出版社，2013
　　　　年版。
〔註4〕　清·沈辰，《書畫緣》。《中國書畫全書》第 10 冊，頁 135。

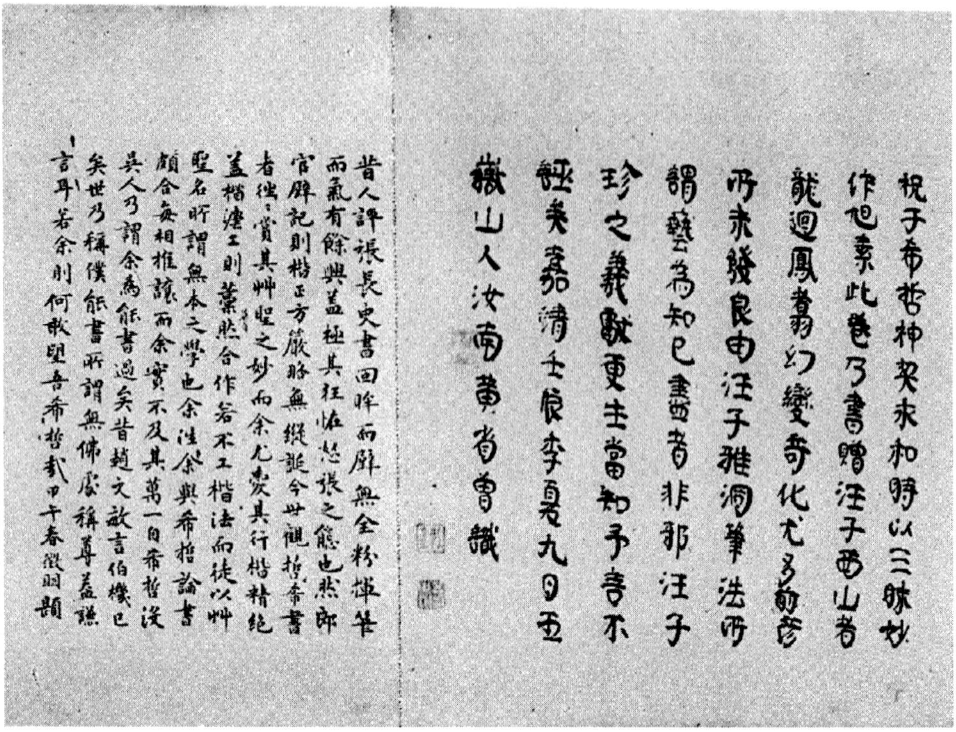

圖 5-1　祝允明《前後赤壁賦》卷後黃省曾、文徵明跋

　　黃姬水自云希哲門人，在跋《祝希哲懷知詩帖》中寫道：「此京兆祝先生所書懷知詩，深得鍾王筆法，然停雲之思出自心腑之眞，前輩風流豈特詞翰間已也。門人黃姬水敬識。」〔註5〕在另一則跋文中，他說：「余髫髦時，得侍文夫子玉蘭堂。每見枝翁，則豪興滿筵，醉後信筆大書，與素師無分高下。茲卷乃其任南都時筆，見之恍然。後六年，而歐翁復懇文夫子，遂淹匵齋頭，憶昔歐翁兩過吳，而不得文夫子一筆，此卷不能全二美矣！黃姬水。」〔註6〕據此能看出黃氏與祝允明、文徵明的關係皆較爲親密，他不僅有在文徵明玉蘭堂侍候書寫的機會，還能有幸現場目睹枝山醉後書寫狂草的場景。唐寅《坐看雲起眞跡》圖卷上，祝允明與文徵明、黃姬水皆有題詩〔註7〕，這說明黃姬水在祝、文的書畫「朋友圈」裏佔有一席之地。

　　明人朱謀垔《書史會要續編》載，「黃姬水，……以書名家。筆法雖古，

〔註5〕清・卞永譽，《式古堂書畫匯考》。見《中國書畫全書》第 6 冊，頁 592。
〔註6〕明・李日華，《味水軒日記》。《中國書畫全書》第 3 冊，頁 1235。
〔註7〕清・潘正煒，《聽帆樓書畫記》。《中國書畫全書》第 11 冊，頁 826。

短於風韻，未免板刻。亦能詩，所著有《淳甫集》。」〔註8〕從上述評價來看，黃氏書法成就似乎並不高。觀其書作，與其師之差異不言自明（圖 5-2）。祝允明草書，秀媚中富有逸態，搖曳多姿，風韻悠長，而姬水書峭勁特甚，傷於風韻。屠隆《帖箋》評述明代初期至萬曆朝書家時，將祝允明列第一等，而將黃姬水排在第四等。〔註9〕

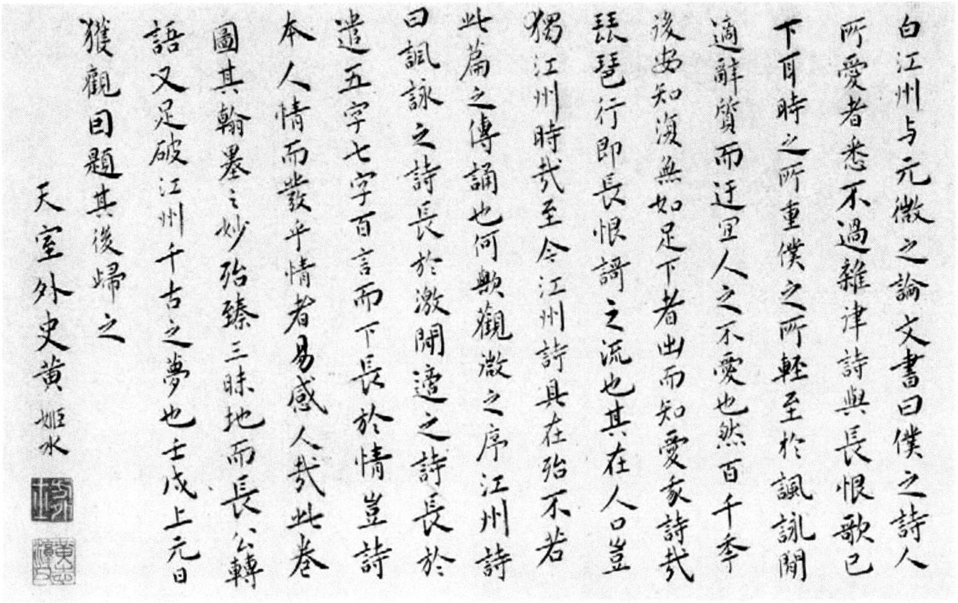

圖 5-2　黃姬水《楷書詩論》

3. 張靈

弘治十年（1497），祝允明在《文選書後》曾寫下這樣一段話：

> 自士以經術梯名，昭明之選，醫瓿翻久矣！然或有以著者必事乎此者也。吳中數年來以文競，茲編始貴，余向畜三五種，亦皆舊刻。錢秀才高本尤佳，秀才既力文甚競，助以佳本，尤當增翰藻，不可涯爾。丁巳，祝允明筆。門人張靈時侍筆研。〔註10〕

從落款來看，祝允明特意強調張靈為自己的入室弟子。另，徐禎卿《新倩集》亦載：

> 張靈，字夢晉，性聰明，善習技巧。家本貧窶，而復挑達目恣，

〔註8〕　明・朱謀垔，《書史會要續編》。《中國書畫全書》第 4 冊，頁 490。

〔註9〕　明・屠隆，《帖箋》。見《中國書畫全書》第 4 冊，頁 772。

〔註10〕　明・汪珂玉，《珊瑚網》。見《中國書畫全書》第 5 冊，頁 848。

不修方隅，不爲鄉黨所禮，惟祝允明嘉其才，因受業門下。

張靈出身貧賤，又性格狂妄，不受大家喜歡，只有祝允明欣賞其才能，收爲弟子。從另外一些資料中，我們發現張靈與祝允明的師徒關係比較隨意，有時他倆與唐寅等人並稱王鏊門生。如王鏊出山拜相時，唐寅曾作畫卷爲賀，後有祝允明、張靈、薛應祥等人題跋，眾人款識皆自稱王鏊門人，此時的他們似乎又是一種「師兄弟」的關係。〔註11〕

王穉登《國朝吳郡丹青志》把吳郡畫家分爲「神品、妙品、能品、逸品、遺耆、棲旅、閨秀」七類，張靈與宋克、唐寅、文徵明列爲妙品，排第四。王穉登記云：

> 張靈，字夢晉。家與唐寅爲鄰，兩人氣志雅合，茂才相敵；又俱善畫，以故契深椒蘭。靈畫人物，冠服玄古，形色清眞，無悲庸之氣；山水間作，雖不由閒習而筆生墨勁，斬然絕塵，多可尚者。靈性落魄，簡絕禮文。得錢沽酒，不問生業。嘐嘐然有古狂士之風，爲郡諸生，竟以狂廢。〔註12〕

唐寅在受祝允明規勸之前，與張靈日夜縱酒不屑科舉。《書史會要》所載「張靈」條，也佐證了這一點：

> （靈）讀書好交遊爲俠，醉則使酒作狂曰：「日休小豎子耳，尚稱醉士，我獨不能醉耶！」與吳趨唐寅，豪縱作達，至死風流不墜。〔註13〕

祝允明、唐寅、張靈等人皆好風流、嗜酒豪縱、爲人俠義，又因爲有共同的詩、書、畫愛好而惺惺相惜，因此形成亦師亦友的關係。祝允明曾有詩一首，題爲《夢唐寅、徐禎卿亦有張靈》，詩云：「唐生白虹寶，荊砥夙磨磷。江河鯤不徙，魯野逐戕麟。徐子十□周，邃討務精純。遑遑訪魏漢，北學中離群。伊余守初質，溫故以知新。誰出不由戶，貌別情還均。濁世二三子，厭棄猶爲人。相逢麝幽明，隔域豈不親。茲塗無爾我，相泯等一眞。昔亦念張孺，猶能逐冥塵。」〔註14〕可以看出張靈與唐寅、徐禎卿一樣，在祝允明心目中有相當的地位。

〔註11〕參看張丑，《清河書畫舫》。見《中國書畫全書》第4冊，頁371。
〔註12〕明‧王穉登，《國朝吳郡丹青志》。《中國書畫全書》第3冊，頁919。
〔註13〕明‧朱謀垔，《書史會要》。《中國書畫全書》第4冊，頁576。
〔註14〕孫‧寶點校，《懷星堂集》，頁84。

　　除上文所提及的王寵、陳淳、黃姬水、張靈等人以外，尚有方坤、方翼、毛天民、吳文憲等人習仿祝允明書，惜材料不多，暫列於此，待日後補充完善。

第二節　身後習仿者

　　祝允明去世以後，學習他書法的人並不多。這中間有一些深層原因，既與祝氏同時代的文徵明等書家個人及地域影響有關，更與晚明浪漫書風大潮相關。筆者試述如下。

　　首先緣於祝允明與文徵明二人之間特殊的年齡差距。祝允明生於 1460 年，卒於 1526 年，享年五十六歲；文徵明生於 1470 年，卒於 1559 年，享年九十歲。從年齡上看，祝允明比文徵明年長十歲，而卻先其三十四年去世。祝允明離世的時候，文徵明五十六歲，此時文氏書法已經處於相對成熟的穩定期，與祝氏不相上下；祝允明甫一離世，文徵明的影響迅速彌漫開來，在吳中及周邊地區產生很大影響，且持續時間較長，這勢必對祝允明書法的傳播造成阻隔。

　　其次，祝與文二人性格、書風的差異，造成其書法流傳的不同命運。祝允明性格隨意不羈，不似文徵明之儒雅敦厚；且其書法以狂草見長，慣使才氣，而文徵明長於楷、行，更合適學書者模仿。可以說，沒有祝允明的才與情，對其草書境界只能望而卻步。

　　再次，緊接著文徵明之後，在吳門周邊的松江地區又出現另一位書法「巨星」——董其昌。董氏生於 1555 年，卒於 1636 年，他誕生之時，文徵明八十六歲。祝、文、董這三位明代中期的大書法家之間基本上沒有明顯的時間空間作為緩衝。祝允明在世時，文徵明已經頗有書名，祝去世後，文徵明書法更得以迅速傳播，直到董其昌書名成長起來，文氏的影響才逐漸下去。董其昌影響的擴大無疑再次剝奪了祝允明書法傳播的社會空間。而且不僅僅限於此，晚明行草浪漫書風高潮又將掀起。

　　在晚明浪漫書風代表書家中，張瑞圖（1570～1641）年齡僅比董其昌小十六歲，董氏離世時，張已經六十七歲，其時草書風格正爐火純青；董其昌三十八歲時，王鐸（1592～1652）誕生，董氏去世時，王鐸四十五歲，此時其行草條幅的探索已經找到適合的方法，成為引領書壇的一號人物。其間還

有黃道周（1585～1646）、倪元璐（1593～1644）、傅山（1607～1684）等頗有影響的行草書家，這股浪漫書風直到清代碑學運動興起才影響漸息。上述諸因素綜合起來造成祝允明書法影響、傳播的有限。以下簡述其書風的傳承者及書家群。

一、吳門及其周邊文士

筆者檢閱相關書論著作，發現吳門地區僅有季寓庸、湯豹處等人曾經研習過祝允明書法。

1. 季寓庸

據晚明姜紹書《無聲史詩》載：

> 季寓庸，字因是，泰興人。少有俊才，嫻舉子業，由制科授邑令，擢爲吏部郎，未幾放歸，遂怡情丘壑，雅好法書名畫。吳中之人，有爲李懷琳狡獪者，踵門求售，因是欣然應之曰「吾以適吾意耳」。延攬既久，則真品自至，如燕臺之市駿骨，而終得千里馬焉。書宗祝京兆，畫仿沈石田而能登其堂廡，懷古情深，乃江北之錚錚者也。〔註15〕

季寓庸生活的年代，約與姜紹書（？～約 1680）同時。季氏曾爲吏部侍郎，喜好法書繪畫。因爲書宗祝氏，以至於吳中書畫商在作僞李懷琳書作時，不得不爭相向其購求，這也從側面說明了祝允明書法與李懷琳確有相通之處。活動於乾隆年間的吳縣彭蘊燦亦有類似記載〔註16〕，與姜紹書所云吻合。

2. 湯豹處

彭蘊燦輯著《歷代畫史匯傳》載：「湯豹處，初名孫振，字雨七，震澤人。嘗謂繪事求工，至若寫無形爲有形，寫無聲爲有聲，則未能也。乃獨創意，繪水窮盡變態。沉思好古，散其素封之業，遍購法書，故作行草得祝允明筆意。善詩好琴，人亦清曠嚴冷，寡交。」〔註17〕云及湯豹處曾習祝允明書。

然關於湯豹處生平，史籍不載。書畫論著中關於其條目如下：

> ……盛澤又有湯豹處者，字雨七。特善畫水，窮盡變態，紐玉

〔註15〕明末清初・姜紹書，《無聲史詩》。《中國書畫全書》第 4 冊，頁 859。

〔註16〕清・彭蘊燦輯著《歷代畫史匯傳》。見《中國書畫全書》第 11 冊，頁 340。

〔註17〕清・彭蘊燦輯著《歷代畫史匯傳》。見《中國書畫全書》第 11 冊，頁 265。

樵極稱之。〔註18〕（張庚《國朝書畫徵錄》「顧樵」條）

（豹處）吳江縣盛澤人，俊名猶子也。〔註19〕（姜怡亭《國朝畫傳編韻》）

轉引《斛賸》：三俊之孫豹處，號雨七。沉思好古，散其素封之業，遍購法書名畫，日夕摩玩，故所作行草得枝山筆意，而畫尤入神。嘗謂「古今繪事，唯於林岩樓閣花鳥求工。至若寫無形而爲有形，寫無聲而似有聲，則未能也。」乃獨創意繪水。余家藏有百幅，靈幻恢奇，殆難名狀。東坡所云「活水，非死水也。」

轉引《周廷謵續吳江文粹》：雨七，初名孫振，嘗遊虎林，自古蕩西行三十里，投江氏園，夜宿聞豹啼，晝見豹眠古松下，更今名。山人世父三俊，與潘一俊同爲梁園上客。會大司馬陳奇瑜討寇過宛延，三俊掌書記，山人從焉。無何，三俊沒於秦，乃歸，隱居不出。好琴，善畫，詩淡沲清曠，如其爲人。

（馮金伯《國朝畫識》）〔註20〕

彭蘊燦，乾隆年間吳縣人；張庚（1685～1760）雍正年間秀水人；姜怡亭，嘉慶年間錢塘人；馮金伯（1738～1810），嘉慶年間南匯人。綜合他們所載信息，可以得知湯豹處的一些基本情況。湯豹處，約活動於晚明清初，初名孫振，字雨七，後因遊虎林宿聞豹啼，更名「豹處」。曾與祖父三俊跟隨大司馬陳奇瑜〔註21〕討寇。好琴，善詩畫，特善畫水。曾廣收法書名畫，行草得祝允明筆意，然不傳。

二、其他

1. 韓世能

韓世能（1528～1598），字存良，長洲人，隆慶二年（1568）進士，累官至禮部左侍郎。在禮部任上，因爲貪瀆被鍾羽正（1561～約 1636）彈劾，後

〔註18〕清·張庚，《國朝畫徵錄》。見《中國書畫全書》第 10 冊，頁 429。
〔註19〕清·姜怡亭，《國朝畫傳編韻》。見《中國書畫全書》第 10 冊，頁 897。
〔註20〕清·馮金伯，《國朝畫識》。見《中國書畫全書》第 10 冊，頁 610。
〔註21〕陳奇瑜（？～1645），字玉鉉，保德州人。萬曆四十四年（1616）進士。崇禎七年（1634）擢爲總督陝西、山西、河南、湖廣、四川軍務，進馳均州，調集諸將圍擊各路起義軍。

辭官回籍。一生喜好收藏書畫。林霄在其《韓世能疑是偽祝允明書法的作者》〔註22〕一文中提出，韓世能可能是祝允明書法的作偽者之一。

林文比較了韓世能書作與偽跡的相似性，也說明了其作偽的主觀動機和客觀條件，但並無確鑿證據證明某偽作就是韓世能所偽，因此只能作爲參考。從韓世能書法看，確實與祝允明較爲相像，曾受到祝氏影響的這一點是可以肯定的。

2. 張瑞圖

葛鴻楨《祝允明〈草書杜甫秋興八首〉及偽作再探討》文中曾寫道：「張瑞圖生活在祝允明去世數十年之後，正是祝氏贗書滿天下之時。張早年書法受祝允明影響很深，從目前所能見到的張瑞圖早年書作看，張還有可能臨過祝允明的作品，因此，張瑞圖對祝允明書法應該是相當熟悉的。」〔註23〕林霄《陳淳、王寵師承祝允明的證據——以筆跡學方法鑒定祝允明書法二卷》亦云：「張瑞圖也曾受允明影響書寫《古詩十九首》，並且自題道『曾見文彭所仿祝氏《古詩十九首》爲允明所壓，自己的這卷才可免效顰之誚。』」〔註24〕祝氏《古詩十九首》曾被文徵明刻入《停雲館法帖》，想必張瑞圖是親見過此作的。

張瑞圖早年草書確實受到祝允明影響，其《杜甫秋興八首》（圖5-3）（臺灣張伯謹藏）即保留了較濃的祝氏面貌，該作點畫形態變化豐富、用筆縱橫開張，尤其是用點頗多，確與祝氏相通。該作落款僅有「二水」兩字，這在張瑞圖天啓以後的書作中很少見，應是其早期作品。

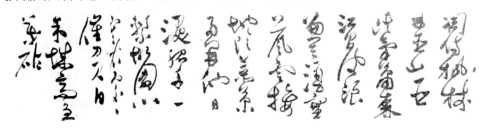

圖 5-3　張瑞圖《杜甫秋興八首卷》（局部）

〔註22〕載於范景中等編《美術史與觀念史》第 14 輯，南京師範大學出版社，2013 年版。

〔註23〕葛鴻楨，《祝允明〈草書杜甫秋興八首〉及偽作再探討》。載《中國書法》，2014 第 3 期。

〔註24〕載於范景中等編《美術史與觀念史》第 14 輯，南京師範大學出版社，2013 年版。

此外，尚有康誥、王泰習祝允明書，惜材料甚少，姑錄之。清沈辰《書畫緣》載：「明，康誥，昆明人，好讀書，性嗜酒，善洞簫，書法祝允明，善作硯，命曰『康硯』。」〔註25〕《書畫記》載：「王泰、字仲嘉，世業古董，狂士也。涉獵經史，講究超人。善摹祝枝山行楷，可以亂眞。」顧復《平生壯觀》記載，王泰曾有七律一首題於杜瓊爲戈允禎所作的《夢萱堂水墨山水》，然未錄詩文。〔註26〕

第三節　書史地位

明代人在評價祝允明書法時，給予了相當高的評價：

> 筆筆得晉人意，當爲明代書家之冠。〔註27〕（彭年跋《祝希哲岳陽樓記冊》）

> 歷代書家擅名者，誠未能兼備各體者也。國初以來多以章草師授，不復規模晉法。小楷或類鍾而渾成不及矣。支指生獨妙兼諸家，誠爲我明第一。（歐大任跋《六體詩賦卷》）

> 天下法書歸吾吳，而祝京兆允明爲最。〔註28〕（王世貞《藝苑卮言》）

皆推祝允明爲有明第一書家。屠隆《帖箋》一書中評述了明代初期以來的書家，他也寫道：「國朝書家，當以祝希哲允明爲上，今之人不啻家臨池而人染翰，然無敢與希哲抗衡也。」〔註29〕屠隆認爲即使是文徵明、宋克等人，也無法與祝允明比肩，只能排在第二等：「文徵仲徵明以法勝，王履吉寵以韻勝。然文之書畫，有親藩中貴及外國人，雖遺以隋珠趙璧而欲購片紙隻字，平生必不肯應，此文之名益重於世。宋仲溫克、仲珩璲，當與文、王並駕，之四子者，亞於祝者也。」〔註30〕屠氏認爲，沈度、徐有貞、李應禎、吳寬更在「四子」之次，屬於第三等級。第四等級的書家羅列了沈粲、劉珏、張汝弼、張天駿、陳獻章、羅鹿齡、陳道復、王穀祥、文嘉、陳鎏、陸師道、

〔註25〕清・沈辰，《書畫緣》。見《中國書畫全書》第10冊，頁132。
〔註26〕明・顧復，《平生壯觀》。《中國書畫全書》第4冊，頁1008。
〔註27〕清・沈樹鏞，《鄭齋金石題跋記》。
〔註28〕《明清書論集》上，上海辭書出版社，2011年，頁164。
〔註29〕明・屠隆，《帖箋》。見《中國書畫全書》第4冊，頁772。
〔註30〕明・屠隆，《帖箋》。見《中國書畫全書》第4冊，頁772。

彭年、黃姬水、張鳳翼、王穉登等人，一直到邢侗、莫是龍、陸萬里，其時已非常接近董其昌的時代。從屠隆所列書家名單看，從明初的宋克、沈粲，以至於明中期的文徵明、王寵，到萬曆年間的邢侗、莫是龍等，所有在明代書史上有影響的書家基本包羅在內，而其成就皆在祝允明之下。米萬鍾在跋《祝允明古詩十一首卷》中亦有類似的觀點：「自古書法，至晉始超逸，至唐始勝，迨宋及元則翔則自翔，舞者自舞，各立門庭。我朝初推雲間二沈，得正衣缽者，惟枝山先生一人而已。」〔註31〕

清人王文治對明代書家祝允明、文徵明、董其昌的書法地位多有論述，其跋《祝允明書冊》云：

> 若後無董香光，則枝山固有明第一書家也。山舟先生又有爲袁漁洲《題祝允明懷雪記眞跡》云，「京兆佳書多小楷，其超出文待詔，不啻倍蓰，然較之古人，終覺瑰奇璀璨，至於平淡天眞之妙，或未之逮。」此卷乃天眞盎然，絕無宿習，賢者不可測，固如是耶！〔註32〕

又，跋祝允明《宮詞》云：

> 有明一代善楷法者，董文敏而外，祝枝山、王雅宜而已。無論二沈學士未脫俗氣，即文待詔亦板滯少筆趣，去古人尚遠也。〔註33〕

「淡墨探花」王文治書宗董其昌，因此對董氏推崇備至，他對祝允明狂草並無精深研究，故而此處所評有較濃的個人感情色彩。從書史來看，若就行書而言，王氏觀點尚有一些道理；若論及狂草，則很難說董氏在祝允明之上。在楷書方面，王文治也爲祝允明、文徵明、董其昌等人排了座次，他說祝允明小楷優於徵明而在董氏之下，筆者認爲倒不盡然（圖 5-4、5-5）。劉九庵《祝允明〈草書自詩〉與僞書辨析》文中寫道：「有明一代書家，墨蹟傳世之多，流佈之廣，影響之深遠者，莫過於祝允明、文徵明、董其昌三人。他們臨古工深，並創造出各自獨特的藝術風格。而所採之博，師法之古，兼備諸體，形態多變，臻於形質端美而神采飛揚者，似又當首推祝氏。」〔註34〕從今天書史研究的成果看，祝允明、文徵明、董其昌三人相較，若論狂草，祝氏第一；如論小楷，文氏居首；若較行書，則董氏領先。

〔註31〕清·佚名，《十百齋書畫錄》。見《中國書畫全書》第 10 冊，頁 672。
〔註32〕清·王文治，《快雨堂題跋》。見《中國書法全書》第 10 冊，頁 800。
〔註33〕清·王文治，《快雨堂題跋》。見《中國書法全書》第 10 冊，頁 800。
〔註34〕劉九庵，《祝允明〈草書自詩〉與僞書辨析》。刊於《收藏家》，1999 年第 6 期。

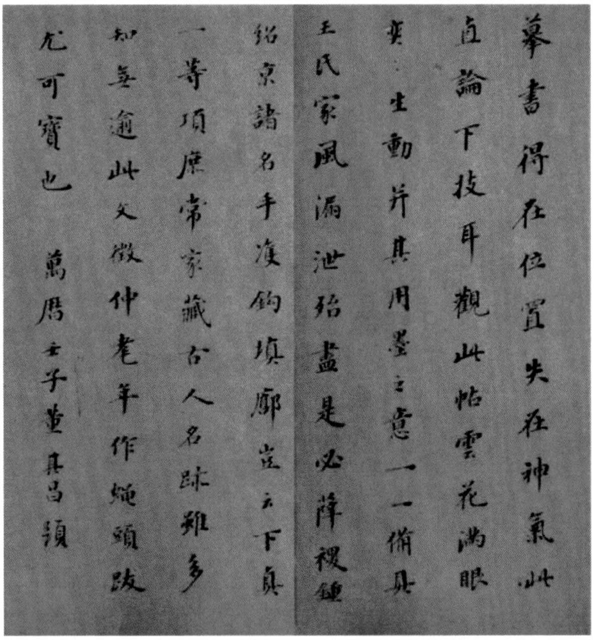

圖 5-4　董其昌《跋唐摹萬歲通天帖》

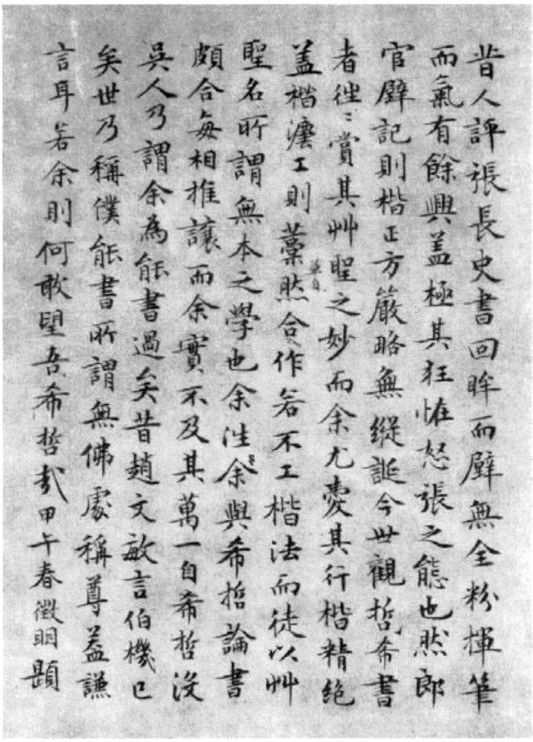

圖 5-5　文徵明《跋祝允明草書赤壁賦冊》

　　以上僅是就祝允明、文徵明、董其昌等明代書家「排次」以及書風比較而言，若單論祝允明的書史地位，筆者認為可以從以下兩個角度展開分析。

一、祝允明第一次從根本上打破元末明初被趙孟頫籠罩的行草書風

　　這也是王澍等人為何屢屢強調祝允明書法是趙孟頫以後書學又一次發生改變的原因。王氏《虛舟題跋》云：「吾嘗論其書自趙吳興以來二百餘年，至此乃始一變。」〔註35〕傅申《祝允明問題》一文中亦言：「明代最傑出的書法家祝允明的作品歷來被視為書法史上的一個轉折點。」〔註36〕他們都不約而同地點明了祝氏書學的轉折意義，而未究其根由。筆者認為，這個轉折即是，祝允明以其自身的實踐扭轉了明初以來書法承襲元代末流的惡習，使得以後的書家重新真正深入晉唐傳統。薛龍春曾寫道：「在當時的評價中，人們將他（枝山）視為深入傳統的領袖，即使那些討厭其書風的人，也不得不認同『枝山出，令人稍稍知晉法』。」〔註37〕祝允明自身取得的成就與造詣，為其後的董其昌、王鐸等書家樹立了學書榜樣。

二、祝允明以其「入古出新」的書法實踐證明了「奴書說」之謬

　　從前文所列大量祝允明對古人法書的臨作及其仿作古人風格的作品可以看出，祝允明這種「透徹吸收」並非拘泥於某家，而是在「拿得起」又「放得下」的取捨之間。他並沒有刻意追求畢肖某些書家，卻總能較準地把握其神髓，並蓄於筆端，運用到自己的具體實踐當中。「傳統譜系」的紮根之深，催生了祝允明的精品之作，他在率意發揮中闖出一條嶄新的書學道路。這一點明人詹景鳳也有察覺，他在跋《六體詩賦卷》中寫道：「我明之興，承宋元之餘流，亦多陷於一偏。惟京兆祝公希哲，筆端龍蛇，彌漫瀚浩，人不能測。公，天人也！」祝允明的學書方法和書法成就有力證明了李應禎「奴書說」的謬誤，其後的董其昌、王鐸等人皆由此得到啟發，他們深入傳統、入古出新，最終把明代書法推向了浪漫主義的高潮。

〔註35〕清・王澍，《虛舟題跋》。《歷代書法論文選續編》，頁664。
〔註36〕傅申，《祝允明問題》。見傅申著《海外書跡研究》，故宮出版社，2013年，頁191。
〔註37〕薛龍春，《亂而能整——祝允明書法摭論》。載《中國書畫》，2009.2。

　　然而，祝允明對待書法的態度卻是平淡的，他無意於以此成就自己的人生，也無意於與同時期及書史上的書家「較名」，更無意於安排自己的「身後」之名。從其流傳下來的作品可以看出：大量的作品爲酒宴之後應朋友索書而作，這些作品多是順手寫出，一氣呵成，根本無暇計較工拙，在醉眼朦朧的狀態中脫句漏字的現象時有發生。祝允明書作題款中反覆申明「方家莫要笑祝生多兒態也」，也並非矯揉造作的謙辭。莫是龍曾敏銳地觀察到這個問題，並總結道：「（京兆）行草應酬，縱橫散亂。精而察之，時時失筆。當其合作，遒爽絕倫。」〔註38〕這符合祝允明作品的整體情況，酒後所書高質量的作品很少，爲數不多的精品，多是在心手雙暢時揮運而成。祝允明還有一類平時臨習古人書法的作品，強被友人索去，他常常加以補款並說明原委，這些作品也多率意爲之，沒有經過特別刻意的醞釀與斟酌。祝允明的書作雖然數量多，但總體比較蕪雜，再加上一些贗品的存在，確實拉低了他的實際書寫水準。但即使從那些爲數不多的精品之作來看，祝允明仍不失爲書史上的一流書家。

〔註38〕轉引自馬宗霍，《書林藻鑒》，卷11。文物出版社，1984年，頁177。

結　語

　　根據祝允明大量傳世詩詞、文章、題跋以及同時期人的相關記載，筆者嘗試勾勒出祝允明眞實的人生軌跡，並大致分析了其不同人生階段的思想變化，以及這些變化對不同時期書風或取法的影響。重點考察了科舉考試對其性格的撕裂、吳中文人交遊對其性格的陶冶，以及官宦生涯與人生理想之間的種種困惑，力求依據史實做出學術判斷。

　　筆者認爲，在祝允明的人生當中，雖然他經常出入寺院且在不得志的時候往往有一種消極遁世的想法，但這些僅僅是一些微不足道的思想變動，並未對其實際行動產生根本影響。比如祝允明喜歡參觀寺院，很可能是爲了「逃暑」，也很可能是爲了跟朋友一起去遊玩。而「道家思想」在其身上顯得就更不純粹了，終其一生，他也從未眞正地隱居過。筆者也不情願以儒家思想來解釋祝允明的人生選擇，雖然其種種行爲「貌似」符合儒家規範，然而在他所處的那個時代背景與家庭環境，參加科考、光宗耀祖無疑是最正常不過的選擇。其外祖父、祖父皆爲當朝官員，父親雖無功名，但早年想必也爲此努力過，祝允明的選擇除了科考入仕便是在鄉野賦閒，他不得不爲此努力，這既是對自己的責任，也是社會和家庭對他的要求。更何況他本身也具備強烈的功名之心！然而，正是這種「合法性」及屢考屢敗之間的矛盾，對祝允明的人生產生了劇烈的衝擊，同時也無限地撕裂著他的性格，一方面他是瀟灑不羈的風流才子，另一方面又是屢戰屢敗的貧弱書生，從一個陽光青年蛻變成焦慮憔悴的老者。畢竟，祝允明參加科考的時間長達三十五年，占據了其人生的青春年華和鼎盛時期。祝允明早年的自信在這個分裂過程中也發生了質變，他不斷地懷疑經典，宣洩情感，並作了大量近乎內心直白的詩文。

　　本文分析祝允明性格變化的目的不在於研究其人生，而是想立足這些導致其性格變化的諸多事件，在流動的時間和空間中研究其書法。筆者認為，研究祝允明的書法作品，需要還原到書者本人當時的生活狀態和創作環境當中，因為這決定著作品產生的原因、背景及書寫的環境、氣氛等細節，這些無疑是分析其書法風格的一把把密鑰。如果沒有這些信息作為研究支撐，分析書法作品容易陷入無窮的空洞解讀之中。筆者在研究中，重點突出了祝允明的小楷和狂草，或許這正是其兩極人格在書法方面的投射。

　　筆者大量翻閱古人對於祝允明書法的評述，發現以「秀媚中逸態」來概括其書法根本特徵最為貼切。所謂「秀媚」，是指偏向「秀麗、秀媚」的書寫，而「逸態」則是指快速書寫時產生的縱放變態。在祝允明書作中，凡是被稱為「合作」者無不是「秀媚」與「逸態」的完美結合。而那些一味快速書寫的作品則多被後人斥為「不入格」的「野狐」，遭到「時時失筆」、「惡態」等差評。祝允明書作的其他特點，也多能用「法」與「意」之間的辯證關係來加以解釋，但他往往不能很常態地把握介於兩者之間的這個「度」。若再現其書寫狀態則很容易理解這一點：他有時酒後大醉，宴席上的朋友索書，自然難以拒絕，每當此時作書，「快意」便佔據了上風，可以設身處地地想一想，酒精麻醉後的祝允明還能受多少「法」的約束；他有時在船上作書，小舟搖搖盪蕩；有時在山裏或廟裏，興到揮毫，不擇筆墨……這些都無疑是增加了他對「法度」傳達的難度。

　　筆者認為，關於祝允明偽作，其研究難點在於祝允明書法本身的良莠不齊，有些一般水平的真跡還不如偽作寫得更像「他」本人。因此，若不結合書寫時的實際狀態考察，單從風格上進行判斷，往往容易產生誤差。

　　雖然祝允明生前、身後，其親屬、門人及周邊文士中都有學習其書法者，但經過對史料的翻檢耙梳，筆者發現祝允明書法的傳播並不像我們想像得那麼成體系，這引起筆者重新審視和思考其在書法史上的意義。

　　通過研究，筆者認為，祝允明是這樣的一個「文人」：

　　他出身優越，少年時期受到了良好的古典精英教育，詩文書法在一片鼓勵聲中成長起來，青年時期就成為吳中地區「文化名人」，因此性格有過於自信、天真的一面；他以科舉仕途的實現為人生理想，卻在這個決定自己命運的關節點上摺騰了三十五年，導致其人生為此發生了劇烈變化，性格也因此變得敏感、多疑；他缺乏「治生」的能力，在外祖父、父親、祖父相繼去世

以後，他及兒子祝續多年的應考導致家庭經濟狀況迅速窘迫下來，而他卻對此束手無策，只能在詩詞文章裏來抒發鬱悶的情緒；他熱愛書法，卻持有一個淡淡的「書法觀」，他不屑於「鬻書」養家，其大量書作都是在酒宴之後或者親友互訪之後應請而書，大多數屬於典型的一次性揮灑，其中既包括臨作也包括創作；他書名顯赫，卻無意在書法上取得巨大成就，由於一些機緣巧合，如個人天分、外祖、岳父皆爲當代名家的天然優勢，以及漫長的科考「戰線」所帶來的充足時間，使得他在書法方面取得了較高的造詣，並客觀上改變了元末明初以來書法發展的方向；其書法最精彩的部分在於草書，作爲繼張旭、懷素、黃庭堅之後的又一個偉大的狂草書家，他將長卷這種幅式的狂草發揮到了極致，單從狂草一體來看，他無疑已經可以躋身書史一流書家之列；他還留下了很多精絕的小楷之作，其作品展現出看似輕鬆的快意，背後卻隱藏著無盡的人生淒涼……

參考文獻

一、古　籍

1. 明‧祝允明，《懷星堂集》，載《四庫全書》集部第 1260 冊，上海古籍出版社，2003。

2. 明‧祝允明，《懷星堂集》，孫寶點校，西冷印社出版社，2012。

3. 明‧祝允明，《祝氏集略》，載《原國立北平圖書館甲庫善本叢書》，第 729 冊，國家圖書館出版社，2013。

4. 明‧祝允明，《祝子罪知錄》，載《原國立北平圖書館甲庫善本叢書》，第 533 冊，國家圖書館出版社，2013。

5. 明‧陸粲，《陸子餘集》，載《原國立北平圖書館甲庫善本叢書》，第 765 冊，國家圖書館出版社，2013。

6. 明‧桑悅，《思玄集》，載《四庫全書存目叢書》，集 39，齊魯書社，1997。

7. 清‧儲大文，《山西通志》，載《四庫全書》，史部第 542～550 冊，上海古籍出版社，2003。

8. 明‧王直，《抑庵文集》，載《四庫全書》，集部第 1241～1242 冊，上海古籍出版社，2003。

9. 明‧徐有貞，《武功集》，載《四庫全書》，集部第 1245 冊，上海古籍出版社，2003。

10. 清‧錢謙益，《列朝詩集小傳》，上海古籍出版社，1983。

11. 明‧吳寬，《家藏集》，載《四庫全書》，集部第 1255 冊，上海古籍出版社，2003。

12. 明‧錢穀，《吳都文粹續集》，載《四庫全書》，集部第 1385～1386 冊，上海古籍出版社，2003。

13. 清・朱彝尊，《明詩綜》，載《四庫全書》，集部第 1459～1460 冊，上海古籍出版社，2003。

14. 明・程敏政，《明文衡》，載《四庫全書》，集部第 1373～1374 冊，上海古籍出版社，2003。

15. 明・王鏊，《姑蘇志》，載《四庫全書》，史部第 493 冊，上海古籍出版社，2003。

16. 明・陳暐，《吳中金石新編》，載《四庫全書》，史部第 683 冊，上海古籍出版社，2003。

17. 明・末清初，查繼佐，《罪惟錄》，浙江古籍出版社，2012。

18. 明・葉盛，《水東日記》，花山文藝出版社，1980。

19. 明・尹直，《瑣綴錄》，載《原國立北平圖書館甲庫善本叢書》，第 553 冊，國家圖書館出版社，2013。

20. 明・孫繼宗、陳文等纂修，《明英宗實錄》，載《原國立北平圖書館甲庫善本叢書》，國家圖書館出版社，2013。

21. 清・張廷玉，《明史》，中華書局，2010。

22. 清・谷應泰，《明史紀事本末》，中華書局，1977。

23. 清・夏燮，《明通鑒》，中華書局，2014。

24. 明・陳子龍，《明經世文編》，中華書局，1997。

25. 周・道振輯，《文徵明集》，上海古籍出版社，2014。

26. 明・文震孟，《姑蘇名賢小記》，載《四庫全書存目叢書》，史 115，齊魯書社，1996。

27. 清・朱文翰，《嘉慶山陰縣志》，民國 25 年鉛印本。

28. 明・閻起山，《吳郡二科志》，載《四庫全書存目叢書》，史 90，齊魯書社，1996。

29. 明・史鑒，《西村集》，載《四庫全書》，集部第 1259 冊，上海古籍出版社，2003。

30. 明・王寵，《雅宜山人集》，載《四庫全書存目叢書》，集 79，齊魯書社，1996。

31. 王季烈，《莫釐王氏家譜》，民國 26 年鉛印本。

32. 清・張廷濟，《桂馨堂集》，載《續修四庫全書》，第 1491 冊，上海古籍出版社，1995～2002。

33. 明・袁褧，《衡藩重刻胥臺先生集》，載《原國立北平圖書館甲庫善本叢書》，第 763 冊，國家圖書館出版社，2013。

34. 清・紀昀等纂，《四庫全書總目提要》，河北人民出版社，2000。

35. 明・張鳳翼，《處室堂集》，載《續修四庫全書》，集部第 1353 冊，上海

古籍出版社，1995。

36. 明・劉玨，《完庵詩集》，載《四庫全書存目叢書》，集 34，齊魯書社，1997。

37. 明・程敏政，《篁墩文集》，載《四庫全書》集部 1252～1253 冊，上海古籍出版社，2003。

38. 明・王鏊，《震澤集》，載《四庫全書》，集部第 1256 冊，上海古籍出版社，2003。

39. 同治，《蘇州府志》，載《中國地方志集成》，鳳凰出版社，2007。

40. 明・黃省曾，《五嶽山人集》，載《四庫全書存目叢書》，集 94，齊魯書社，1997。

41. 明・黃魯曾，《續吳中往哲記》，載《原國立北平圖書館甲庫善本叢書》，第 258 冊，國家圖書館出版社，2013。

42. 明・黃姬水，《黃淳父集》，載《四庫全書存目叢書》，集 186，齊魯書社，1997。

43. 明・蔡羽，《林屋集》，載《中華再造善本》，國家圖書館出版社，2014。

44. 明・林俊，《見素集》，載《原國立北平圖書館甲庫善本叢書》，第 742 冊，國家圖書館出版社，2013。

45. 明・顧璘，《顧華玉集》，載《四庫全書》，集部第 1263 冊，上海古籍出版社，2003。

46. 明・顧璘，《息園存稿》，載《原國立北平圖書館甲庫善本叢書》，第 733 冊，國家圖書館出版社，2013。

47. 明・顧璘，《國寶新編》，載《原國立北平圖書館甲庫善本叢書》，第 733 冊，國家圖書館出版社，2013。

48. 明・董其昌，《容臺別集》，載《四庫全書存目叢書》，集 171，齊魯書社，1997。

49. 明・徐學謨，《海隅集》，載《四庫全書存目叢書》，集 125，齊魯書社，1997。

50. 明・王世貞，《弇州山人四部稿》，載《原國立北平圖書館甲庫善本叢書》，第 784～787 冊，國家圖書館出版社，2013。

51. 明・王世貞，《弇州續稿》，載《四庫全書》，集部 1282～1284 冊，上海古籍出版社，2003。

52. 明・邢侗，《來禽館集》，載《原國立北平圖書館甲庫善本叢書》，第 835 冊，國家圖書館出版社，2013。

53. 明・王錡，《寓圃雜記》，中華書局，1997。

54. 明・沈德符，《野獲編》，燕山出版社，1993。

55. 明・都穆，《寓意編》，載《四庫全書》，子部第 814 冊， 上海古籍出版社，2003。

56. 明・楊循吉，《吳中往哲記》，載《四庫全書存目叢書》，史 89，齊魯書社，1996。

57. 明・唐寅，《唐伯虎全集》，中國書店，1985。

58. 萬曆，《長洲縣志》，載《原國立北平圖書館甲庫善本叢書》，第 310 冊，國家圖書館出版社，2013。

59. 萬曆，《應天府志》，載王熹點校《北京舊志彙刊》，中國書店，2011。

60. 嘉靖，《惠州府志》，上海古籍書店，1961。

61. 乾隆，《興寧縣志》，載《中國地方志集成》，鳳凰出版社，2014。

二、書法作品彙編

1. 中國古代書畫鑒定組編，《中國古代書畫圖目》，第 1、2、6、7、8、9、11、12、13、14、15、16、17、18、20 冊，文物出版社，1994～2001。

2. 國立故宮博物院編輯委員會，《故宮歷代法書全集》，第 5、6、17、18、22、23、27、28、30 冊，中華民國 67 年。

3. 何炎泉編，《毫端萬象──祝允明書法特展》，國立故宮博物院，中華民國 102 年。

4. 葛鴻楨編，《中國書法全集・祝允明卷》，榮寶齋出版社，1993。

5. 陳麥青等編，《祝允明墨蹟大觀》，上海人民出版社，1996。

6. 沈鵬主編，《中國草書名帖精華》，第 2 冊，北京出版社，1994。

7. 袁傑主編，《故宮書畫館》，（四），紫禁城出版社，2009。

8. 啟功主編，《中國書法大成》，明（上），中國書店出版社，1990。

9. 孫寶文主編，《古詩墨翰》，第 1、2 冊，遼寧美術出版社，1996。

10. 日本・渡邊隆男，《書跡名品叢刊》，第 22 卷 明 1，二玄社，2001。

11. 蕭燕翼主編，《故宮博物院藏文物珍品大系》，之「明代書法」，上海科學技術出版社，2001。

12. 楊美莉主編，《中華五千年文物集刊》，法書篇第 10 等冊，中華民國 75 年。

13. 日本・中田勇次郎編，《書道藝術》，第 8 卷，中央公論新社，1976。

14. 《故宮博物院藏中國書法千年珍品》，紫禁城出版社，2000。

15. 南京博物院等編，《中國書跡大觀》，第 3 卷，1993。

16. 《中國歷代書畫題跋精粹》，明，重慶出版集團，2008。

17. 《故宮藏明清名人書箚墨蹟選》，明代 1，1993。

18. 《海外遺珍》，法書1，中華民國76年版。

19. 《故宮散佚國寶特集》，遼寧省博物館，2004。

20. 《明名賢書信手跡》，天津人民美術出版社，2002。

21. 《明清名家書法大成》，第1冊，上海書畫出版社，1994。

22. 《明清書法扇面大觀》，天津人民美術出版社，2006。

23. 劉九庵，《中國歷代書畫鑒別圖錄》，紫禁城出版社，1999。

三、書論及彙編

1. 明・王世貞，《古今法書苑》。

2. 明・孫鑛，《書畫跋跋》。

3. 明・朱謀垔，《書史會要》。

4. 明・朱謀垔，《書史會要續編》。

5. 明・末清初姜紹書，《無聲史詩》。

6. 明・王穉登，《國朝吳郡丹青志》。

7. 清・張大鏞，《自怡悅齋書畫錄》。

8. 清・初佚名，《十百齋書畫錄》。

9. 清・潘正煒，《聽帆樓書畫記》。

10. 明・何良俊，《四友齋叢說》。

11. 明・何良俊，《四友齋書畫論》。

12. 清・方濬頤，《夢園書畫錄》。

13. 明・汪珂玉，《珊瑚網》。

14. 清・卞永譽，《式古堂書畫匯考》。

15. 明・李日華，《味水軒日記》。

16. 北宋・佚名，《宣和書譜》。

17. 清・楊賓，《大瓢偶筆》。

18. 元・陳繹曾，《書學捷要》。

19. 清・錢泳，《書學》。

20. 明・董其昌，《畫禪室隨筆》。

21. 清・朱履貞，《書學捷要》。

22. 北宋・黃伯思，《東觀餘論》。

23. 北宋・董逌，《廣川書跋》。

24. 清・蔣衡，《拙存堂題跋》。

25. 清・王澍，《虛舟題跋》。

26. 清・王澍，《竹雲題跋》。

27. 唐・張彥遠，《法書要錄》。

28. 清・王文治，《快雨堂題跋》。

29. 清・吳榮光，《辛丑銷夏記》。

30. 清・包世臣，《歷下筆談》。

31. 佚名，《書畫史》。

32. 清・倪濤，《六藝之一錄》。

33. 明末清初・吳升，《大觀錄》。

34. 明・張丑，《真跡日錄》。

35. 明・張丑，《清河書畫舫》。

36. 清・梁章鉅，《退庵所藏金石書畫跋尾》。

37. 清・梁廷枏，《藤花亭書畫跋》。

38. 清・戈守智，《漢溪書法通釋》。

39. 明・陳繼儒，《妮古錄》。

40. 明・潘之淙，《書法離鈎》。

41. 明・王紱，《書畫傳習錄》。

42. 清・王宸，《繪林伐材》。

43. 清・沈辰，《書畫緣》。

44. 明・屠隆，《帖箋》。

45. 明・郁逢慶，《郁氏書畫題跋記》。

46. 清末・龐元濟，《虛齋名畫錄》。

47. 清・彭蘊燦輯著，《歷代畫史匯傳》。

48. 清・張庚，《國朝畫徵錄》。

49. 清・姜怡亭，《國朝畫傳編韻》。

50. 清・馮金伯，《國朝畫識》。

51. 清・沈樹鏞，《鄭齋金石題跋記》。

52. 明・文嘉，《鈐山堂書畫記》。

53. 明・詹景鳳，《詹東圖玄覽編》。

54. 明・趙宧光，《寒山帚談》。

55. 清・高士奇，《江村銷夏錄》。

56. 清・姚際恒，《好古堂藏書畫記》。

57. 清·陸時化，《吳越所見書畫錄》。

58. 清·陸心源，《穰梨館過眼錄》。

59. 顧復，《平生壯觀》，林虞生點校，上海古籍出版社，2011。

60. 明·王世貞，《弇州山人題跋》，浙江人民美術出版社，2012。

61. 明·安世鳳，《墨林快事》，載《四庫全書存目叢書》，子部第 118 冊，齊魯書社，1995。

62. 馬宗霍輯，《書林藻鑒》，文物出版社，1984。

63. 《石渠寶笈檢索版》，江西美術出版社，2012。

64. 《秘殿珠林石渠寶笈續編》，民國 37 年影印本。

65. 盧輔聖編，《中國書畫全書》，第 3、4、5、6、7、8、10、11、13 冊，上海書畫出版社，1993～1999。

66. 崔爾平點校，《明清書論集》，上海辭書出版社，2011。

67. 華東師範大學古籍整理研究室編，《歷代書法論文選》，上海書畫出版社，1979。

68. 崔爾平編，《歷代書法論文選續編》，上海書畫出版社，1993。

69. 崔爾平編，《明清書法論文選》，上海書店，1994。

四、著作及論文

（一）專著

1. 萬國定鼎編、陳夢家等補定，《中國歷史年表》，中華書局，1978。

2. 郭沫若主編，《中國史稿地圖集》，下冊，中國地圖出版社，1990。

3. 黃惇，《中國書法史·元明卷》，江蘇教育出版社，2009。

4. 陳麥青，《祝允明年譜》，復旦大學出版社，1996。

5. 戴立強，《〈祝允明年譜〉增補》，載《書法研究》，2005.4。

6. 向彬、劉昆，《從臨摹到創作·祝允明》，上海書畫出版社，2007。

7. 楊永安，《吳中四才子——祝允明之思想與史學》，香港先鋒出版社，1987。

8. 薛龍春，《雅宜山色——王寵的人生與書法》，上海書畫出版社，2013。

9. 美國柯律格，《雅債：文徵明的社交性藝術》，生活讀書新知三聯書店，2012。

10. 黃卓越，《明中後期文學思想研究》，北京大學出版社，2005。

11. 簡錦松，《明代文學批評研究》，臺灣學生書局，1989。

12. 劉濤，《中國書法史・魏晉南北朝卷》，江蘇教育出版社，2009。

13. 朱關田，《中國書法史・隋唐五代卷》，江蘇教育出版社，2009。

14. 孫稼阜，《從臨摹到創作・黃庭堅》，上海書畫出版社，2006。

15. 叢文俊，《中國書法史・先秦秦代卷》，江蘇教育出版社，2009。

16. 白謙慎，《傅山的世界——十七世紀中國書法的嬗變》，生活讀書新知三聯書店，2006。

17. 白謙慎，《與古為徒和娟娟發屋——關於書法經典問題的思考》，榮寶齋出版社，2009。

18. 邱振中，《書法的形態與闡釋》，中國人民大學出版社，2011。

19. 啓功，《啓功叢稿》，中華書局，1999。

20. 朱寶炯、謝沛霖，《明清進士題名碑錄索引》，上海古籍出版社，1980。

21. 楊廷福、楊同甫，《明人室名別稱字號索引》，上海古籍出版社，2002。

22. 趙園，《明清之際士大夫研究》，北京大學出版社，1999。

23. 余英時，《士與中國文化》，上海人民出版社，1987。

24. 葛兆光，《中國思想史》，復旦大學出版社，2009。

（二）論文

1. 楚默，《風骨爛漫神縱逸——祝允明草書〈唐宋詞卷〉》，載《中國書法》，2012.3。

2. 何炎泉，《祝允明的書法、書論與鑒賞》，載《毫端萬象——祝允明書法特展》。

3. 葛鴻楨，《祝允明書法評傳》，載《中國書法全集・祝允明卷》。

4. 葛鴻楨，《〈祝允明草書杜甫秋興八首〉及偽作再探討》，載《中國書法》，2014.3。

5. 薛龍春，《亂而能整——祝允明書法掫論》，載《中國書畫》，2009.2。

6. 薛龍春，《王寵的作偽與偽作》，載《中國書畫》，2007.10。

7. 方建勳，《盡合古法　盡見情性——論祝允明狂草中的「滿紙點點」》，載《蘇州教育學院學報》，2014.3。

8. 曹建，《祝允明的心性修為與書法風格》，載《中國書法》，2014.3。

9. 李振松，《祝允明人格精神論略》，載《理論界》，2006.3。

10. 傅汝明，《祝允明小楷書法略論》，載《西北大學學報》，哲學社會科學版，2010.6。

11. 朱圭銘，《祝允明〈奴書訂〉的書學辯證精神》，載《中國書法》，2014.3。

12. 張飛，《兼二父之美——論徐有貞、李應禎對祝允明書學思想的影響》，

載《藝術品》，2014.7。

13. 馬煒，《氣質之辯與性情之辯——祝允明、文徵明比較》，載《重慶三峽學院學報》，2002.1。

14. 鄭利華，《明代中葉吳中文人集團及其文化特徵》，載《上海大學學報》，1997.2。

15. 徐楠，《張揚激憤：對中庸理想人格的背離——明代蘇州文人祝允明的典型心態及相關問題》，載《河北學刊》，2009.7。

16. 孔令深，《祝允明草書〈白泖曲〉卷》，載《中國書法》，2014.3。

17. 臺灣何傳馨，《祝允明及其書法藝術》，載《故宮學術季刊》，第十卷第一期，1992.9。

18. 黃惇，《神會意得——從祝允明、文徵明到董其昌的仿書研究》，載《全國第十一屆書法篆刻作品展覽學術文集》，下冊，書法出版社，2015。

19. 傅申，《祝允明問題》，見傅申著、葛鴻楨譯，《海外書跡研究》，故宮出版社，2013。

20. 劉九庵，《祝允明〈草書自詩〉與偽書辨析》，載《收藏家》，1999.6。

21. 劉九庵，《祝允明小楷〈成化間蘇材小纂〉辨偽》，載《故宮博物院院刊》，1999.1。

22. 蕭燕翼，《祝允明贗書的再發現》，載《故宮博物院院刊》，1997.1。

23. 戴立強，《祝允明書法作品辨偽九例》，載《書法研究》，2006.4。

24. 劉建龍、戴立強，《祝允明〈成化間蘇材小纂稿〉考辨》，載《東南文化》，2001.5。

25. 袁勤，《祝允明草書〈唐宋詞卷〉考述》，載《東南文化》，2011.12。

26. 林宵，《祝允明書法真偽標準討論》，載范景中等編《美術史與觀念史》，第 13 輯，南京師範大學出版社，2011。

27. 林宵，《韓世能疑是偽祝允明書法的作者》，載范景中等編《美術史與觀念史》，第 14 輯，南京師範大學出版社，2014。

28. 林宵，《陳淳、王寵師承祝允明的證據——以筆跡學方法鑒定祝允明書法二卷》，載范景中等編《美術史與觀念史》，第 14 輯，南京師範大學出版社，2014。

29. 北京語言大學徐慧博士論文，《祝允明文學思想研究》，2008。

30. 首都師範大學楊坤衡碩士論文，《祝允明書法思想與實踐研究》，2007。

31. 臺灣明道大學古員齊碩士論文，《祝允明草書造型研究》，中華民國一百年。

32. 國立臺灣藝術大學黃義和碩士論文，《祝允明狂草風格之研究》，中華民國 94 年。

33. 國立高雄師範大學黃仁德碩士論文，《祝允明書法藝術研究》，中華民國97年。

34. 華東師範大學王冬碩士論文，《徐有貞研究》，2009。

附：祝允明書法作品表

注：①表1、2參考：

中國古代書畫鑒定組編，《中國古代書畫圖目》第 1、2、6、7、8、9、11、
12、13、14、15、16、17、18、20 冊（表中簡稱《圖目》）

國立故宮博物院編輯委員會《故宮歷代書法全集》第 5、6、17、18、22、
23、27、28、30 冊

臺灣何炎泉編《毫端萬象——祝允明書法特展》

葛鴻楨編《中國書法全集・祝允明卷》

陳麥青等編《祝允明墨蹟大觀》

日本渡邊隆男《書跡名品叢刊》第 22 卷，明 1

蕭燕翼主編《故宮博物院藏文物珍品大系》之「明代書法」

楊美莉主編《中華五千年文物集刊》法書篇第 10 等冊

日本中田勇次郎編《書道藝術》第 8 卷

南京博物院等編《中國書跡大觀》第 3 卷

沈鵬主編《中國草書名帖精華》

袁傑主編《故宮書畫館》（四）

啓功主編《中國書法大成》明（上）

孫寶文主編《古詩墨翰》第 1、2 冊

②表中故宮博物院簡稱「故博」，上海博物館簡稱「上博」，以此類推。

1. 有紀年作品表

作品名稱	年　代	材質、樣式、尺寸（cm）	受書人	藏　地	出　處	備　註
行書莊子秋水篇	成化21年（1485）	卷		故博	圖目20	未見圖
楷書擬古詩	成化22年（1486）	卷砑花箋 26×429		山東棲霞縣文管所	圖目16	鍾繇書風小楷
行書登春臺賦三首	成化22年（1486）	卷 387×30		濟南市博物館	圖目16	小行書，有《蘭亭》遺韻
小楷千字文12開	成化22年（1486）	冊 15.2×15		天津藝術博物館	圖目9	
行書爲沈周撰秋軒賦	成化22年（1486）	軸 91.5×27.7		上博	圖目2	
臨黃庭經	成化22年（1486）六月十七日	卷			書道藝術卷8	
小楷書燕喜亭等四記卷	成化23年（1487）秋七月	20.4×201.1		故博	中華五千年文物集刊法書篇10	
行書和陶飲酒詩廿首	弘治戊申（1488）	卷27.6×452.2		上博	圖目2	
行書離騷經	弘治元年（1488）	冊		故博	圖目20	未見圖
楷書洛中會昌九老會序	弘治二年（1489）	卷25.2×108.4		上海文物商店	圖目12	
行書祖允暉慶誕記	弘治三年（1490）六月19日	121.8×44.8		臺灣故博	故宮歷代書法全集30	
離騷經	弘治三年（1490）秋八月			日本澄懷堂文庫	中國書法全集・祝允明卷	
題倪瓚秋林遠岫軸	弘治庚戌（1490）十月	74.7×37		臺灣故博	毫端萬象——祝允明書法特展	

楷書詩詞「楊柳花」等	弘治六年（1493）仲春	冊 21×26.1	國卿	故博	圖目 1	
杜甫奉先劉少府新畫山水障歌	弘治七年（1494）甲寅	30.9×554.8		天津市歷史博物館	圖目 8	
行楷臨唐宋人書九開	弘治甲寅（1494）	冊 24.2×32.8		上博	圖目 2	
草書雲江記	弘治八年（1495）秋日	卷 26.6×265.5		天津藝博	圖目 9	
楷書千文冊	弘治八年（1495）	冊 均 28.6×16.2	朱堯民	臺灣故博	毫端萬象——祝允明書法特展	
行書在山記	弘治乙卯（1495）重九	均 23.9×10.7		臺灣故博	故宮歷代書法全集 17	
草書雲江記	弘治八年（1495）秋日	卷		天津藝術博物館	圖目 9	
行草詩翰「北邙行」	弘治丙辰（1496）	25.5×48.8		臺灣故博	故宮歷代書法全集 5	
行草書詩詞二段	弘治九年（1496）	卷 29×838	了庵	湖南省圖書館	圖目 18	
題明人釣月亭圖	弘治丙辰（1496）			臺灣故博	毫端萬象——祝允明書法特展	
三暢詠	弘治九年（1496）五月二十四日				書道藝術卷 8	
行書可竹記	弘治丁巳（1497）十月既望			臺灣故博	故宮歷代書法全集 18	
臨黃庭經卷	弘治十三年（1500）	卷 23×482.4		美國華盛頓美術館	中國書法全集·祝允明卷	

小楷自書詩	弘治 14 年（1501）	卷 26×254.6		蘇州博物館	圖目 6	
小楷書關公廟碑	弘治 14 年春二月朔旦（1501）	26.7×49.6		故博	圖目 20	
小楷一江賦並序	弘治 15 年（1502）	卷 20.2×137.2		上博	圖目 2	
行書離騷	弘治 17 年（1504）	卷 26×330		廣州市美術館	圖目 14	
行書育齋記	弘治 18 年（1505）	卷 30×86.2		上博	圖目 2	
祝允明、王寵行楷書合璧	祝：弘治 18 年（1505）	卷 21.9×1048		上博	圖目 2	
招鳳辭卷	弘治 18 年（1505）			美國弗利爾美術館	中國書法全集・祝允明卷	
行書詩	正德元年（1506）	卷 30.5×878		廣東省博物館	圖目 13	
祝允明等行書	正德元年（1506）	卷，灑金箋 31×56.5		故博	圖目 20	
行草詩翰盧姬曲	丙寅（1506）春半初晴	24.3×44.9	沈與文	臺灣故博	故宮歷代書法全 5	
行書劉君文威聽泉記	正德元年（1506）夏五	31×152.2		故博	故宮書畫館四	
行草詩翰「丹陽曉發」	丁卯（1507）秋日復寓金陵	26×56.4	沈與文	臺灣故博	故宮歷代書法全集 5	
行草詩翰秣陵山館	正德二年（1507）六月廿日	24.4×47.5	沈與文	臺灣故博	故宮歷代書法全集 5	
行草詩翰「靜女歎」	丁卯（1507）夏	24.3×44.5	沈與文	臺灣故博	故宮歷代書法全集 5	
行草詩翰「客居」	丁卯（1507）夏	23.8×42.4	沈與文	臺灣故博	毫端萬象——祝允明書法特展	

祝允明等行書芝庭記	祝：正德二年（1507）	卷 27.7×87.5		蘇州博物館	圖目6	
楷書琵琶行	正德二年（1507）	卷		天津藝博	圖目9	未見圖
憶摹趙文敏書唐集七十首卷	正德二年（1507）			美國克利斯蒂藏	中國書法全集·祝允明卷	
行書楊柳枝詞四首	正德四年（1509）	扇頁金箋		上博	圖目2	未見圖
行書怡晚堂記十二開	正德四年（1509）	冊		上博	圖目2	未見圖
草書赤壁賦	正德四年（1509）	卷		故博	圖目20	未見圖
草書自書詩	正德四年（1509）	卷		故博	圖目20	未見圖
跋歐陽修付書局帖	正德四年（1509）	冊 28.9×30		臺灣故博	毫端萬象——祝允明書法特展	
海外西經	正德四年（1509）				中國書法全集·祝允明卷	
行書閒情賦七開	正德五年（1510）	冊		上博	圖目2	未見圖
草書千字文	正德五年（1510）	卷		上博	圖目2	未見圖
行草題石田雜花	正德五年（1510）			蘇州博物館	圖目6	
行書懷雪記	正德五年（1510）	卷 28.5×154.8		重慶博物館	圖目17	
草書	正德五年（1510）	卷		德清縣博物館	圖目11	未見圖
楷行草三體書雜詩卷	正德五年（1510）上元日	28.5×738	仲瞻文學	故博	圖目20	
夢草記	正德五年（1510）仲春	28.9×99.6		美國後眞賞齋藏	中國書法全集·祝允明卷	

草書「閒居秋日」等詩卷	正德五年（1510）夏五月望前	29.7×599.8		美國普林斯頓大學藝術館	海外遺珍法書1	
梨谷記	正德五年（1510）夏六月	卷27.4×123.3		美國後真賞齋藏	中國書法全集·祝允明卷	
臨黃庭經	正德五年（1510）八月二日	冊26.2×15.4		臺灣故博	毫端萬象——祝允明書法特展	
楷書江淮平亂詩什序	正德七年（1512）	卷，灑金箋		故博	圖目20	未見圖
祝允明、文徵明四體千字文	允明書一為正德七年（1512），另一未題年。	卷		浙江省博物館	圖目11	
祝允明、唐寅行書也罷丁君小傳等	正德八年（1513）	卷25.5×146.7	丁文祥	青島博物館	圖目16	祝書為趙孟頫風格行書
小楷書東坡記遊	癸酉（1513）八月十二，步月宿東禪寺書此	卷13.4×269.6		遼寧省博物館	圖目15	
出師表	正德（1514）甲戌四月十二日			日本東京國立博物館	書跡名品叢刊22卷	
行書秋興詩	正德11年（1516）	卷		中國歷史博物館	圖目1	未見圖
草書滕王閣序詞並詩	正德11年（1516）	卷32.9×842.6		蘇州博物館	圖目6	
行楷書擬詩外傳	正德11年（1516）	卷34.6×276.5		故博	圖目20	
草書秋興八首	正德11年（1516）	卷21.8×342		故博	圖目20	
行草書米南宮論書	正德11年（1516）	卷		故博	圖目20	未見圖

墨林藻海	正德 11 年（1516）十月二十二日	卷 34.6×1435.8		臺灣故博	毫端萬象——祝允明書法特展	
正德興寧志稿本	序書於正德 11 年（1516）十二月二十九日	每頁 29×30		蘇州博物館	中國書法全集・祝允明卷	
草書太眞外傳	正德 12 年（1517）	卷		上博	圖目 2	未見圖
行書詩	正德 12 年（1517）	卷		上博	圖目 2	未見圖
行書連昌宮詞等詩稿七開	正德 12 年（1517）	冊		榮寶齋	圖目 1	未見圖
行書詩卷	正德 12 年（1517）	卷 661×29		濟南博物館	圖目 16	
越臺諸遊序	正德十二年（1517）六月二十七日				書道藝術卷 8	
草書琴賦	正德 12 年（1517）四月一日	25.7×738.4		故博	書目 20	
祝允明眞跡冊	戊寅（1518）五月	均 26.8×42.3		臺灣故博	毫端萬象——祝允明書法特展	
草書自書詩	正德 14 年（1519）	卷 394.4×31.4	性甫	四川博物館	圖目 17	
跋徐熙花卉草蟲卷	正德 14 年（1519）三月	27.2×19		臺灣故博	毫端萬象——祝允明書法特展	
草書自書詩「秋夜宿禪院」	正德 15 年（1520）	卷 47.9×1178.5	慕靜	上博	圖目 2	
草書唐詩	正德 15 年（1520）	卷 24.5×320		故博	圖目 20	

草書自書詩「太湖」等詩	正德 15 年（1520）秋七月	卷 30.7×794	夢椿	故博	圖目 20	
草書自書詩「和陶飲酒詩」	正德 15 年（1520）十一月十日	卷 47.3×321.2	謝雍	上博	圖目 2	
小草書自書詩和陶飲酒詩	正德 15 年（1520）十一月十日	卷 29.3×221	謝雍	上博	圖目 2	
草書詩	正德 15 年（1520）	卷		廣東省博物館	圖目 13	未見圖
臨王羲之帖	正德 15 年（1520）	冊	沈津	臺灣故博	毫端萬象——祝允明書法特展	
草書自書詩卷	正德 15 年（1520）七月既望	30.7×794		故博	故宮博物院藏文物珍品大系明代書法	
小楷九歌	正德 16 年（1521）	卷		上博	圖目 2	未見圖
行書洛神賦卷	正德 16 年（1521）			朵雲軒	圖目 12	未見圖
行草前後赤壁賦	正德辛巳歲（1521）秋日書於知秋館				書跡名品叢刊22卷	
行草書岳陽樓記	正德 16 年（1521）	卷 31.5×175.5	平川呂先生	故博	圖目 20	
行草書滿江紅詞	正德 16 年（1521）	卷		故博	圖目 20	未見圖
章草閒情賦	正德 16 年（1521）十一月三日			蘇州博物館過雲樓藏帖	中國書法全集・祝允明卷	
祝允明等三家行書合璧	祝:嘉靖元年（1522）	卷 25.7×114 不等	貞庵	上博	圖目 2	

小草書文賦	嘉靖元年（1522）	30.5×465.9		上博	圖目2	
行草懷知詩	嘉靖元年（1522）	卷29.5×697.5		廣州市美術館	圖目14	
草書前赤壁賦	嘉靖元年（1522）	卷		中央工藝美術學院	圖目1	未見圖
六體詩賦卷	嘉靖元年（1522）三月	卷31.1×642		故博	中國書法全集·祝允明卷	
草書前後赤壁賦	嘉靖二年（1523）	39.7×393.5		黑龍江省博物館	圖目16	
草書柳宗元梓人傳	嘉靖二年（1523）	軸121.2×62.9		北京市文物商店	圖目1	
草書登太白酒樓詩	嘉靖二年（1523）	卷		中國文物商店總店	圖目1	
草書自書詩卷	嘉靖二年（1523）	卷521.5×26.8		江西婺源縣博物館	圖目18	
楷書松林記九開	嘉靖二年（1523）	冊29.1×11.7		上博	圖目2	
草書懷知詩	嘉靖二年（1523）	卷29.8×545.5	尊舅李延卿	上博	圖目2	
行草千字文	癸未（1523）閏四月望後	31.1×372.9	謝雍	臺灣故博	故宮歷代書法全集6	
行書七律詩	嘉靖二年（1523）	軸145×61		故博	圖目20	
題文伯仁畫楊季靜小像	嘉靖二年（1523）	29.1×36.2		臺灣故博	毫端萬象——祝允明書法特展	
行書牡丹賦	嘉靖三年（1524）春三月	卷30.9×530.3	廷用	故博	圖目20	圖目云無紀年
草書自書詩「聽風臺」	嘉靖癸未（1523）閏四月25日	卷24×656.5		故博	圖目20	

草書詩詞	嘉靖三年（1524）五月	卷 25×198		朵雲軒	圖目 12	
行草書李白詩	嘉靖三年（1524）	卷		故博	圖目 20	未見圖
行草書答孫山人寄吟歌	嘉靖三年（1524）	卷 28.4×139.8		上博	圖目 2	
草書前後赤壁賦 14 開	嘉靖三年（1524）	冊		榮寶齋	圖目 1	未見圖
赤壁賦	甲申（1524）秋八月				《中國書法大成》明（上）	
先母陳夫人手狀	嘉靖三年（1524）	冊，均 26.7×10.6		臺灣故博	毫端萬象——祝允明書法特展	
毛珵妻韓夫人墓誌銘	嘉靖三年（1524）	每頁 26×12.7		首博	中國書法全集·祝允明卷	
行草七言絕句	嘉靖四年（1525）	卷 27.8×231.5		首都博物館	圖目 1	
草書洛神賦	嘉靖四年（1525	卷紙 32×688	廷用	瀋陽故宮博物院	圖目 15	
行草書詠蘇臺八景詞	嘉靖四年（1525	卷紙 27×560	子明	瀋陽故宮博物院	圖目 15	
楷書臨米趙千字文清靜經五開	嘉靖四年（1525）	冊 28.3×22		故博	圖目 20	
草書七言律詩「閒居秋日」	乙酉（1525）秋日叢桂堂酒次書	30.8×396.5		臺灣故博	故宮歷代書法全集 5	
小楷和陶飲酒詩二十首	乙酉（1525）秋日	17.3×10.3		臺灣故博	故宮歷代書法全集 23	
草書和陶淵明飲酒二十首卷	乙酉（1525）七月望後			日本山本悌二郎	中國書法全集·祝允明卷	

古詩十九首附「榜枻歌、秋風辭」	乙酉（1525）九月			故博	中國書法全集・祝允明卷	
行草嵇康琴賦	嘉靖五年（1526）	軸200.3×62.2		蘇州博物館	圖目6	
行楷殷君簡亭記、感知己賦六開	嘉靖五年1526	冊各19.4×9		廣東省博物館	圖目13	
書述	嘉靖五年（1526）十月望日	拓本		故博	中國書法全集・祝允明卷	
後赤壁賦	嘉靖五年（1526）冬仲	31.4×413.7		臺灣故博	毫端萬象——祝允明書法特展	
草書司馬光獨樂園記	嘉靖八年（1529）	卷		上博	圖目2	未見圖

2. 無紀年作品表

作品名稱	材質、樣式、尺寸（cm）	受書人	藏　地	出　處	備　註
跋唐寅秋山靜樂圖	卷 49×121		美國魏比德藏	中國書法全集・祝允明卷	
行書箚二十開，九通	冊		上博	圖目2	未見圖
草書曹子建詩十一開	冊 16.3×28.7		上博	圖目2	
草書七絕詩「湖上」	卷 24.6×183.7		上博	圖目2	
行楷書子夜四時歌	卷，灑金箋 21.7×95.8	堯民	上博	圖目2	
草書月賦	卷		上博	圖目2	未見圖
行草書臨宋人法書	卷		上博	圖目2	未見圖
草書杜詩六首	卷 35.1×748.4		上博	圖目2	

草書李白五言古詩	卷 31.3×826.5		上博	圖目 2	
草書牡丹賦	卷		上博	圖目 2	未見圖
草書前後赤壁賦	卷 31.3×1001.7	汪子西山	上博	圖目 2	
行草書「春江花月夜」	卷 26.7×149		上博	圖目 2	
行草書唐寅落花詩			上博	圖目 2	未見圖
草書宿羅浮詩	卷 27×443.3		上博	圖目 2	
行書陳玉清墓誌稿	卷 30.1×548		上博	圖目 2	
草書醉翁亭記	卷		上博	圖目 2	未見圖
行書懷知詩	卷 26×270.4		上博	圖目 2	
行書樂泉記八開			上博	圖目 2	未見圖
行書詩	軸 109.7×30.5		上博	圖目 2	
草書七律詩	軸 122.5×57.9	子覆文學	上博	圖目 2	
草書七律詩	軸 363.5×111.2		上博	圖目 2	
行書七絕詩	軸		上博	圖目 2	未見圖
草書杜詩	軸 363.9×111.1		上博	圖目 2	
草書秋興詩	軸		上博	圖目 2	未見圖
草書賈至早朝詩	軸 173.8×48		上博	圖目 2	
草書蘇軾和歸去來辭	軸		上博	圖目 2	未見圖
草書鷓鴣令詞	軸		上博	圖目 2	未見圖
草書有閒居秋日一首	扇頁金箋		上博	圖目 2	未見圖
草書李白詩	扇頁金箋		上博	圖目 2	未見圖
行書尺牘十一開			蘇州博物館	圖目 6	未見圖
行書九愍九首	卷 23.7×176.3		蘇州博物館	圖目 6	
草書唐人詩	卷		蘇州博物館	圖目 6	未見圖
草書樂志論	軸 111.2×29.3		蘇州博物館	圖目 6	
致元和手箚	27×45		故博	中國書法大成·明（上）	

尺牘致伊老大人先生執事			中國書法大成‧明（上）	
草書七言絕句扇面			中國書法大成‧明（上）	
五言律詩扇面			中國書法大成‧明（上）	
草書將歸行詩	卷 34×701.5		故博	圖目 1	
草書姑熟十詠	卷		故博	圖目 1	未見圖
行書前後赤壁賦	卷		中國美術館	圖目 1	未見圖
楷書毛理妻韓夫人墓誌銘二十七開	冊，絹 26×12.7		首都博物館	圖目 1	
草書七言詩	卷		中央工藝美術學院	圖目 1	未見圖
草書七言詩	卷		中國歷史博物館	圖目 1	未見圖
草書後赤壁賦	卷 29.6×484		首都博物館	圖目 1	
行書歸田賦十四開	冊，藏經紙 26.5×28.9		天津藝術博物館	圖目 9	
草書詩	卷		天津藝術博物館	圖目 9	未見圖
草書杜詩五首	卷 18.6×450		天津藝術博物館	圖目 9	
行書七律詩	扇頁金箋		廣州市美術館	圖目 14	
祝允明董其昌行書十六開	冊 25.5×10		吉林博物館	圖目 16	祝書《長恨歌》，仿懷素筆意
聶大年、祝允明等《行楷書詩箚》	六開 31×23 不等		濟南市博物館	圖目 16	未見圖
行書飲中八仙歌	軸 92.×26.7		四川博物館	圖目 17	
草書七絕	扇頁金箋		四川大學	圖目 17	
祝允明等行書手箚八通	冊 22.9×22.4		重慶博物館	圖目 17	

祝允明靳觀明楷書	扇頁金箋		重慶博物館	圖目 17	
草書七律詩	軸 147×32.5		雲南博物館	圖目 18	
草書寄施湖州詩	卷 24.5×84		貴州博物館	圖目 18	
草書謁韓愈廟等詩十開	冊 38.9×16.3		武漢市文物商店	圖目 18	
草書岳陽樓記	卷 589×38.8		湖南省博物館	圖目 18	
行書養生論	卷 30.5×408		故博	圖目 20	
草書春夜宴桃李園記	卷 29×415.7		故博	圖目 20	
行草春洲曲	卷		故博	圖目 20	未見圖
草書舊作詩	卷		故博	圖目 20	未見圖
行書飯苓賦	軸 143×58	劉君時服	故博	圖目 20	
楷書七古詩	扇頁金箋 16.9×52.7	仲翁老伯	故博	圖目 20	
草書七律詩軸「昆明池水」			遼博	中國書跡大觀 4	
小楷書致顧若谿二箚卷	各 22×59.3	顧應祥	南京博物院	中國書跡大觀 3	
雜書詩帖「箜篌引」	36.1×1154.7		臺灣故宮	故宮歷代書法全集 5	
草書杜詩卷「杜甫諸將五首」	33.5×468.2		河北省博物館	古詩墨翰 2	
曹植雜詩等十三首十一開	28.7×16.3		上博	古詩墨翰 1	
張若虛春江花月夜	26.7×149		上博	古詩墨翰 1	
李白古風六首「金華」	31.3×826.6		上博	古詩墨翰 1	
李白釋皎然詩五首	34.3×502.6		蘇州博物館	古詩墨翰 1	
行草書自書詩	卷，紙		南京博物院	圖目 7	未見圖
草書自作詩詞	卷，紙 31.3×44.3		南京博物院	圖目 7	
祝允明、文徵明行楷書合裝	卷紙		南京博物院	圖目 7	未見圖

草書七言訪友詩	軸 148.8×51.5		南京博物院	圖目 7	
草書五言詩	扇頁灑金箋		南京博物院	圖目 7	未見圖
草書五言詩	扇頁金箋		南京博物院	圖目 7	未見圖
草書桃花賦梅兄請名說	冊，紙 400×27.5		無錫市博物館	圖目 6	
草書唐詩「別賦、關山月」	卷 27×218.8		遼博	圖目 15	
祝允明、文徵明蘭亭序書畫	書：22.9×48.7 畫：20.8×77.8		遼博	圖目 15	
草書七律詩	軸，紙 106.5×37		遼博	圖目 15	
草書杜甫秋興八首之一	軸，紙 129.5×49.5		遼博	圖目 15	
祝允明等名家書翰	卷，紙 30.8×840.5		瀋陽故宮博物院	圖目 15	
草書太湖詩卷真跡、小楷《敘字》				中華五千年文物集刊書法篇 10	
草書詩翰「春日醉臥」等詩		約卿		中華五千年文物集刊書法篇 10	
小楷臨黃庭經	21.3×73.2		臺灣故博	故宮歷代書法全集 5	
行草詩翰「梯駕」	23.8×42.1	辨之	臺灣故博	故宮歷代書法全集 5	
行草詩翰「追和皮陸」	23.9×43.9	辨之	臺灣故博	故宮歷代書法全集 5	
行草詩翰「客居」	23.8×42.4	辨之	臺灣故博	故宮歷代書法全集 5	
行草詩翰「闇人」	23.5×47		臺灣故博	故宮歷代書法全集 5	
草書詩帖「鍾山」	24.5×440.3		臺灣故博	故宮歷代書法全集 5	
小楷宋儒六賢傳志	25.5×366.3		臺灣故博	故宮歷代書法全集 6	

草書後赤壁賦	卷		廣東省博物館	圖目 13	未見圖
行草雜書詩	卷		廣東省博物館	圖目 13	未見圖
行書懷知識	卷 30×170	延卿尊舅	廣東省博物館	圖目 13	
草書諸將詩	卷		西泠印社	圖目 11	未見圖
草書雜詩	卷 29.5×594	性之虞部年兄	杭州市文物考古所	圖目 11	
草書遊句曲虎丘詩	卷 38.5×405.2		杭州市博物館	圖目 11	
草書五古詩	軸灑金箋 140×50	履吉	寧波市文管會	圖目 11	
草書五言詩	卷		寧波天一閣文管所	圖目 11	未見圖
行草尺牘六箚		尊親家丈 廷璧兄契丈 元和道茂 應齋年兄 懷德老弟 子魚賢甥	臺灣故博	故宮歷代書法全集 22	
尺牘一箚		謝雍	臺灣故博	故宮歷代書法全集 27	
明人翰墨之祝允明草書雜文			臺灣故博	故宮歷代書法全集 28	三行，似題畫詩。
尺牘一箚	24.7×33.8	敬心老弟茂異	臺灣故博	故宮歷代書法全集 28	
行草書雪湖賞梅詩十二首	橫幅		上海畫院	圖目 12	未見圖
草書詩	卷		上海文物商店	圖目 12	未見圖
行書十宮詞	卷		安徽省博物館	圖目 12	未見圖
行書五古詩	扇頁金箋		安徽省博物館	圖目 12	未見圖

祝允明等楷書行書詩合璧	扇頁金箋		安徽省博物館	圖目 12
六體詩卷	31.6×642		故博	中國傳世法書墨蹟下
草書永貞行				中國草書名帖精華 2
草書杜詩	軸		河北省博物館	圖目 8	未見圖
行草書杜詩			山西省博物館	圖目 8	未見圖
書唐宋四家文				中華五千年文物集刊書法篇 10
行草詩翰「楊柳花」	25.7×56.3		臺灣故博	故宮歷代書法全集 5
楷書陶淵明閒情賦			臺灣故博	故宮歷代書法全集 18

3. 偽託作品表

注：本表重在收錄關於祝允明書法作品疑為偽作的不同觀點。對一些有異議者，備註中給出判斷。

作品名稱	真　偽	觀點出處	其他觀點	備　註
自書詩卷（濟南博物館藏，24.1×162.2cm）	明人仿	劉九庵《中國歷代書畫鑒別圖錄》		理據不充分。
草書七律詩（雲南省博物館藏147.9×32.3cm）	明人書，後改款。	劉九庵《中國歷代書畫鑒別圖錄》		理據似不充分。
阿房宮賦卷（濟南博物館藏 30.6×228.1cm）	吳應卯仿	劉九庵《中國歷代書畫鑒別圖錄》		書風確與祝允明本色書差別較大。
醉翁亭記卷（上博藏，29.3×109.7cm）	吳應卯仿	劉九庵《中國歷代書畫鑒別圖錄		僅從筆跡風格比對判斷，難以斷定為仿作。

春夜宴桃李園序卷（山西省博物館藏，49.7×921.2cm）	文葆光仿	劉九庵《中國歷代書畫鑒別圖錄》		書風確與祝允明本色書差別較大。
秋聲賦	文葆光僞造，文葆光還僞造了陳鎏的跋語。	劉九庵《祝允明〈草書自詩〉與僞書辨析》刊於《收藏家》，1999 年第 6 期		
草書杜詩《秋興八首》兩卷，署款「正德丙子秋日，枝山老人祝允明書於廣州館舍」	吳應卯僞作	劉九庵《祝允明〈草書自詩〉與僞書辨析》	葛鴻楨認爲雖然原日藏本草書《杜詩秋興八首》與吳應卯《草書詩》風格相類，且書寫時間、地點一致，但仍然不宜列入僞作之流。張瑞圖所跋《秋興詩卷》應予審愼對待。葛鴻楨《祝允明〈草書杜甫秋興八首〉及僞作再探討》。載《中國書法》，2014 第 3 期傅申《杜甫秋興詩》（羅伯特·H·埃爾·斯沃斯藏）可根據附跋來推斷爲眞跡。傅申《祝允明問題》林霄《秋興八首卷》（故宮博物院藏）僞。林霄《祝允明書法眞僞標準的討論》	《草書秋興八首》卷，乃祝允明表弟趙二來廣州二十餘日，返行前允明的贈書之作。卷後有張瑞圖、蘇茂相、呂圖南、余甸等人題跋。此卷行筆滯而不暢，似與所用的墨較差有一定關係，結體以個人的面貌爲主，章法上亦無甚突出之處，非精品之作。此卷符合祝允明模仿懷素筆意那一類作品的總體特點，張瑞圖所言非虛。單從風格上，難以遽定爲僞。《懷星堂集》卷六《廣州別表弟趙二》兩首，趙二曾至少兩次赴廣省親，允明贈書也在情理之中。
行書《滕王閣序》	吳應卯僞作	劉九庵《祝允明〈草書自詩〉與僞書辨析》		

草書《岳陽樓記》，款署「正德辛巳，姑蘇祝允明爲平川呂先生書」	吳應卯偽作	劉九庵《祝允明〈草書自詩〉與偽書辨析》	款署「正德辛巳」的《岳陽樓記》應予審慎對待。葛鴻楨《祝允明〈草書杜甫秋興八首〉及偽作再探討》	此卷作品，線條纖細，用點較多，近素師面貌。雖然個別字的結體以及一些字之間的連帶比較牽強，但不足以做爲判定此作爲偽的充分條件。
草書《前後赤壁賦》，款署「正德辛巳秋日書於知秋館。祝允明識」	吳應卯偽作	劉九庵《祝允明〈草書自詩〉與偽書辨析》	款署「正德辛巳」的《前後赤壁賦冊》應予審慎對待。葛鴻楨《祝允明〈草書杜甫秋興八首〉及偽作再探討》	此作行距較寬，用筆以個人面貌爲主，確實不似祝允明書作的本色特徵。然允明書風變化多端，不同的作品差異很大，劉九庵先生僅以部分字形作爲依據就判斷此作爲偽，證據不夠充分。
行草《春江詞》	吳應卯偽作	劉九庵《祝允明〈草書自詩〉與偽書辨析》		此卷作品，筆意多仿素師，時時流露出個人面目，筆劃線條較粗。劉九庵先生多是把祝允明這一類仿懷素筆意的作品列爲吳應卯的偽作。
大草《春夜宴桃李序》，款署「枝山允明書於傳香亭中」	吳應卯偽作	劉九庵《祝允明〈草書自詩〉與偽書辨析》	林霄《春夜宴桃李園序八首卷》（山西省博物館藏）偽。林霄《祝允明書法眞偽標準的討論》	
草書《姑蘇十詠》	吳應卯偽作	劉九庵《祝允明〈草書自詩〉與偽書辨析》	朱大韶所跋的《姑蘇十詠》應予審慎對待。葛鴻楨《祝允明〈草書杜甫秋興八首〉及偽作再探討》。載《中國書法》，2014 第 3 期	

行草《曲謠》，款題「長洲祝允明臨米南宮書意」	吳應卯僞作	劉九庵《祝允明〈草書自詩〉與僞書辨析》		
大草唐人詩	吳應卯僞作	劉九庵《祝允明〈草書自詩〉與僞書辨析》		
草書七律詩	吳應卯僞作	劉九庵《祝允明〈草書自詩〉與僞書辨析》		
草書《曹子建詩》，款題「長夏晝寢起，漫寫子建數章，亦殊暢適也」	王寵手臨	劉九庵《祝允明〈草書自詩〉與僞書辨析》	薛龍春：「通過對王寵作僞動機的排除，與《曹子建詩》冊和王寵行草書之比較，筆者以爲，將《曹子建詩》冊當作王寵的仿本或是臨本的說法證據不足。王寵更不能遽定爲祝書的作僞人之一。」薛龍春《王寵的作僞與僞作》。載《中國書畫》，2007年第10期	此卷與王羲之《十七帖》、孫過庭《書譜》筆意接近，尤其連帶之筆，頗得《十七帖》、《書譜》之精髓。王寵行草書與之相較，無論從結體還是筆劃的感覺上，都相差甚遠。王寵的小行草書因追求「拙」意，往往顯得不夠流暢。從書寫水平上來看，此卷《曹子建詩》不啻爲枝山小行草書的精品，是祝允明書宗晉唐的傑作。
《祝允明、王寵行楷書合璧》之祝書《松石軒歌》《古硯銘》	傅熹年認爲是僞作	圖目2		《古硯銘》款題「成化七年（1471）六月二十三日枝山才子刻於北莊之讀書樓。」小行楷書，仿趙孟頫筆意，然部分字形重心偏上，不似趙字平穩。題款中自稱「枝山才子」不合行文規矩。
行書《閒情賦》七開，款題「正德五年（1510）」	傅熹年疑爲僞	圖目2		

行書《題石田雜花》，款題「正德五年（1510）」	傅熹年疑偽	圖目 6		
行草書自書詩	劉九庵、傅熹年認爲是仿本，楊仁愷認爲是偽作。	圖目 7		
楷書《洛中會昌九老會序》	傅熹年、楊仁愷皆斷爲偽	圖目 12		款題「弘治己酉（1489）春日枝指道人祝允明書」，附於《洛中會昌九老會圖》後。文中兩處提到盧貞，其身份、年齡卻不同，且云李元爽年一百三十六，未免荒誕。書法有可取之處，爲鍾繇風格小楷，放至允明所作的鍾繇一類的書作中，很難從風格上斷爲偽作。
草書詩	傅熹年疑爲偽，楊仁愷斷爲偽。	圖目 12		
草書自書詩，錄《夏日林間》等詩，款題「正德十五（1519）年春」	劉九庵、傅熹年疑爲仿作	圖目 17	林霄《夏日林間等詩》，款署「右錄拙稿五章，奉塵性甫清覽」，偽。（圖目 17，川 1-026）林霄《祝允明書法眞偽標準的討論》	除題款「祝允明頓首」不合乎允明的落款習慣之外，其他並無直接證據。此作仿素師筆意，筆劃瘦勁而連綿頗多，符合祝允明仿懷素一類作品的整體特徵。
草書《飲中八仙歌》	劉九庵、傅熹年認爲書法好，然非祝氏筆。	圖目 17		僅以書寫水平來判斷，尚難得出結論。

行草雜書詩	劉九庵斷為吳應卯之筆	圖目 11		
小楷書《東坡記遊》，款署「癸酉八月十二(1513)，步月宿東禪寺書」	劉九庵疑為偽作，跋真。	圖目 15		1513 年，祝允明五十四歲。從風格上看，純仿鍾繇，並無破綻。
草書自書詩（圖目 17），款題正德十五年(1519)春	偽	戴立強《祝允明書法作品辨偽九例》刊於《書法研究》，2006.4		
楷書《澄心窩銘》，款題「嘉靖四年(1525)冬」	偽	戴立強《祝允明書法作品辨偽九例》		
楷書《仙山賦》，款題「成化二十九年（1484）」	偽	戴立強《祝允明書法作品辨偽九例》		
草書《帝京篇》卷，款題「弘治十四年（1501）六月」	偽	戴立強《祝允明書法作品辨偽九例》		
行書《楊太眞外傳卷》，款題「正德十二年(1517)七月」	偽	戴立強《祝允明書法作品辨偽九例》		
《臨鍾繇薦季直表冊》，款題「正德十二年(1517)九月」	疑偽	戴立強《祝允明書法作品辨偽九例》		
草書自作中秋詩卷（《圖目 2》），款題「嘉靖元年（1522）八月」	疑偽	戴立強《祝允明書法作品辨偽九例》		
行書《古詩十九首》卷，款題「嘉靖三年（1524）七月」	偽	戴立強《祝允明書法作品辨偽九例》		理據不充分

楷書《松林記》冊，款題「嘉靖二年（1523）十二月」	僞	戴立強先生根據題款所列官銜定此作爲僞，他認爲此時的允明已經辭官，不可能再詳列「南京應天府通判」之職，即便是列，也會加上「前」字予以說明。 戴立強《祝允明書法作品辨僞九例》		證據不充分，祝氏有很多作品款署「鄉貢進士祝允明。」
楷書《圓覺經》卷，款題「嘉靖元年（1522）二月」	僞	戴立強《祝允明書法作品辨僞九例》		理據不充分
行草書《感恩樂詞十六段》，款題「嘉靖五年（1526）正月」	僞	戴立強《祝允明書法作品辨僞九例》		理據不充分
《書陶靖節田居詩卷》，款題「正德五年（1510）八月」	僞	戴立強《祝允明書法作品辨僞九例》		理據不充分
行楷書《擬詩外傳》卷，款題「正德十一年（1516）八月」	僞	戴立強《祝允明書法作品辨僞九例》		
草書《臥病懷所之》卷（《圖目12》）	疑僞	戴立強《祝允明書法作品辨僞九例》		理據不充分
草書七言律詩卷，款題「嘉靖四年（1525）秋」	疑僞	戴立強《祝允明書法作品辨僞九例》		
草書《琴賦》卷（《圖目 20》），款題「正德十二年（1517）四月」	疑僞	戴立強《祝允明書法作品辨僞九例》		理據不充分

行書《懷知詩》卷（《圖目 13》），款題「嘉靖元年（1522）三月」	僞	戴立強《祝允明書法作品辨僞九例》	
行書《懷知詩》卷（上博藏）	僞	戴立強《祝允明書法作品辨僞九例》	
定遠齋舊藏小楷書《成化間蘇材小纂》冊	爲書者有意作僞的僞跡	劉九庵《祝允明小楷〈成化間蘇材小纂〉辨僞》載《故宮博物院院刊》，1999.1	戴立強論證了祝允明《成化間蘇材小纂》爲眞跡無疑。 劉建龍、戴立強，《祝允明〈成化間蘇材小纂稿〉考辨》。載《東南文化》，2001.5
《前後赤壁賦》（上博本）《自書詩卷「歌風臺」》《圖目 20，京 1-1233》	爲同一人所僞	戴立強《祝允明草書〈自書詩卷〉辨僞》	傅申《前後赤壁賦》（上博藏）可根據附跋來推斷爲眞跡。 傅申《祝允明問題》 林霄《前後赤壁賦》（上博本）、《自書詩卷「歌風臺」》（北京故宮藏）爲眞跡。 林霄《祝允明書法眞僞標準討論》。載於范景中等編《美術史與觀念史》第 13 輯，南京師範大學出版社，2011 年版
宋玉詩賦冊（1507）	跋多從《古詩十九首》的跋改動而成，並定之爲僞作。	傅申《祝允明問題》	

行書《和詩廿首》（圖目 2，滬 1-460）	偽跡	蕭燕翼《祝允明贗書的再發現》載《故宮博物院院刊》，1997.01	林霄《行書和詩二十首》，款署「弘治戊申（1488）」，偽。（圖目 2，滬 1-0460） 林霄《祝允明書法真偽標準討論》	
兩卷《懷知詩》（圖目 2，滬 1-478 和 496）	偽作	蕭燕翼《祝允明贗書的再發現》	林霄《行書懷知詩》，款署「癸未（1523）閏四月」，有行書、章草兩種書體（圖目 2，滬 1-0478）偽。 林霄《祝允明書法真偽標準討論》 戴立強《急就行草懷知詩帖》偽。 戴立強《祝允明書法作品辨偽九例》	
六體詩賦卷（北京故宮藏）	偽	林霄《祝允明書法真偽標準的討論》載於范景中等編《美術史與觀念史》第 13 輯，南京師範大學出版社，2011 年版		
草書自詩卷「太湖」等詩（北京故宮藏）	偽	林霄《祝允明書法真偽標準討論》		
草書《前後赤壁賦》（圖目 16，黑 1-08）	偽	林霄《祝允明書法真偽標準討論》		
草書自詩卷（北京故宮藏）	偽	林霄《韓世能疑是偽祝允明書法的作者》載於范景中等編《美術史與觀念史》第 14 輯，		

		南京師範大學出版社，2013年版		
閒居秋日（普林斯頓大學藏）	僞	林霄《韓世能疑是僞祝允明書法的作者》		
秋夜宿禪院（上博藏）	僞	林霄《韓世能疑是僞祝允明書法的作者》		
寫懷（江西婺源博物館藏）	僞	林霄《韓世能疑是僞祝允明書法的作者》		
題文徵明仙山圖卷	僞	陳麥青《祝允明書法年譜》		
乙酉年酒後爲廷用所作草書《洛神賦》	疑僞	臺灣楊美莉《中華五千年文物集刊》之書法篇第十書後解說		此作用點豐富，運筆迅疾，筆劃、結體略帶黃庭堅行草書遺意，且多以己意行之，單從風格上，難以遽定爲僞作。
《懷知詩卷》，款署「嘉靖改元春三月後望，書於從一堂」（圖目14，粵2-17）	僞	林霄《祝允明書法眞僞標準討論》		
草書《杜甫山水障歌》，款署「弘治七年歲在甲寅秋八月望日」	僞	林霄《祝允明書法眞僞標準討論》		
自書詩卷《和陶飲酒詩二十首》（圖目2，滬1-0472）	僞	林霄《祝允明書法眞僞標準討論》		
《和陶飲酒詩二十首》，清康熙刻本《螢照堂刻明代法書》卷四	僞	林霄《祝允明書法眞僞標準討論》		

《和陶飲酒詩二十首》（圖目 2，滬 1-0473）	偽	林霄《祝允明書法眞偽標準討論》	
草書《司馬光獨樂園記》，款題「書於嘉靖八年（1529）」			其時祝允明已逝（祝氏卒於 1526 年臘月），該作應爲偽。圖目 20 未指出。
祝允明等楷書、行書詩合璧扇面			依次爲文徵明小楷書七言詩一首、祝允明草書七言詩一首、董其昌行書七言詩一首，皆未署年。疑偽。祝允明（1460～1526），文徵明（1470～1559），董其昌（1555～1636）。文書在前，祝書在後，不合情理。且董其昌與文、祝一起創作扇面幾無可能。
自作詞《詠蘇臺八景小詞八闋》，弘治十七年（1504）秋日			祝允明於正德十年（1515）夏，始至興寧到任，《惠州西湖》必作於 1515 年以後，此卷眞實性值得懷疑。

後　記

本書是在博士論文的基礎上修改而成。

在此出版之際，我首先要誠摯地表達以下謝意：論文的選題和寫作始終得到導師解小青先生的悉心指導，先生的嚴格要求和對後學的鼓勵精神令人敬佩。在論文答辯期間，中國社會科學院董錕研究員、清華大學陳池瑜教授、中國藝術研究院鄭工研究員、中國社會科學院何勁松研究員、故宮博物院吳元眞副研究員以及中國傳媒大學劉守安教授都曾給予過中肯而寶貴的建議，謹向這些老師表示衷心的感謝。感謝清華大學美術學院的陳池瑜教授，他不但爲我提供了進入清華大學美術學院中國藝術學理論博士後流動站繼續深入研究的機會，還熱情地將我的博士論文推薦到花木蘭文化出版社進行出版，免去了個人聯繫出版社的諸多事宜。

選擇祝允明書法做爲博士論文選題，冥冥之中似早有機緣。我早年從河南赴江蘇求學，在無錫江南大學度過了懵懂的大學時期。無錫與蘇州比鄰，兩地文化、風俗素來接近。四年的薰陶，使我對「吳文化」精緻的一面深有體會，更對其所孕育的書畫精英充滿興趣。可以說，明代一朝的書法，南直隸及蘇、松地區書家占了相當大比重，客觀上對今天的書畫格局仍然產生著影響。而祝允明正是把蘇州地區書法推向高潮的關鍵人物，他的實踐成就和書學觀點深深影響了其後周邊的習書者。行文力求從大量的文獻和書畫題跋中還原祝允明眞實形象，盡量不被先入爲主的觀念和以偏概全的判斷所圍。研究古代書家，尤其是那些屈指可數的頂尖書家，論者只有在準確把握其人生情狀的基礎之上，才有可能正確認知其書法的各種現象。否則，若不結合具體「人」、「事」而徒有書法作品風格的分析，很容易陷入歧途。這也是書

作研究難以深入的因素之一。

博士論文不同於碩士論文，一開始，我低估了它的複雜和難度，我甚至一度認為二者之差別只是在文字多少和體量不同上。然而，博士論文除了內容大幅擴張之外，其對作者駕馭長篇結構的能力也提出了更高要求，在海量的信息中，如何自如地遣驅材料，並保持文章通貫、首尾照應，成了最為不可捉摸的難點。而諸如文獻梳理、作品分析的能力則無疑是更初一級的要求。理想的狀態是對每一個具體事件都做出合理判斷，然後基於這些史實對祝允明書法做出理性闡釋。筆者雖盡力如此，但由於個人能力和所見材料有限，很多地方尚不能令人滿意。

本文在寫作過程中，遇到不少困難，幸有導師解小青教授給予幫助，給了我迎難而上的勇氣。尤其在初稿形成後，解老師又親自對文章進行調整，使我感動萬分。我跟隨老師將近七年，然所得不及萬一，每思及此，亦深有不安。

本文也預示著我二十多年求學生涯的結束。多年以來，父母一直默默無聞地供我讀書，每當孤苦無依之時，母親總能給我簡單的安慰，這是我躑躅前行的動力。舍弟先我踏入社會，提前感受到生存的壓力，每每念及他的懂事，讓我不免赧汗夾背。妻子不嫌我出身貧寒，決然與我同心，在這段艱難的歲月裏，我們互相鼓勵、攜手前行。沒有他們的付出，我難以堅持完成學業。

此外，首都師範大學中國書法文化研究院裏的諸位授課老師如歐陽中石先生、葉培貴先生、甘中流先生、王元軍先生等皆不辭辛勞教我知識，辦公室呂衛書記在生活上提供不少幫助，此處一併致謝！

閆繼翔

2016 年 4 月　初稿

2017 年 12 月　改定